Ute Guzzoni

Der andere Heidegger

VERLAG KARL ALBER A—

Über dieses Buch:

Das, was wir umgangssprachlich in einem weiteren Sinne Wirklichkeit nennen, erscheint bei Heidegger wesentlich in zweifacher Gestalt, als Gegenstand von Wissenschaft und besonders Technik einerseits und als Verhältnis von Welt und Dingen, von Sprache und Stille andererseits. Sein Denken verfährt, wenn er in die eine Richtung der Wirklichkeit schaut, kritisch-negierend, in der anderen Richtung dagegen hörend und aufzeigend.

Der erste Teil dieses Buches beschäftigt sich mit Heideggers Blick auf das Wesen von *Wissenschaft und Technik*, die er als Phänomene der Seinsverlassenheit und der Seinsvergessenheit versteht. In einem zweiten Teil geht es um die unterschiedlichen Weisen der *Besinnung*, die Heidegger dem rechnenden Vorstellen kontrastiert. Dabei kommt es vornehmlich darauf an zu zeigen, dass sein besinnliches Denken nicht allein einen vorbereitenden, seinsgeschichtlich bestimmten Charakter hat, sondern dass der »andere Heidegger« sich gerade auf das Gegenwärtige richtet, worin wir uns immer schon aufhalten. Der dritte, der Hauptteil, zeichnet dieses andere Denken nach, indem es den Blickwinkel seines Verständnisses des Raumes (Raum, Ort und Gegend, Raum und Kunst, Raum und Sprache, Raum und Nichts) wählt, um Grundzüge der Besinnung auf Welt und Dinge vor Augen zu führen.

Die Autorin:

Ute Guzzoni, geb. 1934, lehrt als emeritierte Professorin an der Universität Freiburg i. Br. Zahlreiche Veröffentlichungen, zuletzt bei Alber »Über Natur« (1995), »Sieben Stücke zu Adorno« (2003), »Hegels Denken als Vollendung der Metaphysik« (2005), »Unter anderem: die Dinge« (2008), »Gegensätze, Gegenspiele« (2009).

Ute Guzzoni

Der andere Heidegger

Überlegungen zu seinem
späteren Denken

Verlag Karl Alber Freiburg/München

Gedruckt auf alterungsbeständigem Papier (säurefrei)
Printed on acid-free paper

Originalausgabe

Alle Rechte vorbehalten – Printed in Germany
© Verlag Karl Alber GmbH Freiburg / München 2009
www.verlag-alber.de
Satz und Umschlaggestaltung: SatzWeise, Föhren
Umschlagfoto: Mit freundlicher Genehmigung von
Dr. Hermann Heidegger
Druck und Bindung: AZ Druck und Datentechnik, Kempten
ISBN 978-3-495-48370-1

Inhalt

Vorwort

»Was heißt Denken?«, »Was ist das – die Philosophie?« – das sind Fragen, die seit seinen abendländischen Anfängen, und in der Gegenwart vielleicht mehr denn je, das Philosophieren herausfordern. Zugleich sind es Titel von Schriften von Martin Heidegger. Lassen wir uns heute auf diese Fragen ein, so führen sie uns u. a. zu einem Nachdenken darüber, wie wir mit dem Denken von Heidegger selbst umgehen, was wir damit – weiterdenkend – anfangen können.

Es gibt da, so scheint mir, im wesentlichen zwei alternative Möglichkeiten: Wir können das Heideggersche Werk *als ein ganzes*, für sich abgeschlossenes nehmen und es dementsprechend im Hinblick auf seinen Ort innerhalb der Geschichte des abendländischen Denkens betrachten, auf die zu hören ihm selbst ein so wichtiges Anliegen war. Unter anderem bedeutet das, es in Beziehung zu setzen zu dem, was Heidegger als das Ende oder die Überwindung der Metaphysik vor Augen stand.

Oder wir können auf das Heideggersche Werk *als einen Weg* achten, einen Weg mit immer neuen vorwärtsweisenden wie rückerinnernden Denkerfahrungen, von seiner frühen Auseinandersetzung mit den Philosophen des beginnenden vorigen Jahrhunderts, über die Auseinandersetzung mit Aristoteles und Kant und schließlich überhaupt mit einer Vielzahl von *Denkern* der seinsgeschichtlichen Tradition sowie mit ausgewählten *Dichtern,* bis hin zur intensiven Arbeit seiner letzten Jahrzehnte an dem, was heute *ist* und was er einerseits als das Wesen der Technik, andererseits als das Zusammenspiel von Welt und Dingen bedacht hat. Daß Heidegger einen *Weg des Denkens* gegangen ist, ist keine bloße Metapher. Er selbst hat häufig auf das Weitergehen seines Denkens reflektiert. Es hat ihn zu immer wieder neuen Aussichten und Perspektiven geführt und ist im strengen Sinne auch zu keinem Ende gekommen, sondern weist über sich selbst hinaus.

7

Mit diesem Buch versuche ich nachzuvollziehen, wie sich Heidegger auf seinem späteren Denkweg mit dem, was wir die philosophische Situation seiner Zeit nennen können, konfrontiert sieht. Diese Situation ist für ihn durch eine im wörtlichen Sinne zu verstehende Zweideutigkeit gekennzeichnet: Heidegger versteht die Gegenwart zum einen als bestimmt durch eine grundlegende Seinsverlassenheit und Seinsvergessenheit, die vornehmlich in dem unser Zeitalter prägenden Wesen der Technik ihre wirklichkeitskonstituierende Ausformung gefunden hat. Zum anderen erblickt er in deren Wesensgestalt selbst den Vorschein eines *anderen,* weitgehend noch unbedachten Verhältnisses von Mensch und Wirklichkeit, dementsprechend das Sein nicht als Grund und Machenschaft, sondern als Zusammenspiel von Welt und Dingen erscheint und der Mensch nicht nur ein rechnend Vorstellender, sondern auch und darüber hinaus ein gelassen und besinnlich Nachdenkender ist.

Was das Verhältnis dieser beiden Wirklichkeiten zueinander angeht, ist sein späteres Denken noch in einem zweiten Sinne ein zwiefältiges gewesen. Wo Heidegger ausdrücklich auf sein eigenes Denken zu sprechen kommt, kennzeichnet er es durchweg als eine Haltung der Vorbereitung und des Wartens auf ein künftiges Geschick. Dem besinnlichen Denken ist es aufgegeben, *vorzudenken* in den Bereich einer neuen Zuwendung des Seins, eines neuen Zueinandergehörens von Denken und Sein. Bei diesen Gedankengängen sieht Heidegger sich im Zugwind der *Seinsgeschichte* stehen, in deren Dienst er sich mit fast heiligem Ernst in den dreißiger Jahren gestellt hat und die er bis zu seinem Ende nicht verlassen konnte und wollte, jedenfalls nicht *ausdrücklich.*

Und doch legt sich ihm im Verfolg dieses Denkens dann zugleich auch dessen Verabschiedung nahe. Das fortschreitende Fragen nach dem Sein, das metaphysisch in der Differenz zum Seienden erschienen war, das er aber als es selbst zu thematisieren unternimmt, führt Heidegger zum Verhältnis von *Welt und Dingen* und zum Zeitspielraum der *Sprache.* In einer Reihe von Texten hat er in seinen späteren Jahren – oftmals im Ausgang von Gedichten so unterschiedlicher Dichter wie Hölderlin und Hebel, Trakl und George, oder aus Anlaß von heimatlichen Feiern, im Gespräch mit Künstlern und im Hinblick auf Werke der bildenden Kunst – über Welt und Dinge, über den Raum und die Sprache gesprochen, und zwar eben nicht im Sinne eines vorbereitenden Kündens von Zukünftigem, sondern in der Weise eines Hinweisens auf das, was *ist.*

Um diesen *anderen Heidegger,* den Heidegger des Denkens von Welt und Dingen ist es mir zu tun. Zweifellos ist das nicht der »ganze« Heidegger. Es ist weder der Heidegger, der sich philosophiegeschichtlich als Weiterführer der Phänomenologie Husserls einordnen läßt, noch der große und rätselhafte *Seinsdenker* Heidegger. Mein Blick auf dieses *andere* Denken ist durch mein eigenes Verständnis von Philosophie geleitet. Ich will keine »objektive Einführung« in sein späteres Denken geben, sondern ich will einen Grundaspekt aufzeigen, der mir im Hinblick auf unser heutiges Philosophieren wichtig ist. Ich begebe mich selbst auf den Heideggerschen Weg und zeichne ihn in der Richtung nach, in der er mir weiterzuführen scheint. Vor allem diese Richtung versuche ich in meiner Darstellung evident zu machen.

Es geht mir also weniger um eine Untersuchung als um eine Vorführung, eine Anregung, einen Denkvorschlag; ich versuche eine Einführung in Heideggers Spätdenken von einem spezifischen Leitgedanken aus. Sowohl auf philosophiegeschichtliche Hinweise wie auf Auseinandersetzungen mit der umfangreichen Heidegger-Literatur (die sich allerdings mit dem späten Heidegger, abgesehen von einigen Ansätzen in den letzten Jahren, relativ wenig auseinandergesetzt hat) habe ich fast ganz verzichtet. Sie wären Fremdkörper gewesen in einem auf das unmittelbare Sehen und Mitvollziehen ausgerichteten Aufzeigen, bei dem ich Heideggers eigene Wendungen in einem vielleicht ungewöhnlichen Maße selbst sprechen lasse. In die folgenden Darlegungen sind verschiedene Vorträge und zwei Vorlesungen eingegangen. Den Vorlesungsstil habe ich teilweise beibehalten, u.a. weil mir die Mitteilung *für ein Hören* gerade dem Heideggerschen Denken angemessen zu sein scheint. Auch die weitaus meisten seiner eigenen Werke sind ja zum Sprechen und Hören geschrieben.

Auch wenn es mir in diesem Buch vornehmlich um Heideggers *anderen* Blick auf eine andere Gegenwart zu tun ist – in der Einleitung gehe ich näher auf die Bedeutung des »anderen« in dem Titel »Der andere Heidegger« ein –, zeichne ich in einem ersten Teil seine Stellung zum Wesen von Wissenschaft und Technik und zu deren rechnendem und messendem Vorstellen nach. Denn er hat seine Erläuterungen eines anderen In-der-Welt-seins fast immer in der Absetzung gegen das heute herrschende gewonnen. Beide Erfahrungen der Wirklichkeit gehören zusammen. Die »Besinnung«, die er jenem Vorstellen entgegen- bzw. an die Seite stellt, richtet sich sowohl auf die überkommene technisch bestimmte Gegenwart wie auf ein grundsätzlich ande-

res Wohnen der Menschen im »Haus der Welt«. Im zweiten Teil re-
flektiere ich auf den mehrdeutigen Sinn dieser *Besinnung* und zeichne
einige Grundbestimmungen des sich auf die andere Wirklichkeit rich-
tenden besinnlichen Denkens nach.

Im dritten, dem Hauptteil der Arbeit gebe ich einen Einblick in
Heideggers »anderes« Denken, wobei ich als Blickwinkel und Fokus
sein *Raum-Verständnis* wähle; von diesem aus kommen mit dem Ort
und der Gegend auch die Dinge und die Welt und das menschliche
Wohnen in ihr sowie das Verhältnis von Raum und Kunst und der
Raum der Sprache in den Blick.

Heidegger selbst hätte meiner Sicht auf sein Denken wohl nur
zum Teil zugestimmt, vor allem meine radikale Abkehr vom Seinsdenken – oder, vorsichtiger gesagt, mein Außerachtlassen der Seinsgeschichte – hätte er so nicht geteilt. Aber andererseits: wer weiß, wohin ihn selbst ein konsequentes Weitergehen auf dem von ihm
gewiesenen Weg gebracht hätte? Mein Versuch mit Heidegger unternimmt selbst kein solches Weitergehen, sondern beschränkt sich darauf, die Aufmerksamkeit auf *eine* wichtige Perspektive, eine starke
Implikation seines späteren Denkens zu lenken; sie führt über das be-
grifflich allgemeine, gewollt welt-ferne Philosophieren der abendländischen Tradition hinaus in ein Denken, das sich auf spekulative und
alltägliche Bilder einläßt, sich geheimnisvollen Sichten anvertraut und
auf erstaunliche Weltbezüge einstimmt.

Einleitung

Der andere Heidegger – dieser Titel wirft unmittelbar die Frage auf, was mit diesem »anderen« gemeint sein kann: anders als was oder wer ist dieser andere Heidegger? Die nächste Implikation dieser Formulierung ist, daß es *noch* einen Heidegger gibt, dem gegenüber *dieser* Heidegger anders sein soll: der eine und der andere Heidegger. Es liegt im Begriff des »anderen«, daß es jeweils auf etwas verweist, das anders ist als es selbst. Zugleich ist der *andere* Heidegger nicht einfach nur einer von zweien, sondern ein irgendwie *andersartiger* Heidegger. Ihn zu thematisieren heißt, sich nicht auf die übliche Weise dem bekannten Philosophen Heidegger zuzuwenden, sondern eine ungewohnte Perspektive, einen überraschenden Zugang zu wählen. Offenbar geht es darum, etwas an ihm sichtbar zu machen, was sich dem gewöhnlichen Hinblick verbirgt. Der andere Heidegger ist jedenfalls nicht nur der Heidegger, den man schon kennt.

Ich erhebe, indem ich mein Augenmerk auf den anderen Heidegger richte, nicht den Anspruch, die »eigentlich richtige«, historisch und sachlich adäquate und eindeutige Interpretation dieses Denkers zu liefern. In der Philosophie geht es ohnehin nicht in erster Linie um eine exakte Eindeutigkeit und eine ausweisbare Richtigkeit des Gedachten, sondern vielmehr um etwas, was man die *Fruchtbarkeit* der Gedanken nennen könnte, darum, ob sie einen plausiblen, der jeweiligen geschichtlichen Situation des Denkens entsprechenden weiteren Weg eröffnen, einen Weg, auf dem wichtige Zusammenhänge sichtbar, evident und nachvollziehbar werden.[1] Ich verstehe die Texte der Philosophen als Herausforderungen und Hilfen zur Auseinandersetzung und damit letztlich zum eigenen Fragen und Denken. Überspitzt gesagt:

---

[1] Womit ich die Notwendigkeit genauer systematischer wie historischer Analyse von philosophischen Texten keineswegs leugnen will. Aber das ist gewissermaßen die Einübung in das Handwerkszeug des Philosophierens, nicht dieses selbst.

wenn die – gemessen an der Intention des Autors – irrige Interpretation eines Textes zu einem spannenden, weiterführenden Gedanken führt, so macht das mehr Sinn, als wenn eine noch so richtige Auslegung lediglich eine sterile Wiederholung nahelegt.[2] Es geht mir im Folgenden um eine Diskussion mit Heidegger über Fragen und Probleme, deren Bedeutung uns heute wichtig ist oder werden kann; kurz zusammengefaßt geht es um Aspekte des Heideggerschen Verständnisses unserer Zeit, also über Grundzüge dessen, was heute *ist*.

Der andere Heidegger. Dieser Titel und damit die hier gemeinte Andersheit des Heideggerschen Denkens läßt sich zunächst in unterschiedlicher Weise verstehen. In einem ersten, etwas unpräzisen Sinne kann die Formulierung »der andere Heidegger« weit genommen werden und damit den »andersartigen Heidegger« meinen, – einen Philosophen, der sich wesentlich von dem gewohnten Denkstil und -gestus des abendländischen Philosophierens unterscheidet.

Sodann bezieht sich das »anders« in »der andere Heidegger« nicht auf die anderen Philosophen, sondern auf einen *einen* oder ersten Heidegger, von dem sich der *andere* Heidegger unterscheidet. Diese Differenzierung folgt einer Veränderung innerhalb des Werkes bzw. des Denkweges, den der Philosoph in seinem Leben zurückgelegt hat. In diesem Sinne ist der spätere Heidegger, um den es hier zu tun sein soll, ein anderer als der »frühe Heidegger«, zunächst vor allem als der Heidegger von *Sein und Zeit.* Schon früh wurde ein Heidegger II von einem Heidegger I unterschieden[3], und Heidegger selbst hat immer

---

[2] Allerdings gibt es hier wohl einen Unterschied zwischen den sogenannten klassischen und den modernen, im weiteren Sinne zeitgenössischen Autoren. Während wir in letzteren durchaus Streitpartner sehen können, mit denen wir uns über die ihnen eigene Sicht der Dinge auseinandersetzen sollten, bleibt der Denkansatz der ersteren wichtig und relevant als eine jeweilige Position der Philosophiegeschichte, die für die weitere Entwicklung der Gedanken eine ganz bestimmte Bedeutung gehabt hat: mit ihnen über ihren Ansatz zu *streiten*, macht wenig Sinn. Nur hinsichtlich der uns zeitgenössischen Philosophen können wir fragen, ob ihre Gedanken – aus unserer Perspektive gesehen – »stimmen« oder nicht. Je nachdem können wir dann mit ihrem Denken im wörtlichen Sinne *etwas anfangen*, – gleichgültig, ob dies in ihrer Intention gelegen hat oder ihnen widerspricht. Den klassischen Denkern gegenüber haben wir keine vergleichbare Freiheit: Mit Platon und Aristoteles, Kant und Hegel teilen wir keinen gemeinsamen Denkhorizont mehr, auch wenn uns *einzelne Momente* ihres Denkens durchaus noch Wichtiges zu sagen haben können.
[3] Vgl. Heideggers Vorwort zu W. Richardson, *Heidegger. Through Phenomology to Thought,* XXIII.

wieder auf die entscheidenden Veränderungen reflektiert, die sich in und mit seinem Denken vollzogen haben; er ist bewußt und kritisch *weitergegangen*, auch wenn er zugleich in mancher Beziehung ein merkwürdiges Treueverhältnis gegenüber seinen früheren Positionen an den Tag gelegt hat.

Damit kommt auch schon ein dritter Aspekt der Differenzierung in den Blick. Merkwürdigerweise werden in der Heidegger-Auslegung zumeist die entscheidenden Wendungen, die dieses Denken genommen hat, zwar registriert, aber letztlich nicht als solche ernst genommen. Heidegger hat 1966/69 einen kleinen Text veröffentlicht, der den Titel *Das Ende der Philosophie und die Aufgabe des Denkens* hat und in dem er den Schritt von der Philosophie, und d. h. auch von der wissenschaftlich-akademischen Universitätsphilosophie hin zu *einer anderen Art des Denkens* aufzeichnet.[4] Diesen Schritt von der Philosophie zum Denken machen die meisten seiner Ausleger nicht mit, – ohnehin nicht in ihrem eigenen Philosophieren, aber auch nicht einmal in der Weise, wie sie sich mit Heidegger auseinandersetzen. Dementsprechend verstehe ich den Titel »Der andere Heidegger« auch in dem Sinne, daß es mir hier um einen Heidegger zu tun ist, der anders ist, als die meisten Ausleger ihn verstehen.[5]

Es bleibt noch eine letzte Differenzierung zu nennen, und das ist nun die mir eigentlich wichtige. Um sie einsichtig zu machen, muß ich etwas ausholen. Dem späteren Heidegger geht es, wie wir mit einer gewissen Bedeutungsverschiebung einer Heideggerschen Formulierung sagen können, um einen »Einblick in das, was ist«. *Das, was ist*, und das heißt das *Sein*, ist für ihn wesentlich geschichtlich, es hat sich im Laufe der abendländischen Geschichte fortschreitend verändert, oder, mit Heideggers eigenen Worten, es hat sich in je unterschiedlichen Epochen auf je unterschiedliche Weise zugeschickt, – und sei es auch in der Weise eines Sich-zurückhaltens und Sich-verbergens. Der Einblick in das, was ist, betrifft in erster Linie unsere Gegenwart, aber

---

[4] Diese Unterscheidung von Denken und Philosophie erinnert an das, was Heidegger 40 Jahre früher mit dem Gegensatz von Philosophie und Gelehrsamkeit meinte, übertrifft diesen allerdings bei weitem.

[5] Es ist, wie gesagt, nicht meine Absicht, in diesem Buch eine eigene Auseinandersetzung mit der umfangreichen Heidegger-Literatur durchzuführen; vielmehr soll es genügen, meine Sicht auf den späten, anderen Heidegger plausibel und nachvollziehbar zu machen.

als eine, die sowohl geworden ist, wie sich in ihr und durch sie ein Zukünftiges vorbereitet.

Jedoch weist Heideggers Bedenken dessen, was gegenwärtig ist, eine erstaunliche, in sich gedoppelte *Zwiefalt* auf. Zunächst einmal vollzieht es sich auf zwei unterschiedlichen, sich in gewissem Sinne widersprechenden Ebenen und entspricht damit, wie ich meine, einer eigenen Zwiefalt der Wirklichkeit bzw. zwei unterschiedlichen Seiten oder Ansichten von ihr: Auf der einen Seite sehen wir die Realität der Herrschaft der *Rationalität*, die Welt von *Technik und Wissenschaft*, die Welt der Globalisierung und der Entfremdung im wörtlichen Sinne, d. h. des Fremdwerdens aller Beziehungen und Verhältnisse, – mit Adorno gesagt, die Welt der Identität und des Identitätsbanns oder, mit einer von zahlreichen ähnlich lautenden Formulierungen von Heidegger, der »technisierten gleichförmigen Weltzivilisation«. Heidegger hat sich in einer Reihe von Schriften[6] mit dem Wesen der Technik und dem Wesen der Wissenschaft beschäftigt und sie als Weisen von Seinsvergessenheit und Seinsverlust erörtert.

Andererseits hat er aber auch den Weltdimensionen des Zeitspielraums und der menschlichen Eingelassenheit in diesen nachgedacht und sich damit auf die gleichwohl bestehende und von uns allen immer auch schon erfahrene Realität der *Nähe*, der gelebten, nicht-identischen und nicht-identifizierenden Beziehungen eingelassen. Es ist dies eine gewissermaßen »neben« der technischen Rationalität und der Systemtotalität bestehende Realität der Hineingehörigkeit des Menschen in das geschehende Ganze von Welt und Dingen, eine Wirklichkeit des kommunikativen Sich-einlassens auf das Begegnende, auf Menschen und Dinge.

Zwar behauptet z. B. Adorno, es gebe kein richtiges Leben im falschen,[7] in der entfremdeten Wirklichkeit sei kein unentfremdetes Miteinandersein und auch kein Denken »wahrer Beziehungen« möglich. Doch unsere alltägliche Erfahrung straft ihn Lügen: neben allem Elend, allen Systemzwängen, aller Verblendung gibt es immer wieder auch menschliche Zuwendung, tiefe Freude und echtes Mitleid, erstaunliche Begebenheiten und Begegnungen. Oder, mit Heidegger gesprochen: es gibt nicht nur technische Gleichförmigkeit und wissen-

---

[6] Mit »Schriften« fasse ich hier unterschiedliche Textsorten zusammen: Vorlesungen, Vorträge, Aufsätze, Abhandlungen, Notizen usw.

[7] Vgl. Minima Moralia, Nr. 18, 43.

schaftliche Rationalisierung, nicht nur rechnendes Denken und Degra-
dierung alles Bestehenden zu bloßem Bestand, sondern immer auch ein
»Wohnen im Haus der Welt«, es gibt die vertrauten und die fremden
Dinge und ein gelassenes Umgehen mit ihnen.

Die Doppelsinnigkeit, die ich hier im Blick habe, läßt sich kurz am
Beispiel der zeitgenössischen Stellung zur Natur verdeutlichen. Von
dieser wird einerseits häufig behauptet, daß es sie im Grunde gar nicht
mehr gebe, daß uns vielmehr statt eines Von-sich-her-seienden immer
schon nur Menschengemachtes begegne.[8] Auf der anderen Seite aber
läßt sich zugleich auch nicht leugnen, daß wir nicht nur in den Natur-
gewalten und Naturkatastrophen, sondern bereits im alltäglichen Nie-
selregen, im Grünwerden der Blätter im Frühling, in unserem eigenen
Schläfrigwerden am Abend weiterhin und unaufhebbar so etwas wie
Natur oder Natürliches, Natur außer uns und Natur in uns, erfahren
Beide Erfahrungen – das Verschwinden wie das Fortbestehen von Natur – scheinen nebeneinander zu bestehen.

In dieser Zweigleisigkeit der Heideggerschen Auseinandersetzung
mit unserer in sich zwiefältigen Gegenwart liegt nun aber noch eine
weitere Zweideutigkeit. Wir stoßen da nämlich auf die eigentümliche
Schwierigkeit, daß Heidegger hinsichtlich dessen, was er der Realität
von Wissenschaft und Technik entgegenhält, merkwürdig zweideutig
verfährt: Einerseits betont er immer wieder die heute noch ausstehende
Zukünftigkeit einer neuen Seinszuwendung und damit den *vorbereitenden* Charakter des *Welt*denkens, andererseits aber hat er, wenn er
von der Welt und den Dingen und dem Wesen der Sprache spricht,
etwas im Blick, in das er sich und uns zugleich »immer schon« hinein-
gehörig weiß. Zukünftige und gegenwärtige Möglichkeiten des Denkens befinden sich in einem deutlichen Widerstreit.

Von diesem merkwürdigen Sachverhalt gehe ich aus, wenn ich den
»anderen Heidegger« thematisiere, jetzt nämlich sein Denken der
durchaus gegenwärtigen und erfahrbaren Welt der in sich beruhenden
und angehenden Dinge, ihres Zeitspielraum und ihrer Sprache. Es handelt sich hier um einen Heidegger, der in gewissem Sinne anders ist, als
er es selbst gewußt hat. Ich will Heidegger gegen den Strich lesen, nicht
nur gegen den der meisten seiner Ausleger, sondern eben teilweise
auch gegen seinen eigenen. Mir scheint, daß Heidegger in seinen spä-

---

[8] Vgl. z. B. Gernot Böhme, Die Natur im Zeitalter ihrer technischen Reproduzierbarkeit, 5 ff., Ulrich Beck, Gegengifte, 65. Und von Verf. Über Natur, 9 f., 105 ff.

ten Werken weiter vorgedrungen ist, als er es selbst sehen konnte, daß er also, aus meiner Perspektive betrachtet, implizit auf Fragen geantwortet und in Bahnen gedacht hat, deren Relevanz und Tragweite er selbst nicht mehr ganz realisiert hat. Der *andere Heidegger* ist in diesem Sinne der *verborgene, auch sich selbst verborgene Heidegger.*[9]

Heidegger hat selbst einmal geschrieben, es käme darauf an, den Denker, mit dem man sich jeweils auseinandersetzt, besser zu verstehen, als er sich selbst verstanden hat. Darin liegt ein ungeheurer Anspruch. Er kann sich nur aus dem jeweilig eigenen Fragen rechtfertigen und aus der geschichtlichen Situation, in der man sich befindet. Der Heidegger, von dem ich denke, daß er uns heute noch Wichtiges und Weiterführendes zu sagen hat, ist der »andere« Heidegger, für den der insbesondere in den dreißiger Jahren gefaßte und ausgearbeitete Gedanke der »Seinsgeschichte« nicht mehr die hervorragende Stelle in seinem Gesamtdenken innehat, die er ihm zugleich doch weiterhin zuschreibt.

Oder vielleicht auch nur zuzuschreiben scheint; Heidegger war ein Meister des *sousentendu.* In dem ca. sechs Wochen vor seinem Tod geschriebenen Grußwort an eine Tagung der amerikanischen Heidegger-Gesellschaft in Chicago formulierte er: »Die Frage, mit der ich Sie grüße, ist die einzige, die ich bis zu dieser Stunde immer fragender zu fragen versuche. Man kennt sie unter dem Titel ›die Seinsfrage‹.« Und er fährt fort: »Sie kann für uns zunächst nur auf dem Wege einer Erörterung der abendländisch-europäischen Metaphysik gefragt werden und zwar im Hinblick auf die in dieser vom Anfang her waltende Seinsvergessenheit.« (*Neuzeitliche Naturwissenschaft,* 747) Einerseits betont Heidegger also die fortwährende Einzigkeit seiner Frage nach dem Sein. Zugleich aber könnte in dem »zunächst« wie auch in der vielleicht etwas distanzierenden Formulierung »Man kennt sie unter dem Titel …« ein Hinweis darauf zu sehen sein, daß Heidegger sich durch die von ihm gedachte Sache selbst dazu genötigt sah, jene Frage

---

[9] Wir sehen Heidegger hier vielleicht in einer bis zu einem gewissen Grad analogen Situation zu der, in der Heideggers Verständnis nach seinerzeit Nietzsche stand. Nietzsche blieb durch seinen Versuch der neuen Wertsetzung noch an die Metaphysik und ihre Weise des Fragens gebunden, hatte aber im Grunde mit seiner Kritik am Jenseitsdenken und an der metaphysischen Frage nach den ersten und letzten Prinzipien alles Seienden zugleich bereits über dieses Denken hinausgedacht, ohne sich aber selbst ganz darüber im Klaren zu sein.

zugleich auch – vielleicht nicht *nicht mehr,* aber doch – *auf radikal andere Weise* zu fragen als bisher.

Vor allem aber gibt es auch einige ausdrückliche Hinweise darauf, daß Heidegger sich der Notwendigkeit einer Verabschiedung der Seinsfrage als solcher durchaus bewußt war. So bejahte er in dem Todtnauberger Seminar zu *Zeit und Sein* unsere Frage, ob sich aus seinem Ereignis- und Weltdenken nicht ein Ende der »Seinsgeschichte« ergebe. Und schon vorher hatte er gesagt, »daß es vom Ereignis her nötig wird, dem Denken die ontologische Differenz zu erlassen«, daß sich das in ihr gedachte Verhältnis »nun als das Verhältnis von Welt und Ding« zeige. (*Protokoll,* 44 und 40 f.) Und in einem der Seminare in Le Thor gab er, wie es in dessen Niederschrift heißt, den »Hinweis«: »Es wird einem nicht gelingen, das Ereignis mit den Begriffen von Sein und Geschichte des Seins zu denken« (366).

* * *

Den Hintergrund meiner Überlegungen bildet das, was ich die *Zwiefalt* in Heideggers späterem Denken genannt habe. Bis zu einem gewissen Grad gewinnt sie den Charakter eines *Zwiespalts,* eines Dilemmas, das bei ihm selbst letztlich nicht aufgelöst, ja nicht einmal *als Zwiespalt* reflektiert wird. Es handelt sich m. E. nicht lediglich um zwei unterschiedliche Aspekte, die nacheinander abgehandelt würden, vielmehr um zwei konkurrierende Auffassungen und Deutungen. Für *Heidegger* besteht wohl ein geschichtlicher, also auch zeitlicher Unterschied zwischen beiden, insofern das Weltdenken heute nur als Vorwegnahme und Vorbereitung betrachtet werden kann, da es seinsgeschichtlich wesentlich noch aussteht. *Ich* bin jedoch der Überzeugung, daß diese »geschichtliche Differenz« lediglich im Selbstverständnis der Menschen liegt: Der wissenschaftlich-technische, am Subjekt-Objekt-Verhältnis orientierte Zugriff auf die Welt, die Dinge und die anderen Menschen hat in der neuzeitlichen Gegenwart einen solchen Vorrang vor dem welthaften, »besinnlichen« Zugang gewonnen, daß ein gelassenes In-der-Welt-sein und ein »besinnliches« Umgehen mit ihren Dingen und mit unseresgleichen weitgehend aus dem theoretischen Blick geraten sind; das besagt aber nichts über ihre reale Möglichkeit und Wirklichkeit.

Von der Zwiefalt und Zwiespältigkeit der Auffassung und der Beschreibung der Gegenwart her ergibt sich eine grobe Dreiteilung meiner Darstellung. Heideggers *anderen Blick* auf die bestehende Wirklichkeit, und damit seine nicht mehr primär seinsgeschichtlich orientierte Weise des Bedenkens dessen, was ist, seine Besinnung auf die *Welt und die Dinge* will ich beispielhaft an seinem Denken insbesondere des *Raumes* verdeutlichen. Als *anderes* Denken soll es faßbar werden in der Absetzung von Heideggers Analyse der unsere alltägliche Realität bestimmenden Phänomene der *neuzeitlichen Wissenschaft und der neuzeitlichen Technik.* In einem kürzeren Mittelteil werfe ich einen Blick auf die unterschiedlichen Hinsichten des Heideggerschen Begriffs der *Besinnung* und damit auch auf die Problematik jener Dopplung von – verkürzt gesagt – Technik- und Weltdenken und der, wie mir scheint, zwiespältigen Haltung Heideggers zu ihr.

Noch eine kurze Vorbemerkung: Man könnte meinen, man müßte den einen oder ersten Heidegger kennen, um den anderen Heidegger zu verstehen. Aber ich denke, daß der spätere Heidegger durchaus aus sich selbst heraus verstanden werden kann, daß vielleicht sogar die intensive Beschäftigung mit dem diesem voraufgehenden früheren Denkweg – der seinerseits auch keineswegs einheitlich ist – das Besondere und für uns Wichtige des späteren eher verdecken kann, u. a. weil die sichernde Einordnung in die Philosophiehistorie leicht den Blick auf das wesentlich Neue und Spannende dieses Denkens verstellen kann. Der *seinsgeschichtliche Hintergrund* jener kritischen Besinnung, wie Heidegger ihn *nach Sein und Zeit,* aber *vor* dem späteren Weltdenken besonders in den dreißiger Jahren herausgearbeitet hat, soll nur so weit sichtbar werden, wie es nötig ist, um den jeweiligen Gedankengang und den Ansatz seines Verständnisses von Wissenschaft und Technik zu verstehen.

I. Das Wesen von Wissenschaft und Technik

Obgleich es dem späteren Heidegger bei seiner Besinnung nicht um eine bloße Kennzeichnung und Diagnose der empirischen Fakten und Grundcharaktere unserer Zeit zu tun ist – er wehrt ein solches Vorhaben und einen Verweis auf die sogenannte Realität wiederholt mit polemischen Worten ab, und schon seine Ausführungen zum »man« in *Sein und Zeit* waren nicht als Zeitkritik zu verstehen –, will ich meine Darlegung von Heideggers Verständnis des Wesens von Wissenschaft und Technik doch mit einem Hinweis auf ein allgemeines Zeit- und Weltgefühl unserer Jetztzeit beginnen, somit auf Erfahrungen, die wir alle tagtäglich machen, und auf Erkenntnisse, die wir jederzeit gewinnen können. Im Grunde nimmt auch Heidegger immer wieder auf Zeiterscheinungen Bezug, nur bleibt er dann nicht bei diesen Erfahrungen stehen, sondern fragt in ihren Grund zurück.

Geläufig ist uns allen heute – nicht nur durch direkte eigene Erfahrung, sondern mindestens ebenso durch indirekte Kenntnisnahme, durch das Hören von Radio- und Fernsehkommentaren und -reflexionen, das Lesen von Feuilletons, Dokumentationen und Romanen – ein *kritischer Blick* auf die Wirklichkeit, der aus sehr verschiedenen Blickwinkeln kommen kann. Negative Züge unserer Gegenwart aufzuzählen, dazu bedarf es keiner näheren Überlegung. Uns fallen unterschiedliche Stichworte ein wie Globalisierung, Kapitalismus, Ausbeutung von Mensch und Natur, Profitinteressen, Schere von Armut und Reichtum bei uns und auf der ganzen Welt, ökologische Katastrophen wie Klimaerwärmung, Fällen der Regenwälder und Artensterben; wir denken an Fakten wie das Elend in der dritten Welt mit Kinderarbeit, Hungerlöhnen, todbringenden Arbeitsbedingungen, mit Aids und anderen um sich greifenden Krankheiten, oder die kriegerischen Auseinandersetzungen rund um den Erdball mit dem Einsatz von Kindersoldaten, von Folter, von Land- und Seeminen, mit mörderischen sogenannten Kollateralschäden, durchgängig verursacht durch die Profit- und Machtgier von kleinen Eliten in sogenannten zivilisierten, aber auch in den Dritte-Welt-Ländern. Oder die fast selbstverständlich gewordenen Meldungen über Selbstmordattentate mit der Not und Verzweiflung, die sie auf beiden Seiten bedeuten. Fast mutet eine solche lange fortzusetzende Aufzählung zynisch an, weil sie aufzählt, was doch unermeßlich, nicht vergleichbar, überhaupt nicht rational vorstellbar ist.

Bei all dem handelt es sich nicht um zufällig nebeneinander vorkommende Einzelfakten, sondern, jedenfalls in den meisten Fällen, um letztlich in einem Zusammenhang stehende Symptome einer aus dem Ruder gelaufenen vermeintlich rationalen Herrschaft des Menschen über seine Umwelt und Mitwelt. Wie an dem Beispiel der *Klimaveränderung* besonders deutlich wird, schlägt das Herrschaftsverhältnis des Menschen gegenüber seiner Umwelt, der menschlichen wie der nichtmenschlichen, in sein Gegenteil um. Der scheinbare Herr der Welt mutiert vom absoluten Subjekt zum ohnmächtigen Objekt seines gesellschaftlichen Tuns, der Verhältnisse und Systemzwänge, die er doch selbst geschaffen hat. Mit Heideggers Worten:»Die Übermacht des rechnenden Denkens schlägt tagtäglich entschiedener auf den Menschen selbst als Objekt zurück«. (*Zollikoner Seminare*, 340) Es kann hier auch an die Weise erinnert werden, wie gewöhnlich von der *Globalisierung* gesprochen wird: Das hört sich immer so an, als handle es sich um ein selbstgesetzliches»objektives«Schicksal, dem nun einmal zu begegnen sei, so daß man lediglich versuchen könne, ihm das unter den gegebenen Umständen Beste abzugewinnen.

Daneben aber – neben diesem Glauben an ein vermeintlich naturgesetzähnlich gegebenes System, dem die Menschen unterworfen sind, – bleibt paradoxerweise das Herrschaftsverhältnis gegenüber der Umwelt durchaus in Kraft. Indem der Mensch sich als Subjekt versteht, begreift er sich als den absoluten Bezugspunkt seines Tuns und Lassens; er spricht sich damit das Recht und sogar die Pflicht zu, sein eigenes Verhalten und das Zusammenspiel aller auf persönlicher wie auf nationaler und internationaler Ebene nach seinen eigenen oder gemeinsamen Vorstellungen und Einsichten zu bestimmen.[10] Seine Interessen, das Prinzip seiner individuellen wie gemeinschaftlichen Selbsterhaltung bleiben Grundlage seines Handelns, wie wir an vielen der

---

[10] Auf dieser Überzeugung von der Autonomie des Wissens und Wollens der Subjekte beruht u. a. der Gedanke der Demokratie.

genannten Mißstände sehen. Wenn wir uns deren Entstehen klarmachen, müssen wir zugeben, daß sie keine Naturnotwendigkeiten sind. Selbst wo sie Zwänge eines Systems sind, hängt dieses selbst doch letztlich immer wieder von den handelnden Subjekten ab, auch wenn sich der Einzelne dabei oftmals hinter dem Tun aller gewissermaßen verstecken kann.

Menschen haben vermutlich, seit sie überhaupt ihre Stellung in der Welt reflektieren, ihre subjektiven Verhältnisse und Verhaltensweisen verobjektiviert und hypostasiert und haben über ungute Zustände und Mißstände als schicksalhafte oder gottgegebene Fügungen geklagt und dabei von früheren goldenen Zeitaltern und von möglichen zukünftigen Fortschritten in Freiheit und Wohlergehen geträumt. Aber seit Nietzsche und verstärkt dann insbesondere seit den ersten Jahrzehnten des vorigen Jahrhunderts ist die *Kritik* in abwechselnd zu- und abnehmenden Wellen zu einer Grundstimmung und zu einer Art Lebensgefühl in Europa geworden, manchmal begleitet von einem tiefgehenden Pessimismus oder Defätismus, manchmal verstanden als Herausforderung zu einem neuen Aufbruch, zumindest zu utopischen Entwürfen.

Philosophen, Soziologen, Zeit- und Kulturkritiker verschiedener Provenienz haben sich im 20. Jahrhundert um eine Analyse und Diagnose der Moderne im weiteren oder engeren Sinne bemüht; Spengler mit seinem *Untergang des Abendlandes* war wohl einer der ersten, obgleich man in etwas anderem Sinne auch schon Nietzsche dazu rechnen kann. Um nur an einige der hier relevanten Denker des 20. Jahrhunderts zu erinnern: Bloch, Benjamin, Adorno, Herbert Marcuse, Günther Anders, Foucault, Derrida, Sloterdijk, Agamben. Die einzelnen Ansätze und Gesichtspunkte der Kritik – die sich teilweise selbst gar nicht als *Kritik* versteht, was m. E. aber eine eher terminologische als sachliche Differenz bedeutet – unterscheiden sich zum Teil erheblich voneinander. Gemeinsam scheint ihnen jedoch zu sein, daß sie in irgendeiner Weise bei der *Rationalität* und der ihr zugehörigen qualitativen *Nivellierung* ansetzen und daß sie die durch die Entwicklung der Technik hervorgebrachte Durchrationalisierung aller Lebensbereiche als verhängnisvoll ansehen. Die meisten von ihnen begegnen zudem dem kapitalistischen Wirtschaftssystem und seinen vielfältigen Erscheinungen zumindest mit Vorbehalten und Befürchtungen.

* * *

21

Auch Heidegger hat sich, insbesondere in den vierzig und fünfziger Jahren (diesseits und jenseits der Wende, die das Jahr 1945 bedeutete), immer wieder mit dem beschäftigt, was man, eher unheideggerisch, als *Analyse unserer Zeit* bezeichnen kann. Allerdings nicht im Sinne einer phänomenologischen, ohnehin nicht einer soziologischen oder politischen oder sonstwie die Zeiterscheinungen analysierenden *Beschreibung*, sondern im Sinne einer philosophischen Hinterfragung der ontologischen Voraussetzungen und Strukturen der vorherrschenden Zeiterscheinungen.

In seiner Vorlesung im WS 1929/30 *(Die Grundbegriffe der Metaphysik. Welt – Endlichkeit – Einsamkeit)* hat Heidegger das Ungenügende bloßer Bestandsaufnahmen und Besserungsrezepte angeprangert, indem er zwar einerseits schrieb: »überall gibt es Erschütterungen, Krisen, Katastrophen, Nöte: das heutige soziale Elend, die politische Wirrnis, die Ohnmacht der Wissenschaft, die Aushöhlung der Kunst, die Bodenlosigkeit der Philosophie, die Unkraft der Religion«, zugleich aber betonte, daß es nicht reicht, verschiedene Versuche einer Eindämmung oder Abschaffung dieser Nöte zu unternehmen, weil so gerade nicht »*eine Not im Ganzen*« aufkommt (243). Die Not im Ganzen liegt tiefer, ist grundsätzlicher, mit Reformen und Krisenmanagement ist ihr nicht beizukommen. Es geht vielmehr um das Wesen dessen, was ist, d. h. um das in ihr, was ihr eigentliches Sein und Geschehen, ihr Wesendes ausmacht. Das technisch geprägte Seinsverständnis liegt als Berechnen, Gleichförmigmachen, Beherrschen – in der Weise der »Machenschaften« – all den angeprangerten Erscheinungen zugrunde, ohne aber eben *als* »Not im Ganzen« erkannt zu werden.

Heideggers Blick auf die Zeiterscheinungen betrifft insbesondere *Wissenschaft* und *Technik*, und gerade hinsichtlich der *Frage nach der Technik* hat er immer wieder unterstrichen, daß es ihm dabei nicht um eine Beschreibung von deren faktischen Erscheinungen gehe, sondern um das *Wesen*, das *Wesende* der Technik und damit um das, was verborgenerweise welt- oder *seinsgeschichtlich* in der Technik am Werk ist und was er mit dem Namen »Gestell« belegt. »Wir erfahren ... niemals unsere Beziehung zum Wesen der Technik, solange wir nur das Technische vorstellen und betreiben, uns damit abfinden oder ihm ausweichen. Überall bleiben wir unfrei an die Technik gekettet, ob wir sie leidenschaftlich bejahen oder verneinen.« *(Technik*, 13)

Heideggers Auseinandersetzung mit unserer Zeit wird von einem tiefen philosophischen Interesse an der *Geschichte,* die unsere Gegenwart bestimmt und hervorgebracht hat, geführt. »Geschichte« ist hier nicht verstanden als Ablauf der menschlichen Geschehnisse – oder überhaupt der Geschehnisse, so, wie man etwa auch von einer Naturgeschichte oder der Erdgeschichte redet –, in Hinsicht darauf spricht er gewöhnlich von der *Historie.* Die Geschichte, um die es Heidegger geht, ist dagegen die *Geschichte des Seins,* das *Seinsgeschick,* das sich in und mit dem, was ist, begibt. Er versteht diese Geschichte als etwas, das bis zu einem gewissen Grad die Menschen, deren Geschichte sie ist, übertrifft. Geschichte geschieht zwar nicht ohne den Menschen, aber sie ist für Heidegger doch zugleich etwas, was »mit ihm« geschieht, was auf ihn zukommt, ein Geschick, dem er mit der jeweiligen Weise seines In-der-Welt-seins und in der Weise seines Denkens zu antworten und zu entsprechen hat.

Die Intensität von Heideggers Besinnung auf *unsere Zeit* steht nicht im Widerspruch dazu, daß er sich zeit seines Lebens immer wieder mit den Denkern unserer *abendländischen Tradition* auseinandergesetzt hat. Das »geschickliche Wesen« des Denkens impliziert u. a. auch, daß ihm »die Anmaßung fern[liegt], von vorne anfangen zu wollen und alle vorausgegangene Philosophie für falsch zu erklären«. (*Über den Humanismus,* 25) Man könnte dies so ausdrücken, daß für Heidegger die Gegenwart selbst Geschichte, aber ebenso die Geschichte Gegenwart ist. Mit der Geschichte beschäftigt er sich also nicht aus einem historischen oder philologischen, gelehrten Interesse heraus – obgleich es erstaunlich ist, was für eine tiefe und weitreichende Kenntnis der abendländischen Philosophiegeschichte er sich erarbeitet hat –, sondern weil er das Denken sozusagen als eine menschheitsgeschichtliche Aufgabe, als einen Grundzug des Menschseins überhaupt ansieht, einen Grundzug, der in je sich verändernder Weise einem geschichtlichen Anspruch entspricht. Zu sagen, was ist, was die Grundbahnen des Seins und der Welt ausmacht, das kann darum nicht nur einem intensiven Nachdenken über das Gegenwärtige für sich allein entspringen, sondern es gehört in einen Zusammenhang mit dem, was zuvor schon gedacht wurde, in einen Denkraum, in dem man sich als zu einer bestimmten Zeit Denkender immer schon bewegt. Und dieser Denkraum ist eben nichts ausschließlich von Menschen Gemachtes, sondern zugleich etwas ihnen Zugeschicktes, ein *Anspruch,* der in sich stets wandelnder Weise von sich aus an sie ergeht.

Allgemein genommen kann die Besinnung auf die Grundhaltung

des abendländischen Menschen in unterschiedliche Richtungen gehen, die Heidegger in unterschiedlichen Fragezusammenhängen unterschiedlich akzentuiert. Wir können im wesentlichen drei Weisen der geschichtlichen Besinnung unterscheiden:

Sie kann zum einen in den *Anfang* dieses Denkens zurückfragen, um das Geschehen in den Blick zu fassen, das mit dem Denken der Vorsokratiker die metaphysische Geschichte sozusagen auf den Weg ihrer unterschiedlichen Epochen bis hin zu deren neuzeitlicher Gestalt geschickt hat.

Sie kann sodann in der kritischen Auseinandersetzung mit dem auf diesen Anfang folgenden und ihn insofern gerade verlassenden Denkweg der gesamten abendländischen Philosophie bestehen und diesen damit auf neue Weise fruchtbar zu machen versuchen, – trotz ihrer bzw. gerade in ihrer sich zunehmend steigernden Seinsverlassenheit und Seinsvergessenheit. In diesem Sinne setzt Heidegger sich in vielen Aufsätzen und Vorlesungen eindringlich mit Platon und Aristoteles, mit Descartes und Leibniz und Kant, mit Schelling, Hegel und Nietzsche auseinander. In seiner Beschäftigung mit den Denkern der abendländischen Metaphysik will er Grundzüge nicht nur der gewesenen Epochen des Seinsgeschicks, sondern gerade auch der gegenwärtigen sich vollendenden Gestalt der Metaphysik sichtbar machen.

Zugleich jedoch fragt er drittens nach dem Wesen der Technik und der Wissenschaft und überhaupt dem wissenschaftlich rechnenden, rationalen Denken, danach, wie es im metaphysischen Denken als solchem verwurzelt ist und wie es unsere Jetztzeit bestimmt. Dabei läßt er sich in der Weise auf das technologische und rechnende Denken ein, daß er ineins damit nach dessen Anderem fragt, nach einem »gelassenen« und »herzhaften« Denken, um so die Möglichkeit einer Wandlung in ein anderes Wesen vorzubereiten und zu ermöglichen. Auch die Besinnung auf Wissenschaft und Technik ist *geschichtlich* zu nennen, u.a. weil sie nach deren metaphysischen Ursprüngen und damit nach dem in dieser Herkunft beschlossenen zukünftig möglichen Schicksal fragt.

Immer steht Heideggers Besinnung auf die heutige Weltsituation in der einen oder anderen Weise in einem geschichtlichen Zusammenhang, der ihre Fragen und teilweise auch ihre Antworten vorgibt. Dieser geschichtliche Zusammenhang hat für Heidegger, um das noch einmal zu betonen, sozusagen sein eigenes Leben, seine eigene Notwendigkeit. Die philosophischen Gedanken können letztlich nichts anderes sein als Antworten auf das, was geschichtlich ist – sich zuschickt oder sich verbirgt – und dementsprechend zu denken gibt, auf das *Sein*, das das Denken in Anspruch nimmt und es *braucht*, das also, etwas überspitzt ausgedrückt, gedacht werden *will*, und zwar in jeder Zeit je anders gedacht werden will.

* * *

Heideggers geschichtliches Verständnis des *wissenschaftlich-technischen* Denkens, wie es unsere unmittelbare Gegenwart in fast allen Bereichen bestimmt, ist in dem Sinne ein kritisches, daß Heidegger die Jetztzeit als eine *seinsverlassene*, wahrheitsferne, dem eigentlichen Verhältnis von Mensch und Welt entfremdete ansieht. Durch den denkenden Aufweis ihrer Grundzüge will er dazu beitragen, dem Menschen und seinem In-der-Welt-sein zu einer Änderung des Geschichtsgangs, zu einer neuen Wahrheit zu verhelfen, mit seinen eigenen Worten gesagt: »die Möglichkeit eines gewandelten Weltaufenthalts des Menschen vorzubereiten« (GA 16, 748). Ein solcher gewandelter Weltaufenthalt kommt für ihn zwar nicht *durch* den Menschen, aber *mit* dem Menschen, d. h. es bedarf des Menschen als eines Hörenden und Aufnehmenden, damit er sich begeben kann.

Außer dem Wesen von Wissenschaft und Technik spricht Heidegger auch andere Erscheinungen der Jetztzeit an, wie u. a. die *Gedankenlosigkeit*, die *Wohnungs- und Heimat-losigkeit*, die *Sprach-losigkeit*. Er geht wiederholt auch auf das *Atomzeitalter* und das *Informationszeitalter* ein. Doch ist das Wesen von *Wissenschaft und Technik* für ihn das, was den heutigen Menschen am umfassendsten bestimmt und worauf auch jene anderen Erscheinungen zurückgeführt werden können.

Wenn ich jetzt einige Grundzüge von Heideggers Verständnis des *wissenschaftlichen* Denkens herausstelle, so ist dabei festzuhalten, daß Heidegger diese Besinnung nicht als bloße Analyse versteht, daß die Frage nach der Wissenschaft und ihrem Wesen kein Selbstzweck ist. Sie stellt vielmehr den Versuch dar, Wissenschaft und Technik in der geschichtlichen Bewandtnis, die es mit ihnen hat, in den Blick zu nehmen: »Eines ist der Betrieb der fortlaufenden Analyse der Situation, ein anderes der verhaltene geschichtliche Blick in die Konstellation. Das ist die Gegenwart, die uns zuspricht, daß und wie die ältesten abendländischen Gedanken – still waltend wie an ihrem frühesten Tag

25

– das Wesen der modernen Welttechnik [wozu für Heidegger auch die neuzeitlichen Wissenschaften gehören] be-stimmen und austragen.« (*Grundsätze*, 99)

Nach der geläufigen Meinung ist die Entwicklung der Wissenschaften Voraussetzung und Grundlage der Technik. Aber Heidegger zeigt, daß es sich gerade umgekehrt verhält: Das Wissen der Wissenschaft ist weniger ursprünglich als die Technik, insofern es in einer bestimmten metaphysischen Stellung zur *techne* und damit *in deren Wesen selbst wurzelt*. Heidegger begreift das Wesen der Technik, insofern er es auf die griechisch gedachte *techne* zurückführt, selbst als ein *Wissen*, wobei er »Wissen« als »das Innestehen in der Wahrheit« und »Wahrheit« als »Offenheit des Seienden aus der Lichtung des Seyns« denkt (*Besinnung*, 173). »Techne und Kunst meinen nicht ein Machen, sondern eine Art von Erkennen. Dieses jedoch hat für die Griechen den Grundzug des Entbergens, des entbergenden Darlegens des Vorliegenden.« (*Bemerkungen*, 10) Von diesem Verständnis der griechischen *techne* als dem Ursprungsort auch noch der modernen Technik her wird deutlich, inwiefern auch die Wissenschaft, die Heidegger als ein Wissen der Wahrheit und damit ihrerseits als ein Offenlegen, ein *Entbergen* begreift, im Wesen der Technik beheimatet ist. Sowohl die Wissenschaft wie die Technik sind für ihn Weisen, wie der Mensch sich um *Wahrheit* bekümmert, genauer, wie Wahrheit selbst geschieht.

In dem schon erwähnten Grußwort an die amerikanische Heidegger-Gesellschaft schreibt er über die *Wissenschaft*, sie sei »der bestimmende Vorgriff und der ständige Eingriff des technologischen Vorstellens in die ausführende und einrichtende Machenschaft der modernen Technik«. (GA 16, 747) Auffällig an dieser Kennzeichnung ist zum einen der fast gewaltsame Charakter, der da der Wissenschaft als einem vor- und eingreifenden Verhalten zugesprochen wird. In anderen Texten wird sie in ähnlichem Sinne als ein *herausforderndes Stellen* bestimmt. Zugleich wird in dieser Bestimmung deutlich, daß, wie eben gesagt, das technologische Denken für Heidegger nicht einfach auf dem wissenschaftlichen fußt, sondern daß das letztere umgekehrt eine grundlegende Erscheinungsform des ersteren ist. Das wissenschaftliche Vorgehen ist selbst grundsätzlich technisch und als technisches *eingreifend* und insofern wesentlich *praktisch*.

In beidem, im wissenschaftlichen wie im technischen Vorgehen ist der gleiche *Zugriffscharakter* gegenüber dem Seienden *und* die gleiche Nivellierung und *Vereinheitlichung* zu sehen. Das vielfältige *Stellen*, das, wie wir sehen werden, das Wesen der Technik ausmacht, hat im wissenschaftlichen Denken eine ausgezeichnete Ausprägung gefunden; dessen Erkennen und die technische Zurichtung gehen Hand in Hand. Ohne Heideggers Verständnis des Wesens der Technik zu begreifen, kann man nicht verstehen, was er über die Wissenschaft zu sagen hat. Ich gehe in meiner Darstellung zwar den umgekehrten Weg, der auch dem biographischen von Heidegger entspricht, aber wir werden auf ihm wiederholt auf Bestimmungen der Wissenschaft stoßen, die ursprünglicher der *Technik* zugehören, so daß sich in der Folge zeigen wird, daß man die Betrachtungen beider, der Wissenschaft und der Technik, im Grunde gar nicht voneinander trennen kann, weswegen ich sie auch in eine gemeinsame Erörterung münden lasse.

* * *

Mit dem Wesen der Wissenschaft hat sich Heidegger von früh auf immer wieder beschäftigt, schon zu einer Zeit, als ihm die Technik noch nicht wichtig geworden war. In seiner ersten Vorlesung von 1918/19 (dem sogenannten Kriegsnotsemester) nennt er die Wissenschaft einen »typischen Motivationszusammenhang« des Bewußtseins und einen »Habitus eines persönlichen Daseins«. (*Zur Bestimmung der Philosophie*, 4) Er versteht sie dort als eine ausgezeichnete Lebensform, die einen höchsten Anspruch an diejenigen stellt, die sich der wissenschaftlichen Forschung und ihrer Mitteilung und Lehre widmen. Die Wissenschaft ist ihm zu Beginn seiner Beschäftigung mit ihr ein hohes, verehrungswürdiges Gut, das als Aufgabe und Verheißung zugleich erscheint. In der Vorlesung *Einleitung in die Philosophie* von 1929 nennt er sie »eine der Mächte unseres Daseins« (26) und »eine wesenhafte Möglichkeit der Existenz des Menschen« (41), durch die dieser »die Möglichkeiten menschlichen Daseins im Ganzen und Letzten ursprünglicher versteht« (7) und so »in diesem Verstehen Vorbild sein« kann. Sein persönliches Pathos für die von ihm selbst gewählte Lebensform ist unüberhörbar:»Wissenschaft existiert nur in der Leidenschaft des Fragens, im Enthusiasmus des Entdeckens, in der Unerbittlichkeit des kritischen Rechenschaftsablegens, der Ausweisung und Begründung.« (13)

Schon in dieser Vorlesung interpretiert er die Wissenschaft als »eine besondere Art und Weise des In-der-Wahrheit-seins«. (157) Als Beschäftigung mit der *Wahrheit* sieht er sie damit von Anfang an in

27

engem Verhältnis zur *Philosophie*, so daß er sie in der genannten Vorlesung im Rahmen einer Einleitung in diese thematisieren kann. Die Philosophie versteht er da selbst noch in bestimmtem Sinne als eine Wissenschaft, nämlich als »Urwissenschaft«. Er geht mit einer gewissen Selbstverständlichkeit davon aus, daß eine philosophische Besinnung auf sie den Wissenschaften dazu verhelfen könnte und müßte, zu ihrem Eigenen zu finden. Denn trotz aller Hochachtung für die Wissenschaften sieht er bereits hier die Notwendigkeit, sie in der Gestalt, in der sie sich zu seiner Zeit herausgebildet haben, zu verändern, nämlich »von innen her umzubilden« (29). Die Wissenschaften selbst kommen bei dem Versuch der Selbstbesinnung immer und wesenhaft an eine Grenze; sie müssen darum ihr Wissen von sich gleichsam in eine andere Hand, eben in die Hand der Philosophie legen, von der Heidegger jetzt zugleich schon sagt, daß *sie selbst* »nie Wissenschaft genannt werden darf«. (26) »Urwissenschaft« ist sie allein in dem Sinne, daß sie berufen ist, den Wissenschaften ihre Fundamente zu legen und ihnen durch die Reflektion auf ihre Voraussetzungen und Grenzen zu einem anderen Vorgehen und damit auch zu einem sie verändernden Selbstverständnis zu verhelfen.

Doch in der Folgezeit entstehen bei Heidegger zunehmend Zweifel an der Möglichkeit einer Änderung der Wissensart der Wissenschaft. In den dreißiger Jahren sehen wir eine gewisse Zwiespältigkeit seiner Einstellung. Zwar fragt er z. B. in dem kleinen Text *Die Bedrohung der Wissenschaft* von 1937 noch, »*was zuerst bei einem künftigen Wandel der Wissenschaften geschehen muß*«. Und er antwortet, dies sei der »ständig wachhaltende Einbau der geschichtlichen Besinnung in die Wissenschaften« (17). Selbst 1964 noch sagt er in den *Zollikoner Seminaren* ganz im Sinne der Vorlesung von 1928/29: »Um Sein zu erblicken, hilft nur eigene Bereitschaft des Vernehmens. Sich auf dieses Vernehmen einlassen, ist eine ausgezeichnete Handlung des Menschen. Es bedeutet eine Wandlung der Existenz. Kein Aufgeben der Wissenschaft, sondern dies bedeutet im Gegenteil, in ein besonnenes, wissendes Verhältnis zur Wissenschaft zu gelangen und deren Grenzen wahrhaft zu durchdenken.« (21)

Dabei ist allerdings zu beachten, daß er hier zu Wissenschaftlern – Medizinern und Psychologen – spricht, denen er gewissermaßen auf ihrem eigenen Feld begegnen will; ebenso gehörte die eben zitierte Bemerkung von 1937 in den Rahmen einer inneruniversitären Diskussion. Aber andererseits lesen wir in demselben Text von 1937 *auch*:

»Der größte Irrtum aber ist zu meinen, dieses Ende [der Universität] könnte durch eine ›neue Wissenschaft‹ aufgehalten oder gar abgewehrt werden, – als ob man ›Wissenschaft‹ so machen könnte«. (25)[11] Doch selbst als Heidegger in dieser Weise zu sehen beginnt, daß eine wirkliche »Änderung der neuzeitlichen Wissenschaften«, und sei es auch nur in der Weise einer Besinnung auf die ihnen eigentümlich zugehörige Krise, nicht mehr zu erwarten ist, bedeutet das nicht, daß ihm die Wissenschaften gleichgültig geworden wären. Es geht ihm jetzt umso deutlicher darum, sie als Erscheinungsweise der neuzeitlichen Metaphysik kenntlich zu machen und ihre ihnen selbst verborgenen Grundzüge herauszuarbeiten, – dies aber nicht mehr primär um der Wissenschaften selbst und ihrer möglichen Veränderung willen, sondern insofern sie Erscheinungen oder Gestalten des *neuzeitlichen Denkens* und damit allgemeiner der seinsgeschicklichen Epoche der Neuzeit sind. »Gelingt es, auf den metaphysischen Grund zu kommen, der die Wissenschaft als neuzeitliche begründet, dann muß sich von ihm aus überhaupt das Wesen der Neuzeit erkennen lassen.« (*Weltbild*, 70)

Es sind also nicht mehr die durch eine philosophische Besinnung zu entbindenden eigenen Möglichkeiten der Wissenschaften, worum es ihm künftig zu tun ist, sondern »die Gegend«, »aus der das Wesen der Wissenschaft stammt« (*Wissenschaft und Besinnung*, 67). Auf diese zielt die folgende Bemerkung aus den *Beiträgen*: »Durchgängig gilt die Besinnung nicht einer Beschreibung und Aufhellung dieser Wissenschaften, sondern der durch sie vollzogenen und in ihnen sich vollziehenden Verfestigung der Seinsverlassenheit, kurz der Wahrheitslosigkeit aller Wissenschaft.« (143) Diese *Wahrheitslosigkeit* und *Seinsverlassenheit* interessieren nicht primär als Charakteristika der Wissenschaft, sondern als Erscheinungen der Metaphysikgeschichte bzw. der Seinsgeschichte selbst. In diesen Bestimmungen zeigt sich in aller Deutlichkeit, daß das *konstruktive*, um Verbesserung bemühte Wissenschaftsverständnis des früheren Heidegger einem durchaus *kritischen*, in Frage stellenden Ansatz gewichen ist.

Was aber bedeutet diese »*Wahrheitslosigkeit*« der Wissenschaft? Deren Anspruch sollte es doch gerade sein, wahre Erkenntnis hervor-

---

[11] Dieses »machen« wird uns später in dem Heideggerschen Begriff der »Machenschaft« wieder begegnen.

zubringen. Hatte Heidegger sie nicht als eine »besondere Art und Weise des *In-der-Wahrheit-seins*« bestimmt? Hier besteht tatsächlich eine entscheidende Diskrepanz: Der Grundunterschied zwischen dem früheren und dem späteren Wissenschaftsverständnis Heideggers betrifft das grundsätzliche *Verhältnis des Menschen zur Wahrheit*. Heideggers Verständnis dieses Verhältnisses hat sich im Verlaufe seines Denkens verändert: Es ist jetzt nicht mehr in erster Linie eines des Entdeckens und Eröffnens, sondern es ist durch Verborgenheit, Verlassensein und Vergessen gekennzeichnet. Folgerichtig ergibt sich daraus auch ein neues Wissenschaftsverständnis.

Auf diese »Kehre« im Heideggerschen Denken kann ich hier nicht im Einzelnen eingehen. Ich beschränke mich vor allem auf die spätere, wir können sagen »pessimistischere« oder auch »nihilistische« Auffassung von der Wissenschaft. Aber es scheint mir wichtig zu sein, und zwar gerade für das Verständnis jenes kritischen Charakters, daß dieser offenbar eine *Enttäuschung* hinsichtlich der *wesentlichen Möglichkeiten des Menschseins* impliziert, – wie sie Heidegger ja gerade in jenen Tagen erfahren hat, als sein vorübergehender Glaube daran, daß sich im Nationalsozialismus für die Deutschen im Besonderen und das Abendland im Allgemeinen die politischen Möglichkeiten eines Weges in Richtung auf ein Wesentlichwerden und Eigentlichwerden abzeichneten, zerbrochen ist; ineins damit ging auch die Überzeugung von einer »führerschaftlichen« Rolle, die die Universitäten und die Wissenschaften dabei spielen könnten, verloren.

In der *Rektoratsrede (Die Selbstbehauptung der deutschen Universität)* konnte Heidegger noch mit einem Pathos, das sich in »der Gefahr der ständigen Weltungewißheit« sah, sagen: »Wollen wir das Wesen der Wissenschaft im Sinne des *fragenden, ungedeckten Standhaltens inmitten der Ungewißheit des Seienden im Ganzen*, dann schafft *dieser* Wesenswille unserem Volke seine Welt der innersten und äußersten Gefahr, d. h. seine wahrhaft *geistige* Welt.« (GA 16, 111 f.) Diese Zuversicht hat Heidegger bekanntlich schnell und gründlich verloren, und entsprechend verliert auch die Wissenschaft das mögliche Versprechen ihres zumindest zukünftigen Wahrseins oder Wahrwerdens. Er kann dann sogar umgekehrt sagen: »So wird durch die Wissenschaft selbst der eigentliche Bezug des echten Wissens zum Seienden zerstört und, sofern das echte wesentliche Wissen der Grund aller Wissenschaften ist, schafft die neuzeitliche Wissenschaft sich

selbst die eigentliche Bedrohung durch eine Grund- und Bodenlosigkeit.« *(Bedrohung, 8)*[12]

* * *

Während Heideggers also zu Beginn – schon in seiner ersten Vorlesung
von 1918/19 – in durchaus positivem Sinne von der Wissenschaft als
einer der Grundmächte des menschlichen Daseins spricht, setzt er sich
in der Folge eingehender mit den Wissenschaften auseinander und
zeigt, daß sie, was ihre Grundlagen, Grundbegriffe und Grundvoraussetzungen anbelangt, notwendig an Grenzen stoßen und darum der
Philosophie als der Grund-legenden »Urwissenschaft« bedürfen. Immer mehr gelangt er bei diesen Untersuchungen zu der Überzeugung,
daß die Wissensart der neuzeitlichen Wissenschaften grundsätzlich eine wahrheits- und grundlose ist, die es nicht von ihren Grenzen her zu
bestimmen und zu verändern gilt, sondern die in ihre Grenzen zu verweisen ist.

Daß Heidegger die Wissenschaften überhaupt durch *Wahrheitslosigkeit* kennzeichnet, weist in der Negativität dieser Formulierung
daraufhin, daß er ihnen den von ihnen erhobenen Anspruch auf einen
besonderen Bezug zur Wahrheit keineswegs abspricht; genauer faßt er
sie weiterhin als ein ausgezeichnetes *Wahrheitsgeschehen,* ein Geschehen allerdings, daß er jetzt nicht mehr primär als ein Entdecken und
Offenlegen, vielmehr in einer Defizienz, also als ein Verdecken und
Vergessen des eigentlichen Seinsbezugs des Menschen sieht. Um diese
Defizienz, das reale Fehlen von Wahrheit, zu verstehen, müssen wir
uns zunächst klarmachen, was damit gemeint sein kann, daß die Wahrheit ein *Geschehen* ist.

Sehr allgemein und verkürzend gesagt, gibt es in unserer Denk-
tradition zwei – zumeist eng zusammenhängende – Grundbegriffe von
der Wahrheit: zum einen Wahrheit in dem Sinne, wie wir etwa von der
Wahrheit Gottes sprechen – »die Wahrheit wird Euch freimachen« –
oder, adjektivisch, von wahrer Freundschaft, wahrer Treue usw., zum
anderen Wahrheit als Wahrheit einer Erkenntnis, einer Aussage, einer
Annahme. Im ersten Fall ist das Wahre so etwas wie das Wesenhafte

---

[12] Ich möchte hier keineswegs eine monokausale Erklärung für die Veränderung des
Heideggerschen Wissenschaftsverständnisses geben. Aber ich denke, daß die politisch-
philosophische Enttäuschung dabei jedenfalls auch eine Rolle gespielt hat.

und Echte, oder auch Reine; im zweiten meint Wahrheit das Entsprechungsverhältnis (die *adaequatio*) zwischen einem menschlichen Erkennen, Sprechen, Vermeinen einerseits und der darin intendierten Wirklichkeit andererseits. Diese letztere Wahrheit ist es, auf die es beim wissenschaftlichen Wissen vornehmlich ankommt: Es will zu wahren, d. h. zutreffenden Theorien, Erkenntnissen und Aussagen über das Wirkliche kommen. Von diesem Wirklichen wird in der Regel vorausgesetzt, daß es *ist, was es ist,* und so *ist, wie es ist,* d. h. daß ihm eine bleibende Wahrheit (im ersteren Sinne von Wahrheit) oder Wesenhaftigkeit zugrunde liegt, weswegen, wenn das Denken überhaupt die Fähigkeit zu wahrem Erkennen hat, auch eine intersubjektiv gültige, wissenschaftliche Verständigung über die Wirklichkeit möglich ist. Letztlich kommen damit beide Wahrheitsbegriffe in einer selben Grundannahme überein: sie gehen aus von der Unveränderlichkeit einer an ihr selbst unumstößlichen Wahrheit, eines bleibenden *Seins,* – selbst wenn es das Sein des Vergänglichen und Veränderlichen ist, wie etwa die unveränderlichen Gründe des Veränderlichen, die Aristoteles herausgearbeitet hat. Parmenides spricht als erster ausdrücklich – und in einer später nie wieder erreichbaren Radikalität – von der Unveränderlichkeit und Unbeweglichkeit dieses bleibenden und identischen Seins, das er das »unzittrige Herz der wohlgerundeten Wahrheit« nennt. Bis zur Relativitätstheorie und im Grunde auch über sie hinaus[13] bleibt das Faktum einer in diesem Sinne verstandenen, unveränderlich bestehenden Wahrheit der Wirklichkeit[14] eine Voraussetzung des wissenschaftlichen Denkens und seiner Wahrheitsfähigkeit.

Dem hält Heidegger nun den *Geschehenscharakter* des Seins und der Wahrheit entgegen. Daß Wahrheit ein Geschehen ist, besagt noch anderes als die innere Geschichtlichkeit und Veränderlichkeit des Wesens oder des Seins; gleichwohl hängen die Geschichtlichkeit des Seins und das, was ich hier den Geschehnischarakter der Wahrheit nenne,

---

[13] Umgekehrt wären auch die Aussagen der Relativitätstheorie dreitausend Jahre vorher schon »richtig« gewesen, hätte man sie denn machen können, d. h. wäre der Wissensstand damals schon ein entsprechender gewesen.

[14] Selbst bei Hegel, der das absolute Sein als ein Zu-sich-werden und in diesem Sinne als geschichtlich versteht, ist dieses Sein in gänzlich unveränderlichem Sinne *die* Wahrheit und *alle* Wahrheit: »die absolute Idee allein ist *Sein,* unvergängliches *Leben, sich wissende Wahrheit,* und ist *alle Wahrheit.*« (*Wissenschaft der Logik II, Die absolute Idee,* 484)

eng miteinander zusammen. Daß die Wahrheit *geschieht*, bedeutet, daß sie an ihr selbst eine Bewegungsstruktur und in diesem Sinne einen Ereignischarakter hat. Genauer handelt es sich dabei um die Bewegung eines *Kommens* und Hervorkommens, eines Auf-uns(die Menschen)-zukommens und Bei-uns-ankommens, oder, wie Heidegger auch sagt, eines transitiv verstandenen *Anwesens* und *Angehens*. Bis zu einem gewissem Grad ist dieser Ankunftscharakter schon in der Tradition vorgedacht, und zwar in dem Gedanken, daß die Wahrheit nicht allein *verstandesmäßig* durch richtiges und widerspruchsfreies Argumentieren und Schließen in wahren, also der Wirklichkeit entsprechenden Sätzen erfaßt werden kann, sondern daß sie sich der *Vernunft* oder dem *Glauben* in ihrer Einheit und Einfachheit zu *offenbaren* vermag. Dieser Gedanke findet sich in der ganzen Metaphysikgeschichte, sowohl im Seinsdenken z. B. bei Parmenides, Platon und Aristoteles, wie aber auch noch etwa bei Schelling, oder auf der anderen Seite im christlich orientierten Offenbarungsdenken.

Dabei wird stets als unzweifelhaft vorausgesetzt, daß, mit Hegels Worten gesagt, »es Wahrheit gibt«. Auch wenn der Wahrheit eine Bewegung des offenbarenden Sichzeigens zugesprochen wird, bleibt sie an ihr selbst doch ein unveränderliches Sein, ein an ihr selbst oder für sich selbst Bestehendes, in diesem Sinne ein Gegebenes. Die sich offenbarende Wahrheit ist absolut, was sie ist. Heidegger dagegen denkt eine radikale *Geschichtlichkeit von Wahrheit* in dem Sinne, daß sie *in ihrem Sichzeigen* jeweils erst *geschieht* und sich somit auch geschichtlich verändert. Sie besteht allein in diesem jeweiligen Hervorkommen und Ankommen beim sie aufnehmenden Menschen. Indem sie aus der Verborgenheit ins Licht heraustritt, sich entbirgt und un-verborgen ist – so übersetzt Heidegger das griechische a-lethes –, ist oder wird sie allererst Wahrheit und wird sie Wahrheit auf geschichtlich sich verändernde unterschiedliche Weisen. Sie kommt also nicht lediglich so bei uns an wie ein Reisender, der uns aus der Fremde oder Ferne kommend besucht, oder wie dem Augenschein nach die Sonne aus dem Ozean auftaucht, sondern eher so, wie sich die Helle des Tages aus der Nacht heraus zeigt oder wie sich für uns eine Wetterlage – oder zuweilen auch eine Gemütslage – unversehens aus einer anderen entwickelt.

Allerdings fällt nun bei dem von Heidegger gedachten Geschehen – anders als bei jenen sich mehr oder weniger naturhaft vollziehenden und uns geschehenden Ankunftsweisen – *dem Menschen* eine wichtige, unaufhebbare Rolle zu. Wenn die Wahrheit, und damit das Sein selbst, ein Angehen und Ankommen ist, so bedarf es eines Raumes oder einer Stätte für dieses Ankommen. Und es ist der Mensch, der den Raum für das Ins-Licht-treten, die *Lichtung* der Wahrheit eröffnet und offenhält. »Das Sein aber braucht, um sich zu öffnen, den Menschen als das Da seiner Offenbarkeit.« (*Vier Seminare*, 370) Unverborgenheit bedeutet immer ein Nichtverborgensein *für jemand*. Der Mensch stellt sozusagen die Bühne dar, auf der sich das Drama »Wahrheit« allein abspielen kann. Umgekehrt heißt das, daß »Wahrheit (Unverborgenheit) zum Dasein, das wir selbst sind«, gehört (*Einleitung in die Philosophie*, 110) und daß das Denken an ihm selbst Verstehen der Wahrheit, Seinsverständnis ist. »Menschsein heißt schon Philosophieren«, sagt Heidegger bereits in der Vorlesung von 1928/9. Wahrheit gehört zum Menschsein, weil eben dies das Menschsein als solches ausmacht: verstehend offen zu sein für das, was ihm entgegenkommt, für das Unverborgensein von Seiendem, für das Sein.[15]

Abhängig davon, wie sich jeweils das Sein selbst dem Menschen zeigt oder vielleicht auch nicht zeigt, entspricht dieser der Lichtung der Wahrheit in geschichtlich unterschiedlichen Weisen. In der Weise der *Metaphysik* dem Sein zu entsprechen, heißt, den philosophierenden Blick auf das durch das Sein gegründete *Seiende* zu richten, wobei jenes selbst, das an ihm selbst unverfügbare, »*un*gewöhnlichste« (vgl. *Beiträge*, 110), fragwürdige, befremdliche Sein unbedacht bleibt; daß es die Menschen je und je erst in einem gelichteten Bereich angeht und betrifft, wird außer acht gelassen. Statt dem Sein selbst, dem ankom-

---

[15] Später nennt Heidegger das Offensein ein *Hören* und versteht dieses Hören als das *Entsprechen* gegenüber einem Anspruch, der an ihn ergeht. Ich zitiere aus der Schlußpassage des Vortrags *Die Sprache* von 1950, um zu zeigen, wie Heidegger einerseits an dem jetzt angedeuteten Entsprechungsverhältnis von Mensch und Wahrheit weiterhin festhält, wie er es aber zugleich auch weiterführt und vertieft. Was in den zuvor angeführten Stellen und allgemein in dem Gedanken des Entbergens und Offenhaltens dem Bild- und Gedankenbereich des Sehens und des Lichtes entstammt, ist hier vom Bereich des Hörens und der Sprache her gesprochen, in der Grundtendenz des eröffnenden Aufnehmens und Entsprechens aber besteht kein großer Unterschied: »Das Entsprechen ist als hörendes Entnehmen zugleich anerkennendes Entgegnen. ... Jedes echte Hören hält mit dem eigenen Sagen an sich. Denn das Hören hält sich in das Gehören zurück, durch das es dem Geläut der Stille vereignet bleibt. Alles Entsprechen ist auf das an sich haltende Zurückhalten gestimmt. Darum muß solchem Zurückhalten daran liegen, hörend für das Geheiß ... sich bereit zu halten. Das Zurückhalten aber muß darauf achten, dem Geläut der Stille nicht nur erst nach-, sondern ihm sogar vor-zu-hören und darin seinem Geheiß gleichsam zuvorzukommen.« (32)

menden Wahrheitsgeschehen als solchem zu entsprechen, bekommt er das Sein nur noch als *Seiendheit,* als *Sein des Seienden* oder auch als höchstes Seiendes in den Blick, weswegen Heidegger von der *Seinsverlassenheit* der Metaphysik und der *Seinsvergessenheit* des Menschen spricht. Um das unbedachte *Sein selbst* vom Sein des Seienden zu unterscheiden, schreibt er es vorübergehend mit einem altertümlichen y: *Seyn.*

In der Epoche der *neuzeitlichen* Metaphysik versucht der Mensch als *Subjekt* das Seiende in den Griff zu bekommen, sich seiner als seines Objekts zu *bemächtigen.* Ihm ist die zuvorkommende und vorhörende Zurückhaltung gegenüber dem, was auf es zu und bei ihm ankommt, vollends fremd geworden. »Je ausschließlicher das Denken dem Seienden sich zuwendet und für sich selbst einen *seiendsten* Grund sucht (vgl. Descartes und die Neuzeit), um so entschiedener entfernt sich die Philosophie aus der Wahrheit des Seyns.« (*Beiträge,* 170) Das Seiende begegnet dem neuzeitlichen Zugriff innerhalb eines Bezirks der Wahrheit, die als solche gar nicht frag-würdig wird, sich vielmehr zurückhält, verbirgt. Die Wahrheit verbirgt sich, indem sie sich in einer Weise zeigt, die nicht ihrem Eigensten entspricht, insofern eine Art Vor-schein ihrer selbst darstellt. Sie erscheint neuzeitlich »in der Gestalt der Gewißheit« und damit »in der Form des sich selbst unmittelbar denkenden Denkens des Seienden als des vor-gestellten Gegen-standes«. (141)

Damit sind wir wieder bei der neuzeitlichen *Wissenschaft,* die eine wesentliche Erscheinung der metaphysischen Seinsepoche ist. Die gerade genannte *Gewißheit,* in der sich das Denken metaphysisch-neuzeitlich einzurichten, deren sie sich zu vergewissern sucht, um sich selbst und ihre Gegenstände sicher im Griff zu haben, entfaltet sich vornehmlich in der Wissenschaft und ihren Erklärungs- und Begründungszusammenhängen. Insofern die als Gewißheit begriffene Wahrheit eine in ihrem Grunde ungedachte Wahrheit ist, ist die Wissenschaft, gerade indem sie »beansprucht, ein oder gar *das* maßgebende Wissen zu sein«, also das Sein des Seienden in der einzig »richtigen« Weise zu bestimmen, *wahrheitslos und seinsverlassen.* So »wird die Seinsverlassenheit (und d. h. zugleich das Niederhalten der aletheia bis zur Niederzwingung in die Vergessenheit) wesentlich durch die neuzeitliche Wissenschaft mitentschieden«. (ebd.)

Daß die *Seinsverlassenheit* »wesentlich durch die neuzeitliche Wissenschaft mitentschieden« wird, heißt, daß die Wissenschaft den

Zustand der Seinsverlassenheit selbst mit hervorbringt. Wie Heidegger zu dieser kritischen Behauptung kommt – eine Verlassenheit zu konstatieren, ist ja zweifellos etwas Kritisches –, ist nur zu verstehen, wenn man bedenkt, daß Heidegger die Wahrheit als *Unverborgenheit*, als ein *Geschehen* der Unverborgenheit, des Sichentbergens, des Hervorkommens in das Licht der Offenheit und Anwesenheit ansieht. Auf der Seite des Menschen muß dieser Unverborgenheit ein *Entbergen*, ein Hervorkommenlassen entsprechen. Die *neuzeitliche Wissenschaft* jedoch achtet nicht auf diese Tatsache des Ankommens, des verbal verstandenen *Seins* oder auch des ebenso verbal verstandenen *Wesens*, sie fixiert und identifiziert das ihr in der Welt Begegnende zu einem vorgestellten Gegen-stand. Statt die Wahrheit des (verbalen) *Seins* zu denken, stellt sie das (substanzhafte) *Seiende* vor und sichert es in einem je umgrenzten Bezirk des Vorstellens. Innerhalb dieses Bezirks kann sie des Vorgestellten und damit vor allem ihrer selbst *gewiß* sein.

Heidegger zieht einen scharfen Trennungsstrich zwischen der griechischen und auch noch der mittelalterlichen Wissenschaft einerseits und der neuzeitlichen Wissenschaft andererseits. Alle drei beruhen jeweils auf unterschiedlichen Auslegungen des Seienden und implizieren darum unterschiedliche Arten des Sehens und Fragens. Hier ist es allein um die *neuzeitliche* Wissenschaft zu tun. Ihr liegt die »Auffassung des Seienden und der Wahrheit« zugrunde, daß die Wirklichkeit das gesicherte, und d.h. das rational erfaßbare, berechenbare und aus rationalen Gesetzen erklärbare Ganze des Seienden ist. Ihrem Denken geht es um die »Auslegung der Seiendheit des Seienden« vornehmlich in der Erklärung durch Ursache-Wirkung-Verhältnisse, in denen das Seiende als Gegenstand des Vorstellens berechnet und verrechnet wird, um sich so seiner selbst und seiner gegenständlichen Welt *sicher und gewiß* sein zu können.

Der Wissenschaft ist es aufgegeben, das Ganze des Seienden auf ihre je spezifische, d.h. je nach der Wissenschaftsdisziplin unterschiedliche Weise zu wissen, mit einem Wissen allerdings, das seinen Gegenstand nicht in seiner inneren Wahrheit, d.h. auf sein Sein hin zu befragen vermag, das ihr vielmehr durch die vorgängige metaphysische Auslegung des Seins als Gegenständlichkeit und Gewißheit immer schon vorgegeben ist. In dieser Angewiesenheit auf eine bestimmte Vorgegebenheit zeigt sich u.a. die früher schon genannte wesentliche *Grenze* der Wissenschaften. Heidegger schreibt: »Wissenschaft muß Seiendes vorfinden können. Es gehört zu ihr, daß sie Seiendes immer schon, und zwar als irgendwie Offenbares vorliegen hat.« (*Einleitung in die Philosophie*, 180) Und einige Jahre später noch pointierter:»Das ›wissenschaftlich‹ Erkennbare ist ›der Wissenschaft‹ jeweils *vorgegeben* in einer durch die Wissenschaft selbst nie faßbaren ›Wahrheit‹ über das erkannte Gebiet des Seienden.

Das Seiende liegt *als Gebiet* für die Wissenschaft vor«, es wird durch die jeweilige Wissenschaft eingerichtet in der Weise »eines Umkreises von Richtigkeiten innerhalb eines sonst verborgenen und für die Wissenschaft gar nicht fragenswürdigen Bezirkes einer Wahrheit (über die ›Natur‹, die ›Geschichte‹, das ›Recht‹ z. B.).« (*Beiträge, Sätze über ›die Wissenschaft‹*, 145) Weil sie die Wahrheit ihres Wissensgebietes gar nicht als solche in den Blick faßt, ist sie im Grunde gar kein Wissen im strengen Sinne, »sondern Einrichtung von Richtigkeiten eines Erklärungsgebietes« (149).

* * *

Drei grundsätzliche Aspekte charakterisieren für Heidegger in besonderer Weise die neuzeitliche Wissenschaft als die Einrichtung eines Wissens in einem jeweiligen Bezirk des Seienden: ihr *Entwurf*scharakter, ihre Vorgehensweise als *Rechnen* und *Messen* und ihr Grundzug des *Machenschaftlichen*[16]. An ihnen läßt sich konkreter – und d. h. nicht allein in Bezug auf das Verständnis des Schicksals der Seinsgeschichte – ablesen, in welchem Sinne seine Analyse der Wissenschaften eine kritische ist.

Mit dem Begriff des »Entwurfs« wird genauer gefaßt, was bereits in der Charakteristik als »Einrichtung« angesprochen war. Zu beachten ist hier allerdings, daß »Entwurf« bei Heidegger zugleich auch eine andere, fast entgegengesetzte Bedeutung hat, nämlich die der »eröffnenden Erschließung« (*Vier Seminare*, 335). In *Sein und Zeit* hieß es: »Der Entwurf ist die existenziale Seinsverfassung des Spielraums des faktischen Seinskönnens.« Und: »Das Verstehen ist, als Entwerfen, die Seinsart des Daseins, in der es seine Möglichkeiten als Möglichkeiten *ist*.« (145) Auch in den ersten Jahren nach *Sein und Zeit* gehörte der »Weltentwurf« in Zusammenhang mit dem Begriff der »Transzen-

---

[16] Mit der Betrachtung der letzteren werde ich mich dann schon im Bereich der *Technik* bewegen, insofern es gerade der Charakter des Machenschaftlichen ist, der für Heidegger Wissenschaft und Technik verbindet.

denz« zu den Heideggerschen Grundgedanken. So sagt er in der Vorlesung von 1928/29: »Das Auszeichnende des Entwerfens liegt darin, daß sich das Dasein damit etwas zu verstehen gibt wie Sein, Bewegung, Ort, Zeit. Was es sich im Entwurf zu verstehen gibt, ist dabei nicht eigens Gegenstand einer darauf eingestellten Erfassung; der Physiker z. b. spekuliert nicht über die Zeit als solche und ihr Wesen, aber zugleich arbeitet er doch mit der Zeit, weil sie in jedem seiner Sätze steckt«. (202) Hier zeichnet sich zugleich schon der zurichtende Charakter des wissenschaftlichen Vorgehens ab, der zunächst aber noch nicht kritisch thematisiert wird.

Indem sich Heideggers Aufmerksamkeit in zunehmendem Maße dem Sich-entbergen und Sich-lichten der Wahrheit zuwendet, erscheint der wissenschaftliche Entwurf diesem gegenüber immer mehr als ein *eingreifendes Zurichten* des Seienden und d. h. als ein Vorgehen, das dem sich selbst zeigenden Begegnenden nicht mehr gerecht zu werden vermag und es vielmehr verbirgt; jedenfalls kann es jeweils nur *eine,* eben die zugerichtete Seite an ihm sichtbar machen. Jede einzelne Wissenschaft *richtet* sich in einem spezifischen Bezirk des Seienden *ein,* indem sie sich dessen Grundbegriffe und Grundvoraussetzungen vorzeichnet, indem sie den Grundriß ihres Gegenstandsbereichs *entwirft.* »Der Entwurf zeichnet vor, in welcher Weise das erkennende Vorgehen sich an den eröffneten Bezirk zu binden hat.« (*Weltbild,* 71) Die Einrichtung von Richtigkeiten eines Erklärungsgebietes muß immer schon von einer jeweiligen Umgrenzung eines bestimmten Bezirks des Seienden ausgehen.

Die Wissenschaft setzt die Öffnung eines solchen Grundrisses des jeweiligen Gegenstandsbezirkes voraus, aber sie setzt ihn *sich selbst* voraus, d. h. sie ist selbst der Vorgang des Eröffnens, dadurch, daß sie sich an einen bestimmten Grundriß bindet und bei all ihren Aussagen innerhalb von dessen Vorgaben verbleibt. So müssen etwa, um ein Heideggersches Beispiel aus dem Vortrag *Die Zeit des Weltbildes* aufzugreifen, in der mathematischen, exakten Naturwissenschaft alle Vorgänge »im voraus als raum-zeitliche Bewegungsgrößen bestimmt sein. Solche Bestimmung vollzieht sich in der Messung mit Hilfe der Zahl und der Rechnung.« (73) »Der in der theoretischen Physik sich vollziehende mathematische Entwurf der Natur und das ihm gemäße experimentelle Befragen der Natur stellen sie nach bestimmten Hinsichten zur Rede. Die Natur wird daraufhin herausgefordert, d. h. gestellt, sich in einer berechenbaren Gegenständlichkeit zu zeigen.« (*Brief an Kojima*, 155 f.)

Innerhalb des vorentworfenen Grundrisses *sichert* die Wissenschaft ihren Gegenstand, indem sie ihn in dem ihrem spezifischen Entwurf entsprechenden *Verfahren* erforscht. In der Naturwissenschaft sieht Heidegger dieses Vorgehen im Aufstellen und Bewähren von *Regeln und Gesetzen* sowie in dem von den zugrundegelegten Gesetzen ausgehenden *Experiment*, in den historischen Geisteswissenschaften in der weit verstandenen *Quellenkritik*. Ein weiteres Moment der Wissenschaft liegt in dem, was er den »*Betrieb*scharakter« der Forschung nennt. Damit faßt er die Tatsache, daß das wissenschaftliche Vorgehen sich systematisch in dem eröffneten Bezirk und in den durch seine spezifischen Verfahren erreichten Ergebnissen einrichtet.

Das Verfängliche, dem Wesen der Wahrheit Ungemäße in diesem Vorgehen läßt sich implizit zwei Zitaten aus *Die Zeit des Weltbildes* entnehmen. Zum einen: »Das Erkennen als Forschung zieht das Seiende zur Rechenschaft darüber, wie es und wie weit es dem Vorstellen verfügbar zu machen ist. Die Forschung verfügt über das Seiende, wenn es dieses entweder in seinem künftigen Verlauf vorausberechnen oder als Vergangenes nachrechnen kann. ... Nur was dergestalt Gegenstand wird, *ist*, gilt als seiend.« (80) Und das zweite Zitat: »Das Vorstellen ist nicht mehr das Sich-entbergen für ..., sondern das Ergreifen und Begreifen von ... Nicht das Anwesende waltet, sondern der Angriff herrscht. Das Vorstellen ist jetzt gemäß der neuen Freiheit ein von sich aus Vorgehen in den erst zu sichernden Bezirk des Gesicherten.« (100)

Das Sich-einrichten und Entwerfen ist als solches Ergreifen und Angreifen immer schon geleitet durch die »Tendenz der Bearbeitung, Beherrschung und Lenkung des Seienden«, die es für seine Zwecke nutzbar machen will. In *Wissenschaft und Besinnung* nennt Heidegger die moderne Wissenschaft »eine unheimlich eingreifende Bearbeitung des Wirklichen« (56). Diese Bearbeitung ordnet und sichert den jeweiligen Bezirk des Seienden im Ausgang vom erkennenden Subjekt, das alles, worauf es sich richtet, zu seinem vor sich hingestellten Gegenstand macht. Die neuzeitliche Naturwissenschaft ist »der bestimmende Vorgriff und der ständige Eingriff des technologischen Vorstellens in die ausführende und einrichtende Machenschaft der modernen Technik«. (GA 16, 747) Es ist ein geradezu gewaltsamer Charakter, der der Wissenschaft hier zugesprochen wird, – »der Angriff herrscht«. An anderer Stelle wird ihr Vorgehen in ähnlicher Weise als »herausforderndes Stellen« (*Technik*, 25) oder auch als »nachstellendes Vorstellen« (*Wissenschaft und Besinnung*, 56) gekennzeichnet.[17]

Das Seiende verfügbar zu machen und tatsächlich über es zu verfügen, es zu beherrschen, zu stellen und zu bestellen, ihm nachzustellen, in es einzugreifen und es anzugreifen, das alles sind Weisen, mit dem Seienden umzugehen, die es nicht als es selbst sein lassen. Insofern bezeugen die hier zusammengestellten Bestimmungen indirekt, was Heidegger demgegenüber als ein dem Seienden in seiner Unverborgenheit entsprechendes Verhalten verstehen wird, nämlich es von ihm selbst her ankommen und angehen, es in sich selbst ruhen und auf sich selbst beruhen zu lassen. Weil die Wissenschaft sich auf die wissenschaftliche Objektivität des zum bloßen Gegenstand reduzierten Seienden richtet, »sieht [sie] ›die Welt‹ und das ›Welthafte‹ überhaupt nicht. Sie nimmt die Dinge als Gegenstände der wissenschaftlichen Thematisierung und kennt nichts anderes. Sie übersieht die den Dingen in Wahrheit eigene Verweisung auf den Bereich, in dem das menschliche Dasein tagtäglich existiert. Wessen Vorstellungen auf die wissenschaftlichen Gegenstände als die ›wahre Welt‹ reduziert bleiben, dem kann so etwas wie ›Weltlosigkeit‹ so wenig gezeigt werden, wie den Farbenblinden die Farbe.« (*Zollikoner Seminare*, 350 f.)

Ein Grundfehler der Wissenschaft – wenn man hier von einem »Fehler« sprechen könnte – ist ihre Einseitigkeit, ihr systematisches Übersehen von anderem, daß sie also, wie bereits angeführt, »beansprucht, ein oder gar *das* maßgebende Wissen zu sein« (*Beiträge*, 141). Dieser Totalitätscharakter scheint allerdings etwas zu sein, was ihr, bzw. dem neuzeitlichen Ansatz des Menschen als eines seine Welt bestimmenden Subjekts notwendig zukommt. Adorno schreibt einmal (*Zu Subjekt und Objekt*, 746), daß die »Wendung zum Subjekt« »von Anbeginn auf dessen Primat hinauswill« und das heißt, daß sie den Charakter der Absolutheit notwendig für sich reklamiert.

Das Subjekt stellt, was auch immer ihm begegnet, als Gegen-stand

---

[17] Dabei ist Heidegger überzeugt, daß diese Tatsache, daß »die Natur zum voraus sich dem nachstellenden Sicherstellen zu stellen hat«, nicht nur für die »geometrisierend-klassische«, sondern auch noch für die Atomphysik wie die »Kern- und Feldphysik« gilt (*Wissenschaft und Besinnung*, 61); das Besondere dieser »jüngsten Phase der Atomphysik« sieht er darin, daß hier »*auch noch* der *Gegenstand* verschwindet und so allererst die Subjekt-Objekt-Beziehung als bloße Beziehung in den Vorrang *vor* dem Objekt und dem Subjekt gelangt«.

vor sich hin, es ist Vor-stellen, das heißt, es hat sich selbst immer schon aus der Zusammengehörigkeit mit der und der Hineingehörigkeit in die Welt herausgenommen.[18] Die Wissenschaft schaut auf das Seiende nur gemäß den ihr eigenen Vorgaben, womit sie durchaus eine Fülle von Resultaten hervorbringt. Aber sie übersieht dabei, daß sie mit ihrem Wissen*entwurf* dem Seienden die Weise vorgibt, wie es sich allein zeigen kann, daß dieser Entwurf es also durch seine expliziten wie impliziten Voraussetzungen in eine ganz spezifische Sicht zwingt. Damit übersieht sie zugleich, daß *das Seiende selbst* etwas ist, was sich dieser wissenschaftlichen Vereinnahmung eben darum notwendig entzieht, weil es ein sich selbst Zeigendes ist. Sie untergräbt in gewissem Sinne das, was wir ihren eigenen, wenn auch beschränkten Wahrheitswert nennen könnten, ihre Absicht nämlich, ein Wissen vom Seienden zu erlangen. Ich zitierte schon früher: »So wird durch die Wissenschaft selbst der eigentliche Bezug des echten Wissens zum Seienden zerstört und, sofern das echte wesentliche Wissen der Grund aller Wissenschaften ist, schafft die neuzeitliche Wissenschaft sich selbst die eigentliche Bedrohung durch eine Grund- und Bodenlosigkeit.« (*Bedrohung*, 8)

* * *

Auf den ersten Blick scheinen die jetzt im Zusammenhang mit dem *Entwerfen* erläuterten Bestimmungen des Nachstellens, Beherrschens und Bearbeitens in einem gewissen Gegensatz zum eher »objektiven« *Berechnen und Messen* zu stehen, welche Bestimmungen Heidegger vielleicht am häufigsten als Kennzeichnungen des wissenschaftlichen Vorstellens anführt und die ich als ein zweites Wesensmerkmal der Wissenschaft benannt hatte.

Das weiter gefaßte *Rechnen* ist uns in den bisherigen Ausführungen schon wiederholt als Kennzeichnung des wissenschaftlichen Denkens begegnet. »Alle Vergegenständlichung des Wirklichen« ist Heidegger zufolge »ein Rechnen, mag sie kausal-erklärend den Erfolgen von Ursachen nachsetzen, mag sie morphologisch sich über die Gegenstände ins Bild setzen, mag sie einen Folge- und Ordnungszusammenhang in seinen Gründen sicherstellen.« (*Wissenschaft und Besinnung*,

---

[18] Eine andere, veränderte Weise von Wissenschaft müßte mit einer anderen Art des In-der-Welt-seins des Wissenden einhergehen, – und von heute aus gesehen wäre nur schwer zu denken, wie das aussehen könnte.

58) »Rechnen« nennt da ersichtlich mehr als das Verfahren der arithmetischen Rechenarten. Es ist generell der quantifizierende und vergleichende Umgang mit allem und in jeder Hinsicht. Ein Beispiel ist das neuzeitliche Verständnis von Raum und Zeit. Das räumliche und das zeitliche Erfahren haben in der Neuzeit ihren qualitativen und auf die jeweilige Befindlichkeit bezogenen Charakter weitgehend verloren; gefühlte Nähe oder Ferne, empfundene kurze oder lange Weile spielen keine wirkliche Rolle mehr gegenüber den »objektiv« meßbaren Raum- und Zeitabständen. »Für das rechnende Vorstellen erscheinen Raum und Zeit als die Parameter der Abmessung von Nähe und Ferne, diese als Zustände von Abständen.« (*Das Wesen der Sprache*, 209) Das Vorstellen sieht Raum und Zeit selbst »als Quanten der Rechnung« (*Wozu Dichter?*, 283), sie werden wie das in ihnen Vorkommende berechnet und verrechnet.[19]

Daß die Wissenschaften einen im weiten Sinne rechnenden und messenden, quantifizierenden Charakter[20] haben, macht ihre Erkenntnisse wie die technischen Ergebnisse »objektiv«, vergleichbar und beurteilbar. Nicht nur in der Wissenschaft, sondern auch im alltäglichen Leben kommt dem Rechnen und Quantifizieren eine überragende Bedeutung zu. Allein von dem, was berechenbar und meßbar ist, kann Rechenschaft abgelegt werden, es kann kommuniziert und jenachdem reproduziert werden, man kann seinen materiellen, etwa seinen finanziellen sowie auch seinen ideellen Wert feststellen.

Auf den Ergebnissen eines rechnenden und messenden, und damit auch begründenden, nämlich *Rechenschaft ablegenden* Wissens kann aufgebaut, sie können technisch angewandt werden. Sie gelten unter den allgemein anerkannten Prämissen, unter denen sie gewonnen wurden, Prämissen, die, wenn sich herausstellt, daß die aus ihnen sich ergebenden Resultate nicht stimmig, widersprüchlich oder sonstwie rational unbefriedigend sind, auch verändert werden können. Die wissenschaftlich erkannten Fakten sind zumindest tendenziell sicher und

---

[19] Auch der Umgang mit Menschen hat im übrigen weitgehend diesen Charakter des Rechnens auf und mit jemand und des Berechnens von Motiven und Effekten angenommen, wie sich besonders deutlich an dem heutigen Charakter von politischem Handeln ablesen läßt, wenn wir z.B. an die Bedeutung denken, die hier Markt- und Meinungsforschung, Lobbyismus, Abzielen auf voraussichtliches Wählerverhalten usw. haben.
[20] Das gilt auch dann, wenn man den Wissenschaften überhaupt oder einzelnen unter ihnen auch noch einen anderen, nicht quantifizierenden Blick auf das Seiende zugestehen will.

gewiß, sie sind verläßlich, allgemeingültig. So genügen sie dem Anspruch, der überall lauernden Unsicherheit zu begegnen.

Der warnende und kritische, ja zuweilen durchaus polemische Ton von Heideggers Ausführungen zum *rechnenden* Denken ist nicht zu überhören. Zwei Stellen mögen hier als Beleg dienen: »Der heutige Riesenaufmarsch der Rechnerei in Technik, Industrie, Wirtschaft und Politik bezeugt die Macht des vom logos der Logik besessenen Denkens in einer fast an den Wahnsinn grenzenden Gestalt. Die ganze Wucht des rechnenden Denkens sammelt sich in den Jahrhunderten der Neuzeit.« (*Grundsätze des Denkens*, 156) Und: »So könnte es sein, daß unser undichterisches Wohnen, sein Unvermögen, das Maß zu nehmen, aus einem seltsamen Übermaß eines rasenden Messens und Rechnens käme.« (*... dichterisch*, 203)

Die Bedeutung und Tragweite dieser Betonung des Rechnens wird noch deutlicher, wenn wir darauf achten, daß Heidegger das Rechnen mit der Ratio zusammendenkt, ja daß er es geradezu als Übersetzung des lateinischen Wortes »ratio« thematisiert: »Ratio heißt Rechnung.« (*Der Satz vom Grund*, 168, 172) »Demgemäß ist der Mensch das animal rationale, das Lebewesen, das Rechenschaft verlangt und Rechenschaft gibt. Der Mensch ist nach der genannten Bestimmung das rechnende Lebewesen, rechnen in dem weiten Sinne verstanden, den das Wort ratio, ursprünglich ein Wort der römischen Kaufmannssprache, bereits bei Cicero übernimmt zu der Zeit, als das griechische Denken in das römische Vorstellen umgesetzt wird.« (210)

Heidegger unterstreicht somit, daß »rechnen« und »Kalkül« »nicht notwendig auf Zahlen bezogen« sind. »Kalkulation ist Rechnen als Überlegen: eines wird dem anderen vergleichend, abschätzend gegenübergelegt. ... Im Rechnen mit und auf etwas wird das also Berechnete für das Vorstellen hervorgebracht, nämlich ins Offenkundige.« (168) Wir können auch sagen: es wird *begründet*. Ratio heißt in der philosophischen Überlieferung sowohl Vernunft wie Grund. Indem Rechenschaft für etwas abgelegt wird – lateinisch heißt es: *rationem reddere* –, wird es auf seinen vernünftigen *Grund* zurückgeführt und so als ein Rationales vorgestellt. Das gesamte metaphysische Denken ist ein Fragen nach dem Grund, – nach den Prinzipien, den Ursachen, Strukturmomenten, Gesetzmäßigkeiten usw. Aber in der Neuzeit hat sich dieser Zug totalisiert, und zwar dadurch, daß sich das rechnende und errechnende Subjekt selbst als den letzten und höchsten Bezugspunkt für die Erfassung von was auch immer gesetzt hat, als den letztgültigen »Rechner« sozusagen. Im Vor- und Darlegen der Rechenschaft liegt neuzeitlich »das Moment des unbedingten und durchgängigen Anspruches auf Zustellung der mathematisch-technisch errechenbaren Gründe, die totale ›Rationalisierung‹.« (173)

Heidegger zeigt auf, daß auch Rechnen und Messen Weisen eines *Stellens* sind, das seinen Gegenstand in absoluter Weise in eine ständige Gegenwart zwingt. Das Stellen nimmt der Sache die Möglichkeit, sich von ihr selbst her zu zeigen, sich auf ihre eigene stille Weise einem achtsamen Denken zuzusprechen. Obgleich Rechnen und Messen zunächst ganz neutrale Behandlungen des Seienden zu sein scheinen, sieht Heidegger auch in ihnen ein Angreifen und Nachstellen und Bearbeiten, was sich dann zeigt, wenn man eine Blick- und Einstellungswendung vollzieht und nach dem Seienden selbst, konkreter gesagt, nach den einzelnen Dingen, Verhältnissen und Geschehnissen fragt, die da wissenschaftlich erfaßt bzw. bestimmt werden. Dann zeigt sich, daß das verallgemeinernde, abstrahierende, begriffliche Vorgehen der Wissenschaften dem Besonderen, Jeweiligen, Zufälligen, an ihm selbst Geheimnisvollen, d. h. dem, was sich der Rückführung auf Gründe, Gesetzmäßigkeiten und Prinzipien entzieht, nicht gerecht werden kann, – auch nicht gerecht werden will. Weil sie zu allgemeingültigen, verifizierbaren Aussagen kommen will, kann und will sich die Wissenschaft nicht auf das Besondere, Unwiederholbare, Zufällige einlassen.

Das besondere und jeweilige begegnende Ding an ihm selbst, d. h. so wie es sich in Begegnung und Erfahrung einem aufmerksamen Umgang mit ihm zeigt, ist jedoch gerade kein Gleichförmiges und Berechenbares. Die Berechnung und Erklärung vermögen zwar durchaus Richtiges und für die Bewältigung insbesondere des modernen Lebens auch Wichtiges zu treffen. Aber die Dinge selbst werden dadurch buchstäblich zum Schweigen gebracht; sie verbergen sich in dem, was sie selbst zu sagen und zu zeigen hätten. Nur zu Lasten des Sich-selbst-zeigen-könnens ist die Sicherheit und Gewißheit zu erlangen, die in der Berechenbarkeit und Begründbarkeit und Beherrschbarkeit liegen.[21]

Doch sind diese Sicherheit und Gewißheit grundlegende Erfordernisse des neuzeitlichen In-der-Welt-seins, dem sich die Wahrheit in der

---

[21] Worauf es ankäme, wäre dementsprechend, das rechnende und messende Verfahren als ein einseitiges zu begreifen und ihm so nur eine jeweilige, auf spezifische Situationen und Zweckzusammenhänge beschränkte Bedeutung und Funktion zuzuerkennen.

Form der *Gewißheit* zeigt bzw. verbirgt. Die rational begründende Berechnung ist ein Mittel der »Bestands*icher*ung« und Ver*gewiss*erung des jeweils Gewußten. Wenn wir wissen, womit wir begründeterweise rechnen und auf wen oder was wir zählen können, kann uns nichts Unvorhergesehenes mehr begegnen, gegen das wir uns also auf diese Weise *abgesichert* haben. Durch die durchgängige Berechnung soll alles unvorhersehbare und zufällig-zufallende Geschehen, jede Eigensinnigkeit und Eigenmächtigkeit eines jeweiligen Sachverhalts so weit wie möglich ausgeschlossen bzw., sowie sie auftauchen, verstehbar und manipulierbar gemacht werden. Es soll kein bleibend Erstaunliches und unvergleichbar Dieses auftreten können; im Rechnen wird eins und eins zusammengezählt, d. h. zuvor schon als vergleichbar und insofern auch letztlich als *gleichförmig* vorausgesetzt.

Die Neuzeit wird philosophisch eingeleitet durch den cartesischen Versuch, das menschliche Denken gegen Irrtum und Täuschung *abzusichern*. Der Drang nach umfassender Wißbarkeit und rationaler Erklärbarkeit entspringt einem Bedürfnis nach umfassender *Sicherheit und Gewißheit*. Dieses Bedürfnis, das in unseren Tagen auf Grund tatsächlicher Verunsicherungen z. B. durch internationale Verwicklungen, wirtschaftliche und ökologische Risiken, aber oftmals auch nur auf Grund der Undurchschaubarkeit der jeweiligen Situationen und ihrer systemimmanenten »Restrisiken« eine neue Qualität erhalten hat, hat in der Neuzeit bei Descartes und seiner Frage nach einem *fundamentum inconcussum* seine philosophische Grundlegung erfahren und in der Folge bis heute ganz allgemein den Rang einer existenziellen Notwendigkeit gewonnen.

Die Herstellung dessen, was man die *Rechenförmigkeit* von allem nennen könnte – wozu einerseits die Quantifizierung, die Zählbarkeit und die Meßbarkeit gehören, andererseits z. B. die Umwandlung von Raum und Zeit in homogene, metrische Größen oder auch die Tendenz zur umfassenden Vorausberechnung und möglichst genauen Kalkulierbarkeit von allem und jedem –, ist ein entscheidendes Mittel zur Herstellung von Gleichförmigkeit und damit auch Manipulierbarkeit, die es erlauben, die Gegenstände sicher in den Griff zu bekommen und sie so zu beherrschen. Fichte schreibt in *Die Bestimmung des Menschen* durchaus zustimmend und fast euphorisch: »Die Natur muß allmählich in die Lage eintreten, daß sich auf ihren *gleichmäßigen* Schritt sicher *rechnen und zählen* lasse, und daß ihre Kraft *sicher* ein unverrücktes Verhältnis mit der Macht halte, die bestimmt ist, sie zu beherrschen, –

mit der menschlichen … So soll uns die Natur immer durchschaubarer, und durchsichtiger werden bis in ihr geheimstes Innere, und die erleuchtete und durch ihre Erfindungen *bewaffnete* menschliche Kraft soll ohne Mühe dieselbe *beherrschen*, und die einmal gemachte *Eroberung* friedlich behaupten.« (*Bestimmung des Menschen*, 129 f., meine Kursivierung)

Durch die Berechnung zwingt das Vorstellen seine Gegenstände in eine ständige Anwesenheit des Vor- und Sichergestelltseins,»weil nur die Berechenbarkeit gewährleistet, im voraus und ständig des Vorzustellenden gewiß zu sein.« (*Weltbild*, 100) Indem es berechnet, indem sein »gleichmäßiger Schritt« festgestellt wird, wird alles dem gleichen Maß – der Gleichmäßigkeit und Gleichförmigkeit, Uniformität – unterstellt. Die Meßbarkeit wird zum Kriterium der Wirklichkeit des Wirklichen.[22]

Es ist ein »Grundzug des heutigen menschlichen Daseins«, daß es »überall auf Sicherheit arbeitet«, ein Grundzug, der auch in dem Wort »Information« – zu Deutsch: Einformung, Einrichtung – zum Ausdruck kommt. »Indem jedoch die Information in-formiert, d. h. benachrichtigt, formiert sie zugleich, d. h. sie richtet ein und aus. Die Information ist als Benachrichtigung auch schon die Einrichtung, die den Menschen, alle Gegenstände und Bestände in eine Form stellt, die zureicht, um die Herrschaft des Menschen über das Ganze der Erde und sogar über das Außerhalb dieses Planeten sicherzustellen.« (*Der Satz vom Grund*, 203) Das richtig Berechenbare ist als solches einem allgemeinen, seine spezifischen Eigenheiten nivellierenden Maß unterworfen. Im In-Rechnung-stellen liegt für Heidegger »das Vordenken in einen Horizont, welcher Horizont Anweisungen und Regeln enthält, denen gemäß Andrängendes auf- und abgefangen und sichergestellt wird.« (*Nietzsche I*, 580) Er spricht in diesem Sinne von *Unterschiedlosigkeit* und *organisierter Gleichförmigkeit* (u.a. *Überwindung der Metaphysik*, 96 f., *Weltbild*, 103). Auf ihnen beruht die durchgängige Verfügbarkeit von allem für alle.

Heidegger hat hier – wie hinsichtlich anderer Grundzüge der Ge-

---

[22] Ich denke, es ist einsichtig, daß damit der Sache – der »Natur« bei Fichte – zugleich die Möglichkeit genommen wird, von ihr selbst her ihren Sinn zu zeigen, sich *auf ihre eigene Weise* einem aufmerksamen Denken zuzusprechen. »Das rechnende Denken ist kein besinnliches Denken, kein Denken, das dem Sinn nachdenkt, der in allem waltet, was ist« (*Gelassenheit*, 15), sagt Heidegger.

genwart – in erstaunlicher Weise spätere Entwicklungen antizipiert. Besonders deutlich zeigt sich die Verfügbarmachung des *Subjekts* m. E. in der Erfindung des Handys, in gewissem Sinne überhaupt des Telephons; sie setzen den angerufenen Gesprächspartner als prinzipiell verfügbar voraus, wovon ja auch der sogenannte »Anrufbeantworter« zeugt.[23] Oder, um ein weiteres Beispiel aus der gegenwärtigen Realität zu nennen: hinsichtlich der Wissens*gegenstände* realisiert die Einrichtung und immer weiter fortschreitende Vervollkommnung der Möglichkeiten des *Internet* und seiner Netze in einer fast schwindelerregenden Weise die *Verfügbarmachung* von allem für alle. Indem man sich zu welchem Thema auch immer jede mögliche Information auf den Bildschirm holen kann, soll virtuell der *Wissensbestand* der gesamten Menschheit verfügbar sein.[24] In den Protokollen zu den Seminaren in Le Thor in Südfrankreich (hier dem dritten, 1969) lesen wir über die »Sprachen der Informatik«, daß es in ihnen darum gehe, »aus allen Daten in vereinfachender Analyse ein neues und schlechthin armes Gefüge … aufzustellen«: »So wird die Sprache ihrer ursprünglichen Eigengesetzlichkeit beraubt und der Maschine unmittelbar gleichförmig gemacht.« (351)

Und scheint nicht auch die folgende Bemerkung aus dem *Weltbild*-Vortrag von 1938 im Hinblick auf die global gewordene Welt geschrieben zu sein?»Im planetarischen Imperialismus des technisch organisierten Menschen erreicht der Subjektivismus des Menschen seine höchste Spitze, von der er sich in die Ebene der organisierten Gleichförmigkeit niederlassen und dort sich einrichten wird. Diese Gleichför-

---

[23] Zum Kontrast und damit zur Verdeutlichung kann man an eine ganz andere Bedeutung des Anrufens bzw. Angerufenwerdens erinnern; Heidegger zitierte am Ende seines Seminars zu dem Vortrag *Zeit und Sein* eine kleine Passage aus Hans Erich Nossaks *Unmögliche Beweisaufnahme*:»Aber der Angeklagte winkte ab. Man müsse da sein, sagte er, wenn man angerufen werde, doch selbst anzurufen, das sei das Verkehrteste, was man tun könne.« (*Protokoll,* 58) Für den an den Menschen ergehenden Anspruch, da und offen und hörend zu sein, *da* zu sein, wenn man angerufen wird, – eine absolute Gegenmöglichkeit zu der Wirklichkeit, in der Handy, Anrufbeantworter und SMS herrschen. Anruf ist nicht gleich Anruf.

[24] Um auch hier eine »Gegenmöglichkeit« anzuführen: Es kommt zur Beurteilung dieses »Wissensbestandes« zweifellos darauf an, was man genauer unter »Wissen« verstehen will. Wenn Heidegger z. B. davon spricht, daß es darum gehe, das Dichterische zu wissen, so ist dieses Wissen ein grundsätzlich anderes als das teils nüchtern-archivarische, teils sensationslüsterne und offen voyeuristische, das auf dem Bildschirm dar- und bereitzustellen ist.

migkeit wird das sicherste Instrument der vollständigen, nämlich technischen Herrschaft über die Erde. Die neuzeitliche Freiheit der Subjektivität geht vollständig in der ihr gemäßen Objektivität auf.« (102 f.)

* * *

Mit den angeführten Beispielen zur Gleichförmigkeit und Verfügbarkeit bin ich unversehens schon vom Bereich der *Wissenschaft* in den der *Technik* hinübergeglitten, um die es jetzt im Folgenden zu tun ist. Im Laufe seiner Auseinandersetzung mit den Wissenschaften sieht Heidegger immer deutlicher den zutiefst *technisch* geprägten Charakter der Wissenschaften, der sich äußerlich u. a. auch in ihrer Betriebs- und Einrichtungsform zeigt. Je enger *Wissenschaft* und *Technik* in der Betrachtung zusammenrücken, umso kritischer[25] wird Heideggers Bezugnahme auf sie, auch wenn er seine Erörterungen selbst nicht als »Kritik« – was für ihn ein Ausdruck für eine an der Oberfläche verharrende Betrachtung zu sein scheint – und schon gar nicht als wissenschafts- oder technikfeindlich verstanden wissen will: »Der Vorwurf der ›Wissenschaftsfeindlichkeit‹ ist eine törichte Oberflächlichkeit, die sich auf eine grundlose Verabsolutierung ›der‹ Wissenschaft stützt. –« (*Zollikoner Seminare*, 341)

Zu Beginn des Aufsatzes *Die Zeit des Weltbildes*, in dem er ausführlich sein Verständnis der neuzeitlichen Wissenschaft darlegt, schreibt Heidegger: »Zu den wesentlichen Erscheinungen der Neuzeit gehört ihre Wissenschaft. Eine dem Range nach gleichwichtige Erscheinung ist die Maschinentechnik. Man darf sie jedoch nicht als blo-

---

[25] Bei dieser »Kritik« handelt es sich um eine bewußte Blickwendung, d. h. die Wissenschaften werden nicht mehr an ihrem eigenen Anspruch gemessen. Dieser Anspruch wird aus einer anderen – der seinsgeschichtlichen – Perspektive heraus fragwürdig, oder besser, als begrenzt sichtbar. Eben deswegen handelt es sich streng genommen um keine *Kritik* im eigentlichen Sinne. Was dem wissenschaftlichen Ansatz, zumindest implizit, entgegengehalten wird, ist eine andere Weise des In-der-Welt-seins und Sich-aus-der-Welt-verstehens, für die das Jeweilige, je Andere, Erstaunliche wichtiger ist als das wissenschaftlich Begreifbare und Begriffene; der es nicht darum geht, eindeutige und allgemeingültige Erkenntnisse über allgemeine Sachverhalte zu gewinnen, sondern in Kommunikation zu treten mit dem Fremden und je für sich Eigentümlichen. Diese andersartige Perspektive richtet sich gegen die *Sicherstellung und durchgängige Berechnung* des Seienden, gegen die schrankenlose Bereitstellung und Verfügbarmachung von allem und für alle, die eine vorgängige Nivellierung alles Vorliegenden erfordert und impliziert.

ße Anwendung der neuzeitlichen mathematischen Naturwissenschaft auf die Praxis mißdeuten. Die Maschinentechnik ist selbst eine eigenständige Verwandlung der Praxis derart, daß diese erst die Verwendung der mathematischen Naturwissenschaft fordert. Die Maschinentechnik bleibt der bis jetzt sichtbarste Ausläufer des Wesens der neuzeitlichen Technik, das mit dem Wesen der neuzeitlichen Metaphysik identisch ist.« (69)[26] Die neuzeitlichen Naturwissenschaften sind ein Erfordernis und ein Resultat des Wesens der Technik. Gerade als ein Wahrheitsgeschehen wurzeln sie in der ihnen vorgängigen *Technik,* insofern Heidegger diese ihrerseits und zwar in ausgezeichneter Weise als ein *Entbergen,* und d. h. für ihn ja als ein Geschehen der *Wahrheit* versteht. Ihr Verhältnis zur modernen Technik zu klären, hält Heidegger für eine der vordringlichen Aufgaben des heutigen Denkens. In dem schon mehrfach zitierten Grußwort an die Tagung in Chicago schrieb er in der bei solchen Anlässen bei ihm häufigen pädagogisierenden Zuspitzung, daß die Seinsfrage, die einzige Frage seines Denkweges, sich »für uns zunächst nur auf dem Wege einer Erörterung der abendländisch-europäischen Metaphysik« fragen lasse, »und zwar im Hinblick auf die in dieser vom Anfang her waltende Seinsvergessenheit«. Von ihr her stelle sich »im Zeitalter der technologisch geprägten Weltzivilisation« u. a. die »Frage nach dem Verhältnis der neuzeitlichen Naturwissenschaften zur modernen Technik«: »Ist die neuzeitliche Naturwissenschaft ... die Grundlage der modernen Technologie oder ist sie ihrerseits schon die Grundform des technologischen Denkens, der bestimmende Vorgriff und der ständige Eingriff des technologischen Vorstellens in die ausführende und einrichtende Machenschaft der modernen Technik?« (*Die neuzeitliche Naturwissenschaft,* 747 f.)

Schauen wir auf Heideggers Auseinandersetzung mit dem neuzeitlichen Phänomen der Technik, so ist von vornherein festzuhalten, daß es ihm – wie er immer wieder betont – nicht darauf ankommt, das empirische Phänomen »Technik« zu analysieren oder zu erläutern, wie er ja auch, wenn er den technologischen und der Technik zugehörigen Charakter der Wissenschaft herausstellt, damit »nicht etwa ›das Tech-

---

[26] Dieser Aufsatz wurde 1938 geschrieben. Heidegger hat später nicht mehr von der »Maschinentechnik« als dem sichtbarsten Ausläufer der Technik gesprochen; im »Informationszeitalter« und anders im »Atomzeitalter« hat die Erscheinung der Technik sich weiterentwickelt.

nische‹ (Apparaten- und Betriebsmäßige)« in den Wissenschaften auf-
suchen will. Wenn er über die Technik nachdenkt, will Heidegger »das
Wesen [der Technik] begreifen als das, was der neuzeitlichen Maschinentechnik die innere Wahrheit und Notwendigkeit gibt«. Es geht ihm
nicht um die allgemeine Vorstellung »der jetzt gerade vorhandenen
›Tatsache‹, die wir ›Technik‹ nennen; auch nicht … [um] diese ›Technik‹
als Erscheinung der ›Kultur‹; denn ›Kultur‹ selbst gehört zum Wesen
der metaphysisch begriffenen ›Technik‹«. (*Metaphysik und Nihilismus*, GA 67,149)

Mit seiner Erörterung der Technik hat Heidegger somit weit mehr
im Sinn als nur eine Analyse des technischen Zeitalters und seiner
mannigfachen Errungenschaften und Risiken. »Technik« ist ihm der
Name für eine bestimmte Seinsauslegung und dementsprechend für
eine bestimmte Seinsepoche. Mit seinem technischen Planen, Rechnen
und Machen antwortet der Mensch auf einen seinsgeschichtlichen Anspruch, der in der Neuzeit durchgängig, d. h. sein ganzes Dasein durch-
stimmend, an ihn ergeht. »Setzen wir uns endlich davon ab, das Technische nur technisch, d. h. vom Menschen und seinen Maschinen her
vorzustellen. Achten wir auf den Anspruch, unter dem in diesem Zeitalter nicht nur der Mensch, sondern alles Seiende, Natur und Geschichte, hinsichtlich seines Seins steht. / … Unser ganzes Dasein findet sich überall herausgefordert, sich auf das Planen und Berechnen
von allem zu verlegen.« Im Wesen der Technik spricht eine Herausforderung des Seins, die an den Menschen ergeht, und zwar als eine »Fü-
gung der Metaphysik und ihrer Vollendung.« (*Besinnung*, 173)

Wiederholt sind wir in den herangezogenen Textstellen auf die
»Machenschaft« gestoßen. Heidegger kennzeichnet mit diesem von
ihm zum Rang eines philosophischen Begriffs erhobenen Terminus
den Grundcharakter der Technik und den technisch bestimmten Charakter der Wissenschaft. Darum hatte ich zuvor das Machenschaftliche
als dritten Aspekt der neuzeitlichen Wissenschaft genannt. Daß ich es
trotzdem erst jetzt als Grundzug des Wesens der Technik in den Blick
nehme, zeigt, daß es *das ursprünglich Technische* an der Wissenschaft
ist, daß auch ihr wie der Technik selbst den Charakter des Machenschaftlichen gibt. Vor allem in den *Beiträgen*, Heideggers Niederschrift
seiner Grundgedanken aus den dreißiger Jahren, aber auch noch später
zuweilen treffen wir auf »Machenschaft« als einen Grundbegriff der
durch die Seinsverlassenheit bestimmten Gegenwart. In diesem Begriff
faßt er das im Abendland bestimmend gewordene Verständnis des Sei-

enden, dem gemäß alles, was ist, der Mensch selbst und die Gegenstände und Umstände seines Handelns und Erkennens, *machbar und berechenbar* sind. Technik und Wissenschaft sind die Konsequenzen und Produkte dieses Verständnisses des Seienden und ineins damit des subjektzentrierten Selbstverständnisses des Menschen.[27] In dem Wort »Machenschaft« klingt vor allem das *Machen* an. Ursprünglich hatte es keine abschätzige Bedeutung und meinte einfach das, »was gemacht, gearbeitet wird, das Gemachte«. (*Grimm* Bd. 12, 1395) Heute assoziiert man, wenn man dieses Wort hört, vor allem »üble Machenschaften«, in die auch List und Heimtücke mit hineinspielen. Heidegger aber sagt: »Im Zusammenhang der Seinsfrage soll damit nicht ein menschliches Verhalten, sondern eine Art der Wesung des Seins benannt werden. Auch der Beiklang des Abschätzigen ist fernzuhalten, ... Vielmehr soll der Name sogleich hinweisen auf das *Machen* (poiesis, techne), was wir zwar als menschliches Verhalten kennen. Allein, dieses ist eben selbst nur möglich auf Grund einer Auslegung des Seienden, in der die Machbarkeit des Seienden zum Vorschein kommt, so zwar, daß die Seiendheit gerade sich bestimmt in der Beständigkeit und Anwesenheit. Daß *sich etwas von selbst macht* und demzufolge für ein entsprechendes Vorgehen auch machbar ist, das *Sich-von-selbst-machen* ist die von der techne und ihrem Hinblickskreis aus vollzogene Auslegung der physis dergestalt, daß nun schon das Übergewicht in das Machbare und Sich-machende zur Geltung kommt ..., was kurz die Machenschaft genannt sei.« (*Beiträge*, 126)

In dieser Passage wird deutlich, daß für Heidegger die Machenschaft nicht nur nichts einfach »Negatives«, sondern, wie die Technik selbst, nicht einmal etwas primär dem menschlichen Verhalten Zugehöriges ist; vielmehr ist sie eine *Weise zu sein* und dementsprechend eine Weise, wie das Seiende ein Machbares ist und geschichtlich vom Machen her begriffen werden muß. Bereits Aristoteles deutet auch das

---

[27] Allerdings verlieren die Subjekte im Laufe der neuzeitlichen Geschichte immer mehr ihren selbstherrlichen Charakter. Die Beziehung des neuzeitlich-herrschaftlichen Subjekts zu seinen Objekten, die als solche zu reinen Gegenständen des Vor- und Herstellens nivelliert wurden, wandelt sich in eine Beziehung zur »aus dem Gestell bestimmten Beständigkeit des Bestandes«, »in dem sowohl das Subjekt als auch das Objekt als Bestände aufgesogen werden.« (*Wissenschaft und Besinnung*, 61) Die Subjekte werden zu bloßen Objekten, wenn sie unter die Botmäßigkeit eines Anspruchs totaler, aber sozusagen anonymer Bestellbarkeit und Machbarkeit geraten.

naturhaft Seiende in Bezug auf sein Gemachtwerden, nämlich als Ergebnis eines Sich-selbst-machens, einer *autopoiesis*. Das bezeugt u. a. seine Unterscheidung von durch Natur Seiendem *(physei on)* und durch Hervorbringung Seiendem *(techne on)*. Jeweils handelt es sich um ein *Sein-durch-etwas*, also ein Gemachtsein, nämlich ein Hervorgebracht- und Bewirktsein durch Gründe und Ursachen, durch Prinzipien und Strukturmomente (Bestandteile, *stoicheia*), – während bei Platon dieses Gemachtsein des Seienden noch keineswegs im Vordergrund stand, das endliche Seiende vielmehr durch seine Teilhabe an den Ideen seiend war.

Das Machen in der Machenschaft ist also sehr weit zu nehmen bzw. es kann in unterschiedlichen Weisen sichtbar werden, so eben auch schon im Durch-sich-selbst-sein der Natur selbst, der *physis*. So sagt Heidegger auch:»In der Machenschaft liegt zugleich die *christlich-biblische* Auslegung des Seienden als *ens creatum*«. Im Hinblick auf die Neuzeit aber weist die geläufige Rede von den *menschlichen* Machenschaften zugleich darauf hin[28], daß das Machenschaftliche zwar das Seiende betrifft, daß es aber nun entscheidend darum geht, daß der zum vorstellenden Subjekt gewordene *Mensch* das ihm Begegnende – dem ein eigenes Begegnen, ein einfaches Da-Sein im Sinne des Beruhens in sich selbst kaum mehr zugelassen wird – in den Griff zu bekommen und im Griff zu haben trachtet (vgl. *Überwindung der Metaphysik*, 91), eben um dessen sicher sein und darüber verfügen, damit und daraus etwas *machen* zu können.[29]

Zuweilen klingt übrigens in Heideggers eigenem Gebrauch von »Machenschaft« auch die alltägliche Bedeutung durch, z. B. da, wo er im kritisch rückblickenden Bezug auf sein zeitweiliges politisches Engagement schreibt:»jener Anlauf zur ›Selbstbehauptung‹, d. h. das Zurückwollen ins *Fragen* als Mitte einer neuen Gestaltung« war ein

---

[28] Gleichwohl ist diese Bedeutung höchstens eine abgeleitete, im primären Sinne ist die Machenschaft nichts Menschliches. Heidegger notiert:»Machenschaft als Herrschaft des Machens und des Gemächtes. Hierbei ist aber nicht zu denken an menschliches Tun und Treiben und dessen Betrieb, sondern umgekehrt, solches ist nur möglich in seiner Unbedingtheit und Ausschließlichkeit aufgrund der Machenschaft. Dies ist die Nennung einer bestimmten Wahrheit des Seienden (seiner Seiendheit). Zunächst und zumeist ist diese Seiendheit uns faßlich als die Gegenständlichkeit (Seiendes als Gegenstand des Vorstellens). Aber die Machenschaft faßt diese Seiendheit tiefer, anfänglicher, weil auf die techne bezogen.« (*Beiträge*, 131 f.)

[29] Ich erinnere an die früher zitierte Bemerkung:»als ob man ›Wissenschaft‹ so machen könnte«.

»*Irrtum* nach allen nur möglichen Richtungen. Zugleich eine Unkennt-
nis des wirklichen Getriebes und der Machenschaften andrängender
Gruppen und Interessen.« (*Bedrohung*, 23) Oder wenn er in anderem
Zusammenhang fragt:»Hören wir Heutigen noch den Ruf? Verstehen
wir, daß solches Hören ein Mitrufen sein muß – vollends gar in einer
Menschenwelt, die am Rand der Selbstzerstörung entlang rast, deren
Machenschaften jedes Rufen überlärmt und ins Nichtige abdrängt?«
(*Aufenthalte*, 1)
      Aber diese menschlichen Machenschaften, ihr»Böses«, nämlich
Hinterlistiges und Unverläßliches, trifft in Wahrheit»nur den *Anschein* der Machenschaft«. (vgl. *Die Geschichte des Seins*, 217) Das
Primäre ist in Heideggers Verständnis nicht ein menschliches Verhalten, das dann auf das Sein übertragen würde, indem diesem etwa irgendwelche Machenschaften unterstellt würden, sondern es verhält
sich gerade umgekehrt:»Die kleine Hinterlist nur menschlicher ›Machenschaft‹ bleibt eine sich selbst unzugängliche Angleichung an die
dem Sein als Machenschaft wesentliche Unfaßbarkeit innerhalb der
von der Machenschaft zugelassenen Öffentlichkeit des Seienden. ... Je
aufdringlicher das Seiende in die Machsamkeit sich verfestigt und dem
Menschentum den Schein zuspielt, als sei das Seiende das Gemächte
seines ›Einsatzes‹, um so sicherer verbirgt sich in diesem Schein die
alles durchmachende Machenschaft.« Jenem Schein entsprechend
sieht es so aus,»als sei das Seiende zu einem Teil als Nutzbares vorhanden und zum anderen der Erfolg der menschlichen Betreibung.«
(186 f.)[30]
      Die»Machenschaft in der alltäglichen Bedeutung«, wonach sie
»die hinterlistige, auf Verwirrung und Zerstörung hinausrechnende
oder auch nur forttobende Betriebsamkeit« meint,»ist höchstens eine
entfernte Folge der seynsgeschichtlich gedachten«. (47) Die»Furcht-
barkeit« von deren Wesen liegt darin, daß sie ein sich verbergendes
Wesen des Seins, Wahrheit als Un-Wahrheit, im Sinne der *Seinsverlassenheit* ist. Daß das Sein das Seiende verlassen hat, besagt, daß das
Seiende als es selbst»im Bezirk einer dem Seienden zugeschriebenen
Machbarkeit« betrieben wird. (36) Das berechenbare und machbare
Seiende scheint den absoluten Vorrang zu haben»vor dem Sein, das
scheinbar ins Nichts verschwunden ist und mit diesem nichts zu sein

---

[30] »Die mechanistische *und* die biologistische Denkweise sind immer nur Folgen der
verborgenen machenschaftlichen Auslegung des Seienden.« (*Beiträge*, 127)

scheint.« Sowohl das Seiende wie der es betreibende Mensch sind in dieser seinsgeschichtlichen Situation *vom Sein verlassen*. Die Technik mit ihrer Machenschaft ist ein Seinsgeschick.[31] Der Mensch verliert sich im bestellbaren und machbaren Seienden und *vergißt* dabei die Wahrheit des Sich-entbergens als solchen und damit das Sein selbst, was eben umgekehrt besagt, daß er vom Sein verlassen ist.

Heidegger bringt die Machenschaft mehrfach in große Nähe zum »Erleben« und »Erlebnis«, die er ihrerseits als Erscheinungen der Seinsverlassenheit versteht. Zwar scheint das *Erlebnis* zunächst das »äußerste Gegenstück« zur Machenschaft zu sein, aber es bleibt doch, wie Heidegger sagt, »ganz und nur ihr Gemächte« (*Beiträge*, 128). Denn wenn auf Grund der Herrschaft der Machenschaft alles überhaupt dem Herstellen und Vergegenständlichen, dem Quantifizieren und Berechnen, dem Erklären und Planen, und in dem allen dem *Machen und Bewirken* übereignet erscheint, dann wird das so »Gemachte« und »Machbare« auf den Menschen und sein Leben bezogen, er bringt es vor sich, indem er es seinem Leben assimiliert, es als sein eigenes *Erlebnis* verbucht, um sich so seines Gegenstandes wie seiner selbst *sicher* und *gewiß* zu werden. Die nationalsozialistische Einrichtung »Kraft durch Freude« war ein bezeichnendes Produkt dieses machenschaftlichen Erlebnisverständnisses. Aber auch das, was man heute als Event-Kultur oder als Fun-Gesellschaft bezeichnet, gehört in den Er-

---

[31] Der enge Zusammenhang, der für Heidegger zwischen der neuzeitlichen Technik und der Machenschaft und Machbarkeit besteht, läßt sich mit den folgenden Sätzen noch einmal zusammenfassend verdeutlichen: »Technik ist die Herstellung des Seienden selbst (der Natur *und* der Geschichte) in die berechenbare Machbarkeit, die Machsamkeit durchmachende Machenschaft. Aber die Machenschaft als Wesung des Seins zeitigt die Technik; deren Betreibung ist dem Willen und Unwillen des Menschen entzogen, sofern der Mensch im Wesen als ›Subjektum‹ entschieden ist … Erst wo das Sein des Seienden aus der Vor- und Hergestelltheit des Gegen- und Zuständlichen begriffen wird, kommt die *Technik* zur Herrschaft; und wiederum nicht als ein Kulturgebiet unter anderen oder als eine Form der Zivilisation, sondern als diejenige ›Inständigkeit‹ in der Wahrheit des Seienden, die zugunsten des Seienden und der unbedingten Herrschaft seiner Machenschaft die Wahrheit vergessen und sich selbst aufgegeben und hineingegeben hat in die Machenschaft als ein Bestandglied dieser.« »Aus dem Wesen der Technik als einer durch die abendländische Metaphysik gegründeten und durch ihre Geschichte bestimmten Grundform der Ausfaltung der Wahrheit als Sicherung der Gegenständlichkeit des Seienden wird erst das Wesen der ›Maschine‹ begreifbar. In der Maschine … wird die Natur erst gesicherte und d. h. ›wirkliche‹ Natur; … insgleichen der Mensch selbst, der durch Züchtung und Schulung auf die Einrichtung alles Seienden in die berechenbare Machbarkeit abgerichtet wird.« (*Besinnung*, 173 f.)

lebnisbereich des Machenschaftlichen und d. h. auch einer Auffassung des eigenen Lebens als eines Machbaren, der eigenen Verfügung und Sicherung Überantworteten. Die Fetischisierung der Erlebnisse und diese selbst entstammen einer »Besinnungslosigkeit«, die für Heidegger eng mit dem Wesen der Technik und mit deren »Bestandsicherung« zusammenhängt. (*Überwindung der Metaphysik*, 87) Heidegger schreibt in den *Beiträgen zur Philosophie*: »Das Seyn hat so gründlich das Seiende verlassen und dieses der Machenschaft und dem ›Erleben‹ anheimgestellt, daß notwendigerweise jene scheinbaren Rettungsversuche der abendländischen Kultur, daß alle ›Kulturpolitik‹ zur verfänglichsten und damit zur Höchstgestalt des Nihilismus werden müssen.« (140) In seinen Aufzeichnungen aus der zweiten Hälfte der dreißiger Jahre, in denen sich u. a. seine intensive, immer kritischer werdende Auseinandersetzung mit der zeitgenössischen Politik widerspiegelt, hat Heidegger sich häufig auch mit der Kulturpolitik – wie dann etwas später mit »Krieg und Frieden« und der »totalen Mobilmachung« – beschäftigt. Auch die Betonung des machenschaftlichen Charakters des Erlebnisses gehört für ihn in den Bereich der Kulturpolitik, die zu jener Zeit auf einer sich u. a. auf Nietzsche berufenden Ideologie des *Lebens* und der Lebenssteigerung fußt.

Der erste Teil des zuletzt zitierten Satzes nennt sowohl das die Gegenwart bestimmende seinsgeschichtliche Faktum, daß das Sein das Seiende verlassen hat, die »Seinsverlassenheit«, wie dessen Auswirkung, die Herrschaft von Machenschaft und Erleben. Der zweite Satzteil, der eine notwendige Folge der Seinsverlassenheit angibt, geht davon aus, daß eine Kulturpolitik, die versucht, die abendländische Kultur zu retten, als die verfänglichste und höchste Gestalt des *Nihilismus* anzusehen sei. Die beiden Begriffspaare, Machenschaft und Erleben einerseits und Seinsverlassenheit und Nihilismus andererseits, bestimmen sich hier gegenseitig. Die »Seinsverlassenheit« bedeutet sowohl, daß das Geschick der Machenschaft den sie Betreibenden und von ihr Umgetriebenen selbst verborgen bleibt, daß es eine wesenhafte Bewußtlosigkeit hinsichtlich der Vorherrschaft und der Bedeutung des Machens und Erlebens gibt, wie sie zugleich den Grund für dieses Geschick nennt: daß die Menschen sich dem Machen und Vorstellen und Erleben verschrieben haben, entstammt einem geschichtlichen, nämlich abendländischen Schicksal, dem gemäß sich bereits im Beginn seiner Geschichte das Sein – der Sinn und das Wahre dessen, daß und wie etwas ist und uns angeht – dem Menschen entzogen, ihn zunehmend verlassen und damit dem Betreiben und Machen des bloßen und insofern *nichthaften* Seienden überlassen hat.

»Die Seinsverlassenheit ist der Grund und damit zugleich die ursprünglichere Wesenbestimmung dessen, was Nietzsche erstmals als Nihilismus erkannt hat«, sagt Heidegger. (119) *Nihilismus* ist hier nicht im Sinne einer bloß negativen, *pessimistischen* Grundstimmung gemeint, und er ist natürlich auch nicht das, was Adorno den »zugleich menschenfeindlichen und konsequenzlosen Nihilismus des früheren Heidegger« nennt, »der sich über das Sein zum Tode und das nichtende Nichts erging«. (*Zur Metakritik der Erkenntnistheorie*, 193)[32] Heidegger entwickelt sein Verständnis des Nihilismus im Anschluß an Nietzsche; es reicht sehr viel weiter als die Kennzeichnung einer existentiellen Grundstimmung. Auch für ihn bedeutet Nihilismus – wie im allgemeinen Sprachgebrauch – eine Erfahrung von Sinnverlust, aber er nimmt diese nicht so sehr im Sinne eines Lebensgefühls als vielmehr im Sinne einer ontologisch-geschichtlichen Gegebenheit: »›Nihilismus‹ gebraucht Nietzsche als den Namen für die von ihm erstmals erkannte, bereits die voraufgehenden Jahrhunderte durchherrschende und das nächste Jahrhundert bestimmende geschichtliche Bewegung, deren wesentlichste Auslegung er in den kurzen Satz zusammennimmt: ›Gott ist tot‹. ... Nihilismus ist jener geschichtliche Vorgang, durch den das ›Übersinnliche‹ in seiner Herrschaft hinfällig und nichtig wird, so daß das Seiende selbst seinen Wert und Sinn verliert.« (*Nietzsche II*, 32 f.) Und: »Nihilismus im Sinne Nietzsches bedeutet: daß alle *Ziele* weg sind.« (*Beiträge*, 138)

Das Wegbleiben von verbindlichen Zielen, die zunehmende Sinnlosigkeit zeigt sich, vereinfacht gesagt, darin, daß sich uns das, womit wir es jeweils zu tun haben – Gegenstände, Menschen, Ereignisse, Situationen –, nicht mehr von sich her zuspricht, nicht auf uns zukommt, daß sich qualitative Nähe und Ferne eines wirklich Begegnenden ver-

---

[32] An anderer Stelle spricht Adorno übrigens selbst von einem Nihilismus, der angesichts der heutigen Situation durchaus gerechtfertigt wäre, der aber als bloße Behauptung eine Positivität gewinnt, die ihm zugleich widerspricht und insofern scheinhaft wird: »Auch objektiv ist heute wohl alles verwehrt, was irgend dem Daseienden Sinn zuschriebe, und noch dessen Verleugnung, der offizielle Nihilismus, verkam zur Positivität der Aussage, einem Stück Schein, das womöglich die Verzweiflung in der Welt als deren Wesensgehalt rechtfertigt, Auschwitz als Grenzsituation.« (*Zur Schlußszene des Faust*, 129)

lieren zugunsten der gleich-gültigen und lediglich noch quantitativ einzuschätzenden Gegenwart von erlebnishaften Sinnesreizen auf der einen Seite und physikalischen, berechenbaren Daten auf der anderen. »Im Zeitalter ... des unbedingten Andranges des Seienden zum Verbrauch in die Vernutzung, ist die Welt zur Unwelt geworden, sofern das Sein zwar west, aber ohne eigenes Walten.« (*Überwindung der Metaphysik*, 92) In der »Unwelt der Seinsverlassenheit« (97) kann sich der Mensch nicht auf das Seiende in seiner Jeweiligkeit und in dem, was es von sich her zu sagen hat, einlassen, es verkommt ihm vielmehr, indem er es vernutzt und zum unterschiedslosen Bestand von Verwertungs- und Verfügungszusammenhängen macht.[33]

Auch die technologische Rationalität kann als solche zu keiner Besinnung führen, sie mündet vielmehr in *Besinnungslosigkeit*. Sie führt sogar zu einer Besinnungslosigkeit hinsichtlich der Besinnungslosigkeit. Insofern ist dieser Nihilismus auch nicht auf eine gefühlte Grundstimmung der Sinn- und Zwecklosigkeit begrenzt. Gerade das Schwelgen in Erlebnissen, die von einer auf Befriedigung ausgerichteten Kulturpolitik bereitgestellt, jedenfalls unterstützt werden, vermag kein wirkliches Besinnen zuzulassen und ist insofern nihilistisch. Herbert Marcuse hat das Fehlen von Besinnung als Erscheinung der »Eindimensionalität« auch des Kulturbetriebs aufgewiesen. In seinem Buch *Der eindimensionale Mensch* zeigt er, daß es zumindest mit ein *Ziel* der zeitgenössischen Kulturpolitik ist, keine wirkliche Besinnung aufkommen zu lassen. Die vermeintliche Besinnung ist lediglich eine

---

[33] Auch sich selbst gegenüber verliert der Mensch die Fähigkeit und Möglichkeit, sich tatsächlich auf sich einzulassen. Adorno übt angesichts dieser Unfähigkeit zur Selbstbesinnung eine Kritik an der gängigen Tiefenpsychologie. Die machenschaftliche Nivellierung und Vernutzung des je Eigenen zeigt sich ihm hier darin, daß der Einzelne durch die Brille der allgemeinen Theorien und Erklärungen erblickt wird: »Die fertig gelieferte Aufklärung verwandelt nicht nur die spontane Reflexion, sondern auch die analytischen Einsichten ... in Massenprodukte und die schmerzlichen Geheimnisse der individuellen Geschichte ... in geläufige Konventionen. Die Auflösung der Rationalisierungen wird selbst zu einer Rationalisierung. Anstatt die Arbeit der Selbstbesinnung zu leisten, erwerben die Belehrten die Fähigkeit, alle Triebkonflikte unter Begriffe wie Minderwertigkeitskomplex, Mutterbindung, extrovert und introvert zu subsumieren, von denen sie im Grunde sich gar nicht erreichen lassen. Der Schrecken vorm Abgrund des Ichs wird weggenommen durch das Bewußtsein, daß es sich dabei um gar nicht so viel anderes als um Arthritis oder Sinus troubles handle. Dadurch verlieren die Konflikte das Drohende. Sie werden akzeptiert; keineswegs aber geheilt, sondern bloß in die Oberfläche des genormten Lebens als unumgängliches Bestandstück hineinmontiert.« (*Minima Moralia*, Nr. 40, 71)

weitere Form des eindimensionalen Betriebs, des quantifizierenden Planen- und Machen-wollens. »Im Bereich der Kultur manifestiert sich der neue Totalitarismus gerade in einem harmonisierenden Pluralismus, worin die einander widersprechenden Werke und Wahrheiten friedlich nebeneinander koexistieren.« (*Der eindimensionale Mensch*, 81)

Nicht unähnlich ist, was Heidegger in den *Beiträgen* wie folgt beschreibt: »… eben da, wo man wieder Ziele zu haben glaubt, wo man wieder ›glücklich‹ ist, wo man dazu übergeht, die bisher den ›Meisten‹ verschlossenen ›Kulturgüter‹ (Kinos und Seebadereisen) allem ›Volke‹ gleichmäßig zugänglich zu machen, eben da, in dieser lärmenden ›Erlebnis‹-Trunkenboldigkeit, ist der größte Nihilismus, das organisierte Augenschließen vor der Ziel-losigkeit des Menschen, das ›einsatzbereite‹ Ausweichen vor jeder Ziel setzenden Entscheidung, die Angst vor jedem Entscheidungsbereich und seiner Eröffnung.« (139)

Vielleicht hat Heidegger bei dieser Erwähnung des Glücklichseins auch an Nietzsches Bemerkung über den »letzten Menschen« aus *Also sprach Zarathustra* gedacht, die er an anderer Stelle einmal zitiert hat: »›Was ist Liebe? Was ist Schöpfung? Was ist Sehnsucht? Was ist Stern?‹ – so fragt der letzte Mensch und blinzelt. / Die Erde ist dann klein geworden, und auf ihr hüpft der letzte Mensch, der Alles klein macht. Sein Geschlecht ist unaustilgbar, wie der Erdfloh; der letzte Mensch lebt am längsten. / ›Wir haben das Glück erfunden‹ – sagen die letzten Menschen und blinzeln.« (*Zarathustra's Vorrede*, 5)

Neben Heideggers Kennzeichnung »wo man wieder ›glücklich‹ ist« müßte oder könnte man heute vielleicht den Verweis auf ein gleichzeitiges allgemeines Sich-unwohl-fühlen und einen weitreichenden Kultur- und Lebenspessimismus stellen, oder aber auch, und sogar noch mehr, auf eine umfassende Gleichgültigkeit. Aber das blinzelnde Glück ist zumindest als Wunschvorstellung und als Harmonie-Raum auch heute durchaus präsent. Generell ist das Meiste, was die Event-Veranstaltungen und viele Fernsehsendungen über die Erlebnis- und Erfahrungswelten zu sagen haben und womit man erwartet, die schnelle Zustimmung und vergnügliche Unterhaltung möglichst vieler gewinnen und garantieren zu können, Zeugnis solchen »Glücks«.

Heidegger knüpft mit seinsgeschichtlichen Überlegungen zum Nihilismus vor allem an Nietzsches Konzeption des Seins als *Macht* und als *Willen zur Macht* an, wobei sein Bedenken dieses Machtdenkens in den späten dreißiger Jahren unmittelbar zusammengeht mit einem Aufweis des Sich-aufspreizens der Macht im Nationalsozialismus und seinen »Weltmachtkämpfen«. Gegen jede weiterführende Zielsetzung spielt sich die Subjektivität als die Seinsgestalt der *Macht* auf, die sich »in der reinen Ermächtigung ihrer selbst« behauptet. Nihilismus und »Vordrängen der Macht in die maßgebende Rolle des Weltspiels, d. h. der Art, wie das Seiende sich ordnet« (*Geschichte des Seins*, 182 f.) sind im Kern dasselbe.

»Macht« leitet sich zwar sprachgeschichtlich nicht von »Machen« her, eine sachliche Nähe zwischen beiden ist jedoch durchaus gegeben; ihr entspricht etwa auch die bedeutungsmäßige Nähe zwischen dem Machen und dem Können und Vermögen, die sich in den lateinischen Begriffen für Macht – *potentia* und *potestas* – zeigt. Heidegger spielt mit der lautlichen Verwandtschaft beider Begriffe. So bestimmt er »Machenschaft« einmal als »das Sicheinrichten auf die Ermächtigung der Macht und die von dieser vorgerichtete weil aus der Übermächtigung vorgeforderte Machsamkeit alles Seienden.« (186) Und einige Sätze weiter: »Der Name ›Machenschaft‹ meint gewöhnlich die auf Vorteile und eine Übervorteilung erpichten *menschlichen* Umtriebe unter dem Schein harmloser Beschäftigungen. Die ›Machenschaft‹ kommt als menschliche ›Haltung‹ erst dort ungehemmt ins Spiel, wo das Menschentum schon inmitten des Seienden steht, dessen Sein als Macht sein Wesen ins Äußerste aufsteigert.« Das Wegbleiben von verbindlichen Zielen bedeutet eine zunehmende »objektive« Sinn-losigkeit des gleichförmigen und massenhaft verfügbaren Seienden, darin jedoch zugleich dessen sich durchsetzende Macht. Ebenso bezeugt die ausdrückliche »Machtübernahme« durch das neuzeitliche Subjekt und seinen Machtwillen die Herrschaft der Machenschaft.

* * *

In dem Vortrag *Die Frage nach der Technik* von 1953 fragt Heidegger nach dem Wesen der Technik mit der Absicht, das menschliche Dasein für die Technik zu öffnen und so eine »freie Beziehung« zu ihr zu ermöglichen. (*Technik*, 13) Genauer bewegt er sich mit diesem *Fragen* nach der Technik bereits auf einem Boden jenseits der Technik. Denn das *Fragen* ist ein *Hören* und *Entsprechen*, damit kein rechnendes und messendes, sondern ein *besinnliches* Denken, ein Achten auf die Sprache des Seins, das diesem auch dann zugehört, wenn es sich entzieht. Indem wir auf dieses Heideggersche *Fragen* als solches achten, erblik-

ken wir die Technik, deren Vorgehen gerade *kein* offenes oder besinnliches, vielmehr ein Setzen und Machen ist, zugleich mit ihrem Gegenbild. Das Fragen zeigt die Technik auch in ihrem nicht-technischen und
insofern in ihrem zwei-deutigen, nämlich in zweierlei Richtung deu-
tenden *Wesen*.

In dem Manuskript *Die Geschichte des Seyns* schreibt Heidegger
vom *Seyn*, daß dessen »erst zu gründendes Wesen das Kommen« sei
und daß diesem »das Fragen« entspreche (59 f.). Das *Fragen* öffnet sich
selbst in einen Bereich des Kommens und Ankommens hinein und
eröffnet damit den Bereich, in dem ein Kommen möglich, in aktivem
Sinne *zugelassen* wird. Der letzte Satz des Vortrags *Wissenschaft und
Besinnung* sagt über das Fragen: »Besinnung braucht es als ein Entsprechen, das sich in der Klarheit unablässigen Fragens an das Unerschöpfliche des Fragwürdigen vergißt, von dem her das Entsprechen
im geeigneten Augenblick den Charakter des Fragens verliert und
zum einfachen Sagen wird.« (70)

So eröffnet auch das Fragen nach der Technik und ihrem Wesen
die Möglichkeit, daß sie für uns nicht bloß ein vorfindbarer Tatbestand
des Wirklichen bleibt, sondern daß wir in ihr ein Geschehen erfahren,
in dem etwas auf uns zukommt und uns anspricht, das wesentlich über
sie hinauszuführen bzw. durch sie und ihre uns bedrohende Gefahr
hindurch ins Offene zu führen vermag. Der Vortrag *Die Frage nach
der Technik* schließt mit dem kleinen Absatz: »Je mehr wir uns der
Gefahr nähern, um so heller beginnen die Wege ins Rettende zu leuch-
ten, um so fragender werden wir. Denn das Fragen ist die Frömmigkeit
des Denkens.« (44) An späterer Stelle erläutert Heidegger, »fromm« sei
da im alten Sinn von »fügsam, hier nämlich dem, was das Denken zu
denken hat«, gemeint, und er präzisiert, die »eigentliche Gebärde des
Denkens« sei »das Hören der Zusage dessen«, »wobei alles Fragen dann
erst anfragt, indem es dem Wesen nachfragt«. (*Das Wesen der Sprache*,
175 f.)

Einem solchen aufmerksamen Hören auf das, was die Technik uns
in ihrem Wesenden zu sagen hat, zeigt sich Heidegger zufolge etwas
ganz Entscheidendes, das uns in eine unerwartete Entscheidung
zwingt: Das Wesen der Technik ist im wörtlichen Sinne ein *zwei-deu-
tiges*. Es *deutet zurück* in das Geschick der Seinsverlassenheit und es
deutet vor in die Möglichkeit eines neuen und anderen Anspruchs,
eines neuen Entbergens. Heidegger sagt: »Blicken wir in das zweideutige Wesen der Technik, dann erblicken wir die Konstellation, den Ster-

nengang des Geheimnisses. / Die Frage nach der Technik ist die Frage nach der Konstellation, in der sich Entbergung und Verbergung, in der sich das Wesende der Wahrheit ereignet.« *(Technik,* 41) Was ist mit dieser Konstellation der Zweideutigkeit gemeint?

Das Zweideutige im Wesen der Technik liegt in der Weise, wie sie ein *Wahrheitsgeschehen,* nämlich wie sie ein *Entbergen* ist. Heidegger sagt einerseits: »Das Entbergen, das die moderne Technik durchherrscht, hat den Charakter des Stellens im Sinne der Herausforderung.« (24) Andererseits aber sieht er in dieser Herausforderung zugleich auch die *rettende Möglichkeit,* daß der Mensch sich selbst als den zu diesem Geschick Gebrauchten begreift, daß er somit gewissermaßen durch die Seinsverlassenheit hindurchstößt und sich in seinem Bezug zum Sein und das Sein in seinem Bezug zu ihm selbst, also ihrer beider *Zusammengehörigkeit* erfährt. Dieses wechselseitige Zusammengehören von Mensch und Sein hat Heidegger im Blick, wenn er »die Konstellation, den Sternengang des Geheimnisses« nennt. Um diese Erfahrung möglich werden zu lassen, unternimmt er das Fragen nach dem Wesen der Technik.

Er beginnt dieses Fragen allerdings zunächst einmal damit, daß er sagt, was die Technik *nicht* ist. Das Wesen der Technik besteht, so betont er, »nicht in der Anfertigung von Werkzeug und Maschinen; sie ist auch nicht die bloße Benützung und Handhabung derselben innerhalb eines Verfahrens, sie ist auch nicht dieses Verfahren selbst und auch nicht nur das Sichauskennen in einem solchen«. *(Besinnung,* 173) Ebenso grenzt er im *Technik*-Vortrag sein Verständnis des Wesens der Technik gegen das ab, was er »die instrumentale und anthropologische Bestimmung der Technik« nennt, die sie als »ein Mittel für Zwecke« und als ein »menschliches Tun« begreift. Diese Bestimmungen sind zwar richtig, es ist nicht zu leugnen, daß sie *etwas Richtiges* treffen; aber sie nennen noch nicht das Wahre, das also, was das eigentlich Wesende der Technik ausmacht. Dem kommen wir nur auf die Spur, wenn wir weiter zurückfragen, was denn »das Instrumentale selbst« ist *(Technik,* 14 f.), bzw. was die philosophischen Grundannahmen über das Seiende sind, die den genannten Bestimmungen zugrunde liegen.

Sowohl das Mittel, das Instrument, wie der Zweck, zu dessen Produktion das Instrument gebraucht wird, sind *Ursachen.* Die Verursachung erläutert Heidegger hier – unter Rückgriff auf die betreffenden Aristotelischen Bestimmungen – näher als ein »Verschulden«. Und dieses Verschulden, das im Grunde des Wesens der Technik geschieht, versteht er als dessen spezifische Art des *Entbergens*. Das Verschulden bringt etwas, ein noch nicht Anwesendes, ins Erscheinen, läßt es »in seine vollendete Ankunft«, »in das An-wesen vorkommen«. (18)

Das In-den-Vorschein-Bringen ist das, was wir gewöhnlich ein Hervorbringen nennen. Heidegger deutet es jetzt wörtlich als ein *Hervor-bringen*, durch das »sowohl das Gewachsene der Natur als auch das Verfertigte des Handwerks und der Künste jeweils zu seinem Vorschein« kommt (19). Das technische Entbergen ist ein Hervorbringen. Wenn wir auf das Wort selbst achten, so läßt sich im Her-vor-bringen im Gegensatz zum Pro-duzieren neben dem Bereich oder Raum, in den etwas durch die Hervorbringung vor-gebracht wird, auch noch ein Verweis auf seine Her-kunft sehen: *her* aus einer Verborgenheit, *vor* in das Entborgensein. Zugleich finden wir im Her auch die Bedeutung eines »hierher«, also *zu sich her* angedeutet, das Heidegger im Vorstellen als einem »vor sich hin und zu sich her Stellen« mitdenkt.

In der zitierten Aussage steht die Technik nun jedoch – als Hervor-bringen, das »sowohl das Gewachsene der Natur als auch das Verfertigte des Handwerks und der Künste jeweils zu seinem Vorschein« kommen läßt – unversehens in einem viel weiteren Zusammenhang als dem des bloßen technischen Produzierens. Scheinbar Schritt vor Schritt vom Tun des *menschlichen* Herstellens ausgehend – sein Beispiel ist eine Silberschale – hat Heidegger, indem er mit dem Verschulden die Gründe thematisiert, von denen das Herstellen Gebrauch macht, den Blick erweitert. Er weist in das *Seinsgeschehen* des technischen Tuns und der technischen Gegenstände, damit aber zunächst gerade noch nicht in einem primär auf die neuzeitliche Technik bezogenen Sinne: der ursprüngliche Begriff *techne* benennt noch weitgehend unabgehoben voneinander sowohl das menschliche wie das naturhafte Tun oder Geschehen. Nach Heidegger enthält das griechische Denken der *techne* die ontologische Einsicht in das Herausstellen eines Verborgenen in die Offenheit, in die Unverborgenheit. Dieses so verstandene Her-vor-bringen ist nichts anderes als das *Entbergen*, das Geschehen der *aletheia*, der Wahrheit. Dieses Entbergen ist der Wesensraum der Technik im ursprünglichen und weiten Sinne.

Auch die *moderne oder neuzeitliche Technik* ist ein Entbergen, jedoch eine ganz besondere Weise des Entbergens. Heidegger nennt sie ein *Stellen* und ein *Herausfordern*, womit jetzt in erster Linie ein vom Subjekt ausgehendes, also menschliches Tun gemeint ist. Das *Stellen* in der Vielfalt seiner Bedeutungen, das uns schon bei der Bestimmung der neuzeitlichen Wissenschaften mehrfach begegnet ist, können wir – gemeinsam mit dem ihm sachlich eng zugehörigen Begriff der »Machenschaft« – als den Schlüsselbegriff ansehen, der Wissenschaft und Technik verbindet. Wie wir schon in einer Reihe von Zitaten gesehen haben, rekurriert Heidegger häufig auf die verschiedenen Kompositiva des Verbs »stellen«. Ich führe hier noch einen Satz aus den unter dem Titel *Besinnung* veröffentlichten Reflexionen an, in dem diese Vielfalt des Stellens deutlich zur Sprache kommt: »Schon das Wesen der techne besteht nicht in der Anfertigung, sondern im *vor-stellenden Her-stellen*, so zwar, daß das *Zu-Gestellte* und *Zu-stellbare* die rechnende Verfügung sichert nicht nur über das gerade *Beigestellte*, sondern zuvor und vor allem über alles und das Ganze dessen, womit es gemäß seiner *Hergestelltheit* im Zusammenhang steht.« (*Besinnung*, 177, meine Kursivierung)

Ähnlich und indem er den Sachverhalt in Richtung auf das Subjekt noch zuspitzt, konstatiert Heidegger für die neuzeitliche Naturwissenschaft, daß in ihr »die Natur zum voraus sich dem nachstellenden Sicherstellen zu stellen hat«. Und allgemeiner: »Das nachstellende Vorstellen, das alles Wirkliche in seiner verfolgbaren Gegenständigkeit sicherstellt, ist der Grundzug des Vorstellens, wodurch die neuzeitliche Wissenschaft dem Wirklichen entspricht.« (*Wissenschaft und Besinnung*, 61 und 56) Vorstellen, zustellen, herstellen, herausstellen, beistellen, nachstellen, sicherstellen, darstellen, bestellen sind Weisen des Stellens; wird es für sich genommen, so meint es nicht allein das An-einen-Ort-setzen, sondern es kann auch die Bedeutung des Herausforderns haben oder z. B. die des Stellens eines Wildes.

Heideggers Häufung des Komposita des Stellens ist keine Sprachspielerei. Vielmehr zeigen die verschiedenen Spielarten des Stellens auf konkrete, bildhafte Weise insgesamt so etwas wie einen gemeinsamen Raum an, innerhalb dessen ein einheitlicher »Geist«, eben das Stellen waltet, – das er dann in dem in diesem versammelnden Sinne zu verstehenden Terminus »Gestell« faßt. Jeweils handelt es sich um Weisen eines Zum-stehen-bringens, ein Subjekt bringt etwas, ein Objekt, in eine fixierte Position ihm gegenüber. Eben durch dieses Zum-stehen-bringen wird der Vorstellende allererst zum Subjekt und das von ihm Vor-gestellte zum Objekt, zum Gegen-stand. »Der Mensch wird zu jenem Seienden, auf das sich alles Seiende in der Art seines Seins und seiner Wahrheit gründet. Der Mensch wird zur Bezugsmitte des Seienden als solchen.« (*Weltbild*, 81) Das Vorstellen und das Herstellen sind die vornehmlichen Weisen, wie der Mensch sich als solche Bezugsmitte verhält. Das *Vorstellen* bestimmt Heidegger genauer als »vor sich hin und zu sich her Stellen« (85) und als »von sich her etwas vor sich stellen und das Gestellte als ein solches sicherstellen«. (100) In diesen Bestimmungen zeigt sich, wie eng das Vorstellen mit dem *Herstellen* zusammengehört. Wir hörten früher, daß Heidegger es auch als ein Ergreifen des Gegenstandes versteht. Das Seiende ist ihm »nicht mehr das Anwesende, sondern das im Vorstellen erst entgegen Gestellte, Gegenständige. Vor-stellen ist vor-gehende, meisternde Ver-gegen-ständlichung.« (ebd.) *Eine* maßgebliche Weise dieser Vergegenständlichung ist eben die technische Herstellung und Bewältigung des Seienden. »Die Technik ist eine Weise des Entbergens«, also ein In-die-Wahrheit-bringen. (*Technik,* 20) Sie erschöpft sich längst nicht mehr darin, auf handwerkliche oder künstlerische Weise Gegenstände hervorzubringen. Ihr Herstellen und zum Gegenstand-machen reicht unendlich viel weiter. Sie entbirgt das Seiende, indem sie z. B. die Natur daraufhin *stellt,* Energie zu liefern, oder den Wald daraufhin, Lieferant für Baumaterial zu sein, die Landschaft daraufhin, als Bestandstück einer Erholungsindustrie zu fungieren. Jeweils geht es darum, das Seiende in einen solchen Bezug zum Menschen zu bringen, daß es für ihn verfügbar und *bestellbar* wird. So führt Heidegger aus, daß die Wege und Bäume im Wald für den modernen »Forstwart, der im Wald das geschlagene Holz vermißt«, zu einem bloßen *Bestand* werden. Er »ist heute von der Holzverwertungsindustrie bestellt, ob er es weiß oder nicht. Er ist in die Bestellbarkeit von Zellulose bestellt, die ihrerseits durch den Bedarf an Papier herausgefordert ist, das den Zeitungen und illustrierten Magazinen zugestellt wird. Diese aber stellen die öffentliche Meinung daraufhin, das Gedruckte zu verschlingen, um für die bestellte Meinungsherrichtung bestellbar zu werden.« (25 f.)

Das technisch entborgene Seiende steht somit unter der Botmäßigkeit des Stellens, insbesondere der Vorstellung und der Herstellung durch den Menschen. Es zeigt sich allein innerhalb der Bahnen seiner »Steuerung und Sicherung«. »Überall ist es bestellt, auf der Stelle zur Stelle zu stehen und zwar zu stehen, um selbst bestellbar zu sein für ein weiteres Bestellen. Das so Bestellte hat seinen eigenen Stand. Wir nennen ihn den Bestand.« »Das Wort ›Bestand‹ ... kennzeichnet nichts Geringeres als die Weise, wie alles anwest, was vom herausfordernden Entbergen betroffen wird.« (24)

Diese Bestimmungen weisen zurück auf das wissenschaftliche Erkennen und Wissenwollen, das wir zuvor betrachtet haben. Im technologischen Denken ist wie in jenem ein entschiedener Zugriffscharakter gegenüber dem Seienden, die gleiche Nivellierung und Vereinheitlichung und Verfügbarmachung, am Werk. Das vielfältige Stellen, das im Wesen der Technik begründet liegt, hat im wissenschaftlichen Denken eine ausgezeichnete Ausprägung gefunden, so daß dessen Begreifen und die technische Zurichtung Hand in Hand gehen.

Wie der wissenschaftliche Weltzugang so ist jedoch auch das technische Tun für Heidegger nichts genuin Menschliches, so bedeutsam die menschlichen Verhaltensweisen des vielfältigen Stellens auch sind. Die »Unverborgenheit selbst, innerhalb deren sich das Bestellen entfaltet, ist niemals ein menschliches Gemächte« (26), sie ist vielmehr ein Geschick des Seins. Im Wesenden der Technik als einem Seinsgeschick geschieht ein Stellen, das seinerseits »den Menschen stellt, d. h. herausfordert, das Wirkliche in der Weise des Bestellens als Bestand zu entbergen«. (28) Eben dieses den Menschen mit implizierende, ihn zugleich jedoch weit übertreffende Stellen bezeichnet Heidegger, wie eben schon angedeutet, mit dem Titel »Ge-stell«, das er, analog z. B. zum Ge-birg als dem Versammelnden der Berge, als das Versammelnde oder die Versammlung des mannigfaltigen Stellens versteht. »Ge-stell heißt die Weise des Entbergens, die im Wesen der modernen Technik waltet und selbst nichts Technisches ist.« (ebd.)

Von hier aus kann die zuvor genannte entscheidende Zweideutigkeit – »Blicken wir in das zweideutige Wesen der Technik, dann erblikken wir die Konstellation, den Sterngang des Geheimnisses« – etwas deutlicher werden. Denn die eine Seite dieser Zweideutigkeit zeigt sich jetzt genauer darin, daß Heidegger im Ge-stell, also in dem Wesenden der Technik, eine wesentliche Gefahr sieht, die Gefahr nämlich, daß der Mensch der Technik nur einseitig entspricht und »nur das im Bestellen Entborgene« verfolgt und betreibt und zum Maßstab nimmt (33) und darüber das Entbergen selbst aus dem Auge verliert; er geht »am äußersten Rand des Absturzes, dorthin nämlich, wo er selber nur noch als Bestand genommen werden soll« (34) und wo zugleich alles Begegnende ein bloßes »Gemächte des Menschen« zu sein scheint (35). Das Entbergen des Gestells ist somit von der Art, daß es das Entbergen selbst gerade verbirgt: »Das Ge-stell verstellt das Scheinen und Walten der Wahrheit.« (ebd.)

Darin, daß es sich hier um eine Gefahr, die äußerste Gefahr der drohenden Wahrheits- und damit auch Geschicklosigkeit handelt, liegt jedoch zugleich das Andere, Zweite, daß unser durch die Technik bestimmtes Schicksal noch nicht besiegelt ist. Heidegger zitiert Hölderlin: »Wo aber Gefahr ist, wächst / Das Rettende auch.« Ist das Wesen der Technik wirklich ein dem Menschen geschicktes Entbergen, ein entbergendes Schicken, so kann sich der Denkende, wenn er sich nicht vollends vom Herausfordern verhexen läßt, *darauf besinnen*, daß hier in der Tat etwas, ein Geschick, auf ihn zukommt; daß ihm etwas gewährt wird, das es zu hüten gilt. Indem er sich als den Entbergenden der geschickten Entbergung zu sehen lernt, gewinnt er einen Einblick in *die Zusammengehörigkeit von Sein* (dem Schickenden und Entbergend-Entborgenen) *und Mensch* (dem, der das sich ihm Entbergende seinerseits entbirgt, indem er ihm die Stätte einer Offenheit gibt). Das Ge-stell ist dann »nicht ein Letztes«, sondern spielt dem Menschen allererst Jenes zu, »was die Konstellation von Sein und Mensch eigentlich durchwaltet.« (*Der Satz der Identität*, 28)

Um diese Möglichkeit der Wendung zum Rettenden hin besser zu verstehen, kehre ich noch einmal zu dem früher zitierten Satz über das technische Entbergen und genauer jetzt zu seiner zweiten Grundbestimmung, dem *Herausfordern*, zurück: »Das Entbergen, das die moderne Technik durchherrscht, hat den Charakter des Stellens im Sinne der Herausforderung.« (*Technik*, 24) Jemanden oder etwas herausfordern, heißt, es zwingen, sich in einer ganz bestimmten Weise zu zeigen oder zu verhalten. Der herausfordernde Anspruch der technischen Weise des Entbergens ist wiederum nichts anderes als das, was Heidegger das Ge-stell nennt. Denn dieses ist eben »das Versammelnde jenes Stellens, das den Menschen stellt, d. h. herausfordert, das Wirkliche in der Weise des Bestellens als Bestand zu entbergen« (28).

Dabei ist die *Herausforderung* eine doppelte: der Herausgeforderte ist zum einen und vor allem der Mensch, insofern er sich »überall – bald spielend, bald drangvoll, bald gehetzt, bald geschoben« – dazu herausgefordert findet, »sich auf das Planen und Berechnen von allem zu verlegen.« (*Der Satz der Identität*, 26 f.) Er sieht sich gezwungen, sich selbst in einer bestimmten Weise, nämlich der des Rechnens und Bemessens und Begründens zu verhalten. Zum anderen aber steht auch das herausfordernde Sein selbst »unter der Herausforderung, das Seiende im Gesichtskreis der Berechenbarkeit erscheinen zu lassen« (27). Indem der Mensch sich berechnend, planend und ein- und überordnend zum Seienden verhält, läßt und eröffnet er ihm die Möglichkeit und veranlaßt es in diesem Sinne dazu, sich in eben dieser Weise zu zeigen, also als ein Berechenbares, Gleichförmiges, Verfügbares. Im Ge-stell herrscht dieses in sich gedoppelte wechselseitige Stellen und Herausfordern. Und es ist diese Dopplung, die nun zugleich die Chance enthält, daß wir in der äußersten Gefahr auch das *Rettende* zu erblicken vermögen. »Das Zusammen*gehören* von Mensch und Sein in der Weise der wechselseitigen Herausforderung bringt uns bestürzend näher, daß und wie der Mensch dem Sein vereignet, das Sein aber dem Menschen zugeeignet ist.« (28) Wenn wir auf die in sich kehrige Herausforderung selbst achten, ihr in ihrer wörtlich verstandenen Doppel-deutigkeit ins Auge blicken, so wird deutlich, daß wir uns mit ihr im Spannungsverhältnis von Mensch und Sein selbst bewegen. Wir können so die Einsicht gewinnen, daß die Menschen *vom Sein gebraucht* werden, anders gesagt, daß ihr Bezug zum Sein nichts anderes ist als der Bezug des Seins zu ihnen. Damit aber wäre offenbar zumindest die Richtung in eine Überwindung der Seinsferne und Seinverlassenheit gewiesen, die Heidegger als das metaphysisch bestimmte Geschick unserer Gegenwart ansieht.

Jetzt wird verständlicher geworden sein, was Heidegger über die zweideutige Konstellation gesagt hat: »Blicken wir in das zweideutige Wesen der Technik, dann erblicken wir die Konstellation, den Sternengang des Geheimnisses. / Die Frage nach der Technik ist die Frage nach der Konstellation, in der sich Entbergung und Verbergung, in der sich das Wesende der Wahrheit ereignet.« (*Technik*, 41) Dadurch, daß sich in der höchsten Gefahr dieses Rettende zeigt, »sind wir noch nicht gerettet«, sagt Heidegger. »Aber wir sind daraufhin angesprochen, im wachsenden Licht des Rettenden zu verhoffen. Wie kann dies geschehen? Hier und jetzt und im Geringen so, daß wir das Rettende in seinem Wachstum hegen. Dies schließt ein, daß wir jederzeit die äußerste Gefahr im Blick behalten. ... Menschliche Leistung kann nie allein die Gefahr bannen. Doch menschliche Besinnung kann bedenken, daß alles Rettende höheren, aber zugleich verwandten Wesens sein muß wie das Gefährdete.« (41 f.) *In der Gefahr wächst das Rettende.*

67

II. Die unterschiedlichen Weisen der Besinnung

Mit Wissenschaft und Technik habe ich im Bisherigen die beiden wichtigsten metaphysischen Zeiterscheinungen in einigen ihrer Grundzüge umrissen, die Heidegger als Phänomene der *Seinvergessenheit* und *Seinsverlassenheit*, der geschickhaften Wahrheitslosigkeit deutet. Dabei faßt er das Wesen der Technik als das grundlegendere und entscheidendere von beiden. Gerade in ihm bereitet sich seiner Überzeugung nach zugleich die Möglichkeit eines Anderen, einer radikalen Kehre vor. Um ihretwillen bedarf es des intensiven Blicks auf Wissenschaft und Technik. Heidegger nennt diesen in das Wesen zurückfragenden Blick *Besinnung*. Die »Besinnung« reicht für ihn allerdings weiter. Sie meint insbesondere auch das Bedenken jenes *Anderen*, der Metaphysik gewissermaßen Entwachsenden, dessen Möglichkeit sich dem genauen Hinblicken und Hinhören *auch schon* im Wesen der Technik anzukündigen vermag und das darum unausdrücklich auch bisher schon mit im Spiel war.

Eine allgemeine Bestimmung dessen, was für Heidegger die *Besinnung* ist, finden wir in dem Vortrag *Die Zeit des Weltbildes:* »Besinnung ist der Mut, die Wahrheit der eigenen Voraussetzungen und den Raum der eigenen Ziele zum Fragwürdigsten zu machen.« (69) Indem Heidegger nach dem Wesen von Wissenschaft und Technik *fragt*, bringt er sich und uns in ein kritisches Verhältnis zu diesen Grundvoraussetzungen unserer gegenwärtigen Existenz.[34] Dabei beschränkt sich die genannte fragend-kritische Haltung nicht auf die Auseinandersetzung mit der überkommenen Gegenwart, der »Raum der eigensten Ziele« impliziert wesentlich ein Moment des darüber Hinausgehenden, den Blick auf und in ein Anderes.

---

[34] Das In-Frage-stellen und das Auf-den-Prüfstand-stellen von scheinbaren Selbstverständlichkeiten ist ohnehin ein Charakteristikum der philosophierenden Haltung gegenüber der Welt, in besonderer Weise aber kennzeichnet sie das Denken Heideggers.

Bevor ich im Folgenden Heideggers *andere Hinsichtnahme auf ein Anderes* näher betrachte[35], will ich eine allgemeinere, d. h. nicht direkt auf Heidegger bezogene Bemerkung vorausschicken. *Jede* kritische Sicht auf die Gegenwart geht, so scheint mir, von etwas aus, das *noch nicht* da ist, das fehlt und auf das sie sozusagen hinauswill, – eben den »Raum der eigenen Ziele«, der das Kriterium ihrer Kritik ausmacht. Dieses Kriterium gewinnt sie entweder durch die leidende Erfahrung eines Mangels oder durch einen spekulativen Blick auf ein Sein-sollen und Sein-können, also auf ein Anderes, sei dieses ein noch Zukünftiges oder auch ein schon Mögliches und Wirkliches, aber nicht als solches Anerkanntes.

Kritik in dem streng philosophischen Sinne Veränderung intendierender Analyse der bestehenden Verhältnisse hat somit notwendig und stets zwei Komponenten. Der Aufweis der bestehenden Negativität, ihrer Herkunft und ihrer Strukturen, ist das Eine. Bei ihm geht es darum, auf den Mangel oder die Fragwürdigkeit oder jenachdem auch nur die Beschränktheit der bestehenden Verhältnisse aufmerksam, sie bewußt zu machen; wir können auch sagen, es geht um Kritik im engeren Sinne. Zum anderen bedarf jede sinnvolle denkerische Kritik zugleich auch eines – zumindest impliziten – *Vorblick*s auf ein Anderes, auf eine »positive Negation« des Bestehenden, von dem her die Negativität überhaupt erst als eine solche evident wird.

Was die Gegenwarts-Kritik angeht, so besteht diese zweite Komponente – jedenfalls u. a. – in dem Ausphantasieren und Ausmalen von Zuständen menschlichen Seins und Miteinanderseins, wie wir sie als Menschen für uns gemeinsam wollen können. Mir scheint, daß nur die bewußte eigene und gemeinsame Einübung in das Sicheinlassen auf etwas, das zunächst vielleicht gar nicht machbar oder erreichbar zu sein scheint, oder auch die Anerkennung eines schon Gegebenen, aber oftmals ganz Unscheinbaren, wie auch das Ernstnehmen von bisher scheinbar Nichtintegrierbarem, von Eigenständigem, Trotzigem, Fremdartigem einen Raum eröffnen kann, in dem das Wachsen anderer Strukturen als der heutigen, nivellierten und nivellierenden möglich werden könnte.

Dazu gehört für mich allerdings wiederum zweierlei: einerseits,

---

[35] Wie früher angedeutet, interessiert mich dabei vor allem die Tatsache, daß sich auch bei dieser zweiten Art von Besinnung noch zwei grundverschiedene Weisen unterscheiden lassen.

daß ich die Möglichkeit dieses auszumalenden Anderen als keine bloße Utopie, vielmehr als eine immer schon bestehende Wirklichkeit unseres In-der-Welt-seins ansehe, auch wenn sie heute oftmals und weitgehend in den Hintergrund gedrängt wurde. Und andererseits, daß es für dieses Verständnis von Kritik darauf ankommt, unsere Gegenwart nicht einfach als ein so und so Gegebenes, sondern als einen Bereich zu sehen und anzunehmen, in dem von Menschen miteinander ausgehandelte Entscheidungen fallen, sei es, daß sie sich miteinander über Ziele und Bewertungen und Wünsche verständigen wollen und können, sei es aber auch, daß sie sich und ihre Überzeugungen und Voraussetzungen gegenseitig als fremd und letztlich nicht vereinbar kennenlernen und anerkennen, um sodann Wege zu suchen, wie gleichwohl beide Seiten so weit wie möglich miteinander auskommen können.

Ich meine, es war ein bedenklicher – bis heute fortdauernder – Grundzug der Zeitdiagnosen des 20. Jahrhunderts, daß sie allgemein immer wieder dahin tendiert haben, die Verantwortung für die Schattenseiten der aktuellen Lebenssituationen nicht den Menschen, sondern einer irgendwie gearteten geschichtlichen Macht, den sogenannten *Verhältnissen* zuzuschreiben. Paralleles finden wir nicht nur in der Alltagsüberzeugung von den nun einmal gegebenen Systemzwängen, von den angeblich unumstößlichen Prinzipien von Konkurrenz und Profitmaximierung, der Unausweichlichkeit des Globalisierungsprozesses, von der »anthropologischen Konstante« des menschlichen Egoismus usw., sondern eben auch, natürlich auf ganz andere Weise und auf einer anderen Ebene der Betrachtung, in Heideggers Überzeugung von einer *Seinsgeschichte*, die zwar der Mitarbeit des Menschen bedarf, die aber gleichwohl ein *Geschick* ist. Ähnlich diagnostiziert auch die Kritische Theorie von Adorno an verschiedenen Stellen einen heute herrschenden allgemeinen Identitätszwang, dem sich keine oder doch kaum eine einzelne Erfahrung entgegenzustellen vermag.[36] Auch sein berühmtes Diktum, es gebe »kein richtiges Leben im falschen«, gehört hierher (*Minima Moralia*, 42).[37] Bedenklich erscheint mir diese Ver-

---

[36] So gewährt etwa das Schema und Modell der »Kulturindustrie«, von der Adorno spricht, den vermeintlichen Individuen allein noch die »Freiheit zum Immergleichen« (D.d.A., 176), die der »Einheit des Systems« entspricht und der gegenüber sie zu bloßen Vollstreckern und Vollziehern werden.

[37] Gleichwohl verdankt sich Adornos ganzer philosophischer Impetus, seine »Kritische Theorie«, gewissermaßen kontrafaktisch der Überzeugung, daß das Denken nicht nur der kritischen Besinnung *bedarf*, sondern daß es auch *dazu fähig ist*: »die Aufklärung

lagerung der Verantwortung auf eine – über-menschliche oder gesamt-
gesellschaftliche – Macht jenseits des Vermögens der Einzelnen unter
anderem darum, weil sie oftmals zum eigenen Nichtstun, zum bloßen
Ertragen und Klagen zu berechtigen scheint.

Gehen wir jetzt von dieser allgemeineren Überlegung zu *Heideggers Begriff der Besinnung* über, so zeigt sich schnell, daß wir auch bei
ihm die beiden gekennzeichneten Seiten des kritischen Denkens finden, also die aufweisende Diagnose einerseits und den Ausblick auf
ein Anderes, »Besseres« andererseits. Wie ich schon betonte, spricht
er selbst allerdings nicht von »Kritik«, sondern eben von »*Besinnung*«
(im ersten Sinne). Anders als Adorno, der sich zumeist ein Ausmalen
als »utopisch« mißverstandener Bilder eines möglichen zukünftigen
Zustands der Menschheit verbietet, so daß seine diesbezüglichen Vorstellungen weitgehend unausdrücklich bleiben und erst herauszuprä-
parieren oder zu extrapolieren sind, geht Heidegger in seinem Denken
bewußt über die kritische Analyse hinaus und fragt nach einem dem
Gegenwärtigen, Gewordenen gegenüber *Anderen.*

Genauer geht er bei seiner Analyse von Wissenschaft und Technik
schon von diesem »Anderen« aus, das sich also in ersten Grundzügen
seiner Auseinandersetzung mit jenen Phänomenen selbst entnehmen
läßt. Durch die Weise, wie die technischen Gegenstände uns als solche
angehen, werden wir indirekt auf ein Anderes verwiesen. So deutet
sich etwa im rechnenden und stellenden Umgang mit jenen negativ
an, daß die Dinge sich hier *nicht* in ihrem In-sich-ruhen, von sich her
und als sie selbst zeigen können.

In einem ersten und für Heidegger über lange Zeit maßgebenden
Sinne läßt sich das »Negative«, noch Ausstehende in Termini der
Seinsgeschichte fassen: das Sein hat sich aus den die Neuzeit bestimmenden Grundverhältnissen zurückgezogen. Das »Andere« wäre demzufolge eine neue Zuwendung des Seins, für das Denken gesagt: eine
neue Nähe zum Sein. Der Versuch, dieser Zuwendung und Nähe nachzugehen, führt dann jedoch über die Frage nach Sein und Seiendem
und damit sogar über die Seinsgeschichte als solche hinaus: Es könnte
darauf ankommen, sagt Heidegger, die Frage nach der Differenz von

---

muß sich auf sich selbst besinnen, wenn die Menschen nicht vollends verraten werden
sollen.« (D.d.A., GS 3, 15) »Die … an Aufklärung geübte Kritik soll einen positiven
Begriff von ihr vorbereiten, der sie aus ihrer Verstrickung in blinder Herrschaft löst.«
(16)

Sein und *Seiendem* fahren zu lassen und sich vielmehr dem Verhältnis von *Welt und Dingen* zuzuwenden. Ein nicht mehr rechnendes und technisch bestimmtes, vielmehr gelassenes, besinnliches Denken hat es nicht mehr mit technischen *Objekten* und Bestandstücken zu tun, sondern mit *Dingen* in einer Welt, mit einem Zeitraum der Nähe und Ferne, mit einem Bereich von Sprache und Stille, – und damit mit jenem »Anderen«, von dem her sich das Defiziente und Nihilistische, die Wahrheitslosigkeit des technischen und wissenschaftlichen Betriebes als eben solche erweisen.

Zu Beginn meiner Beschäftigung mit der Besinnung im Sinne des auf ein gegenüber Wissenschaft und Technik Anderes gerichteten *besinnlichen Denkens* fasse ich noch einmal kurz zusammen, was sich Heideggers kritischem Blick auf die Jetztzeit darbietet und worin er den eigentlichen Mangel der technischen Gegenstände und des Bezugs zu ihnen sieht, also ihre Wesen- und Wahrheitslosigkeit, ihre Seinsverlassenheit. Diese entspringen nicht einer selbstherrlichen Machtübernahme durch das neuzeitliche Subjekt, sie sind nicht allein ein »Gemächte« der Menschen, sondern sie haben den geheimnisvollen Charakter eines *Seinsentzuges*. Seinsentzug und Seinsverlassenheit liegen der spezifischen Verstellung zugrunde, in der das Sein sich gleichwohl irgendwie zeigt, weswegen Heidegger auch die diese Erscheinungen charakterisierende Art des Denkens, das Messen und Rechnen, als »berechtigt und nötig« bezeichnen kann (*Gelassenheit*, 15). Aber die Anerkennung dieser Berechtigung ändert nichts daran, daß er diese Epoche der sich zugleich zurückhaltenden, sich verweigernden Schickung des Seins als eine nihilistische, machenschaftliche kennzeichnet.

Das Wesen der Technik verweist, sagt Heidegger, »in die Endphase des epochalen Seinsgeschickes im Sinne der Bestimmung des Seins als der unbedingten Bestellbarkeit alles Seienden« (GA 16, 743). Das Verhältnis von Sein und Denken manifestiert sich in dieser Seinsepoche als ein solches von Subjekt und Objekt, d. h. als ein Verhältnis, in dem sich das Denken als den maßgebenden letzten Bezugspunkt versteht, der alles Begegnende zu seinem Gegenstand macht, es vor sich hinstellt, es berechnet und bemißt, bis schließlich alles, das Subjekt eingeschlossen, zum Berechneten und Manipulierten, zum bloßen Bestand zu werden droht. Es ist darum insbesondere dieses rechnende, vor-stellende Denken, vor dessen absoluter Herrschaft Heidegger warnt, damit nicht »eines Tages das rechnende Denken *als das einzige* in Geltung und

73

Übung« bleibe. Denn dann »hätte der Mensch sein Eigenstes, daß er nämlich ein nachdenkendes Wesen ist, verleugnet und weggeworfen.« (*Gelassenheit*, 27)[38]

Das *Andere* gegenüber dieser Endphase ist *von hier aus* als der »andere Anfang« einer neuen Zuwendung des Seins zu denken. Das Zukünftige, von dem her bzw. auf das vorblickend sich Wissenschaft und Technik als Erscheinungen der Seinsverlassenheit und Seinsvergessenheit erkennen lassen, gehört wesenhaft einem sich erst noch entscheidenden Geschick, einer zukünftigen Schickung zu. Das ursprünglichere Entbergen ist nicht etwas, das sich einer willentlich zu erreichenden Einstellungsänderung des Menschen verdanken könnte: diesem wird vielmehr eine ursprünglichere Wahrheit, ein ursprünglicheres Entbergen *versagt* oder *zugesagt*. Es besteht die Gefahr, daß die Menschen der Möglichkeit erliegen könnten, »nur das im Bestellen Entborgene zu verfolgen und zu betreiben und von da her alle Maße zu nehmen«. (*Technik*, 33) Damit aber könnte es ihnen »versagt sein …, in ein ursprünglicheres Entbergen einzukehren und so den Zuspruch einer anfänglicheren Wahrheit zu erfahren« (36). Der *zukünftigen Gefahr* eines völligen Ausgeliefertseins an das rechnende Denken und das Betreiben des bloßen Bestands korrespondiert zugleich eine *zukünftige Möglichkeit* der Einkehr in ein ursprünglicheres Entbergen, das heute zwar auch schon irgendwie am Werk ist, aber weitgehend verborgen bleibt.

Wie ich betont habe, kann diese Einkehr – insofern sie Entsprechung gegenüber einer »Schickung« ist – für Heidegger *nicht durch den Menschen* geschehen, aber sie *bedarf des Menschen*. Trotz der Unbedingtheit des Seinsgeschicks sind die Menschen diesem nicht einfach ausgeliefert. Eine *»denkende Besinnung«* kann sich – vom Seinsgeschick selbst gefordert – der nihilistischen *Besinnungslosigkeit* in den Weg stellen. Es bedarf dieser *denkenden Besinnung*, damit überhaupt erst ein Verständnis dafür geweckt wird, daß das Verhältnis des heutigen, neuzeitlich bestimmten Menschen zum Sein und zur Welt weitgehend verstellt und verstellend ist. Wir müssen einsehen, daß die spezifische Qualität des wissenschaftlich-technischen Denkens eine eingeschränkte, bloß einseitige Möglichkeit des In-der-Welt-seins ist,

---

[38] Heidegger sagt »eines Tages«, was impliziert, daß es heute jedenfalls auch noch ein anderes Denken gibt.

»daß das Subjektsein des Menschentums weder die einzige Möglichkeit des anfangenden Wesens des geschichtlichen Menschen je gewesen, noch je sein wird.« (*Weltbild,* 103)

In *Der Satz vom Grund* heißt es:»Sollen wir indes auf einen Weg der Besinnung gelangen, dann müssen wir allem zuvor erst in eine Unterscheidung finden, die uns den Unterschied zwischen dem bloß rechnenden Denken und dem besinnlichen Denken vor Augen hält.« (199) Es kann nicht lediglich darum gehen, ein anderes, besinnliches Denken einzuüben, sondern zunächst einmal müssen wir die Unterscheidung zwischen dem einen und dem anderen Denken überhaupt in den Blick bekommen. Allein dadurch können die Besinnung und das besinnliche Denken einen Weg in eine andere Zukunft bereiten und vielleicht schon beschreiten, daß sie zugleich das gegenwärtig Herrschende im Blick behalten, was auch heißt, daß sie sich ausdrücklich – d. h. tätig, im Vollzug einer Kritik – von dem heute vorherrschenden *rechnenden Denken* absetzen, indem sie dieses in seinem Un-wesen erfassen:»Solange wir nicht denkend erfahren, was ist, können wir nie dem gehören, was seyn wird.« (*Die Kehre,* 77)

Die kritische Besinnung ist also *erforderlich,* damit sich überhaupt die Möglichkeit eines Anderen, was hier heißt, einer anderen Zuschickung des Seins auftut. Sie kann und muß sozusagen selbst etwas für das zukünftige Geschick tun; eben um dieses eigene, auf das Geschick hörende und ihm entsprechende Zutun geht es dem Heideggerschen Denken im wesentlichen. Dabei handelt es sich um ein *denkerisches* Tun, um eine aktive, die bloße Theorie überschreitende Hinblicknahme *des Denkens.* Allerdings liegt in der Bemühung um eine solche *aktive* Kehre im Rahmen des Ansatzes des *geschickhaften* Seinsentzugs auch eine Schwierigkeit oder Gefahr, deren Heidegger sich durchaus bewußt ist. Er betont dieses Problem immer wieder, so etwa, wenn er schreibt: »Denn kein menschliches Rechnen und Machen kann von sich aus und durch sich allein eine Wende des gegenwärtigen Weltzustandes bringen; schon deshalb nicht, weil die menschliche Machenschaft von diesem Weltzustand geprägt und ihm verfallen ist. Wie soll sie dann je noch seiner Herr werden?«

Also keinesfalls »von sich aus und durch sich allein«. Es kann nicht darum gehen, von sich aus etwas Neues zu bewerkstelligen. Diese denkerische Bemühung kann kein *Rechnen und Machen* mehr sein. Andererseits reicht auch der bloße kritische Blick auf das, was ist und

75

geworden ist, nicht zu. Das Denken muß vielmehr in jenem selbst die Möglichkeit eines Kommenden erahnen und dieses aufmerksam und hinweisend begleiten, es muß ein mitgehendes, fragendes, vorausblickendes Denken sein. Dieses Denken kann sich jenem Anderen anvertrauen, das sich in dem, was ist, selbst schon ankündigt. Wir hatten ja gesehen, daß Heidegger das Wesen der Technik selbst, das also, was er das *Ge-stell* nennt, als etwas versteht, aus dem her sich ein anderer Anfang ergeben könnte, der die Rettung aus der äußersten Gefahr des absoluten Seins- und damit letztlich auch Selbstverlusts bedeuten würde. Die technisch-wissenschaftlich bestimmte Gegenwart birgt als äußerste »Gefahr« selbst die Möglichkeit einer »Rettung«, einer in ihr sich vorbereitenden »heileren« Zukunft in sich. In diesem Zusammenhang hatte ich mehrfach zitiert: »Das Unaufhaltsame des Bestellens und das Verhaltene des Rettenden ziehen aneinander vorbei wie im Gang der Gestirne die Bahn zweier Sterne. ... Blicken wir in das zweideutige Wesen der Technik, dann erblicken wir die Konstellation, den Sternengang des Geheimnisses.« (*Technik*, 41)

Darum kann Heidegger jetzt fragen: »Könnte dann aber nicht ein zureichender Blick in das, was das Ge-stell als ein Geschick des Entbergens ist, das Rettende in seinem Aufgehen zum Scheinen bringen?« (*Technik*, 36) An anderer Stelle *fragt* er nicht, sondern *argumentiert*, und zwar etwas ausführlicher, als man es sonst bei ihm gewohnt ist: »*Weil* jedoch das Seyn sich als Wesen der Technik in das Ge-Stell geschickt hat, zum Wesen des Seyns aber das Menschen*wesen* gehört, insofern das Wesen des Seyns das Menschenwesen braucht, um als Sein nach dem eigenen Wesen inmitten des Seienden gewahrt zu bleiben und so als das Seyn zu wesen, *deshalb* kann das Wesen der Technik nicht ohne die Mithilfe des Menschenwesens in den Wandel seines Geschickes geleitet werden.« (*Die Kehre*, 69, »weil« und »deshalb« von mir kursiv gesetzt)

Das *Zwei-deutige* des Wesens der Technik deutet in zwei unterschiedliche, ja einander entgegengesetzte Richtungen. Das »Unaufhaltsame des Bestellens« weist aus der gewordenen Gegenwart vor in die Zukunft einer grundsätzlich anderen Seinserfahrung, in der Sein und Mensch zueinandergehören; das »Verhaltene des Rettenden« kommt dem hörend-fragenden Denken aus der Zukunft entgegen, so daß dieses zu einem Entsprechen werden kann, das, wie Heidegger in »Die Sprache« sagt, »auf das an sich haltende Zurückhalten gestimmt« sein muß (32).

Wir können uns diese Gegenwendigkeit bis zu einem gewissen Grad an dem Todesgedicht eines japanischen Mönchs aus dem 17. Jahrhundert verdeutlichen. Da heißt es: »Pfeile, einander entgegenfliegend, / Treffen sich halben Weges und durchdringen / Die Leere in absichtslosem Flug –«, womit auf die taoistische Geschichte von zwei meisterhaften Bogenschützen angespielt wird, deren Pfeile sich in der Mitte des Raumes zwischen ihnen trafen. (Vgl. Yoel Hoffmann, *Die Kunst des letzten Augenblicks. Todesgedichte japanischer Zenmeister*, Freiburg 2000, 54.) Das mag nicht so weit entfernt sein von dem, was Heidegger mit der »Konstellation, dem Sternengang des Geheimnisses« vor Augen hat. In ihr treffen die Zeit des technischen Zeitalters, die die Zeit unserer neuzeitlichen Gegenwart ist, und die zukünftige Zeit einer Einkehr der Wahrheit des Seins – »jäh vermutlich« (*Das Ding*, 180) – aufeinander und ineinander. Dieser konstellative Augenblick kann und muß, so Heidegger, von der fragenden Besinnung vorgedacht werden.

Wie Adorno für die Gegenwart einen herrschaftlichen Vorrang des Subjekts, »falsche Objektivität«, Verdinglichung und Verlust alles Qualitativen diagnostiziert, so weist Heidegger darauf hin, daß wir in einer Zeit leben, die durch Seinsverlassenheit bestimmt ist, in der Machenschaft und Vernutzung, Vergegenständlichung und durchgängige Berechenbarkeit von allem herrschen, weil »die ›Welt‹ zur Umwelt geworden ist«. (*Überwindung der Metaphysik*, 92) Zu dieser »Umwelt« gehört, daß der Mensch, als das Subjekt von Berechnung und Vernutzung, im Mittelpunkt der Betrachtung steht. Während die Totalität des gesellschaftlichen und realen Identitätszwangs es jedoch bei Adorno weitestgehend *verbietet*, in der verstellten Gegenwart die Frage nach einem Anderen zu stellen bzw. dieses vorblickend auszumalen, *fordert* die Seinsverlassenheit bei Heidegger gerade umgekehrt die Besinnung, sie ruft nach einem eine Wende vorbereitenden, nicht mehr rechnenden, sondern besinnlichen Denken. Dieses besinnliche Denken richtet sich zum einen auf die »Grundzüge der technologisch-wissenschaftlichen Weltzivilisation«. Es deckt den Anspruch auf, »der sowohl das Seiende in der Planbarkeit und Berechenbarkeit erscheinen läßt, als auch den Menschen in das Bestellen des also erscheinenden Seienden herausfordert« (*Grundsätze des Denkens*, 124). Damit eröffnet es zum anderen gerade durch den Aufweis dieser Herausforderung die Möglichkeit eines zukünftigen gewandelten Angesprochenwerdens, indem es sich in einem aktiven Warten und in einer dem Kommen zuvorkommenden Gelassenheit auf ein gewandeltes Verhältnis zum Sein einläßt. Dies ist eine Denkfigur, die sich bis zu einem gewissen Grad auch bei anderen Denkern der Zeit findet. So verweist auch Adorno angesichts der Schicksalhaftigkeit dessen, was Heidegger im Anschluß an Nietzsche in dem Begriff des »Nihilismus« zusammenfaßt, auf die Möglichkeit und Notwendigkeit der denkenden *Vorbereitung* eines Anderen. Sie beginnt bei beiden mit dem Blick auf das negative Bestehende, bei Adorno mit dem Aufweis des »Identitätsbanns« und der ihm zugehörigen Herrschaftsverhältnisse und des von ihnen verursachten Leidens, bei Heidegger mit der Herausarbeitung der »Seinsverlassenheit« und »Seinsvergessenheit«. In strukurell ähnlichem Sinne evoziert Marcuse eine »Kraft der Negation«: Angesichts des allgegenwärtigen Machens und Gleichmachens bedarf es als eines ersten notwendigen Schrittes der Anstrengung, die »Eindimensionalität« der heutigen Welt als einen »Zustand zu negierender Negativität« zu analysieren und zu diskutieren (*Der eindimensionale Mensch,* 86). Bei Marcuse ist das als Forderung gerade nicht nur an die Philosophen, sondern an uns alle zu verstehen: Systemveränderung durch Bewußtseinsveränderung, Bewußtseinsveränderung durch Kritik.

Marcuse sagt: »Die ›abwesenden Dinge‹ nennen, heißt den Bann der seienden Dinge brechen« (87). Die »abwesenden« sind die *anderen* Dinge, d. h. diejenigen, die sich dem Immer-schon-verstanden-haben entziehen, die erst nur möglichen, ungewissen, fragwürdigen, widersprüchlichen und widersprechenden Dinge. Wer sie zu sehen vermag, steht zugleich unter dem Bann und außerhalb seiner, ist insofern selbst anwesend und abwesend zugleich. Die abwesenden Dinge sind jedoch, so scheint mir, nicht nur als *noch Abwesende* zu evozieren, sondern sie sind als sie selbst, und d. h. als zugleich doch *auch schon irgendwie Anwesende,* zum Sprechen zu bringen. Den Bann zu brechen, heißt, über ihn hinauszuweisen. Es gilt aufmerksam zu sein auf die nur scheinbar zur Gänze abwesenden und nur scheinbar einander widersprechenden Evidenzen von Vertrautheit und Fremdheit, von Nähe und Distanz, also auf das, was ein sich gewaltlos auf das Begegnende einlassender Blick in unserer Welt immer *auch schon* auszumachen vermag. Damit ist, mit Marcuse gesagt, die Rede sowohl von solchem, »was von dieser Welt ist, was in Mensch und Natur sichtbar, fühlbar, hörbar ist – *und* von dem, was nicht gesehen, nicht berührt, nicht gehört wird« (ebd., meine Kursivierung), was allerdings für Marcuse (und in gewissem Sinne, wenn auch auf je unterschiedliche Weise, für Heidegger und für Adorno) heute weitgehend der *Kunst,* insbesondere der dichterischen Sprache vorbehalten zu sein scheint.

* * *

Betrachten wir die mehr allgemein aufgewiesene Zweiseitigkeit der *kritischen Besinnung* jetzt wieder genauer im Hinblick auf Heidegger, so können wir ihre eine Seite mit einer paradoxen Formulierung den *Rückblick auf das Gegenwärtige* nennen. Es ist ein *Rückblick* zum einen, weil er vom Kommenden her in die Gegenwart zurückblickt, um diese in dem, was sie wesenhaft ist, zu erfassen; zum anderen aber auch, weil das *Gegenwärtige* als ein *geschichtlich Gewordenes* begriffen wird, so daß das Gewesene bei diesem Blick auf die Gegenwart zugleich mit ins Auge gefaßt wird. Die andere Seite der Heideggerschen »Kritik« ist der sowohl aus diesem Rückblick sich ergebende, wie ihn zugleich auch immer schon leitende *Vorblick auf ein Zukünftiges,* Anderes.

Heidegger sagt: »So gibt es denn zwei Arten von Denken, die beide jeweils auf ihre Weise berechtigt und nötig sind: das rechnende Denken und das besinnliche Nachdenken.« (*Gelassenheit,* 15) Doch diese beiden stehen nicht einfach nebeneinander, zumindest nicht, wenn wir das an zweiter Stelle genannte *besinnliche* Denken etwas weiter nehmen und allgemein als *Besinnung* verstehen. Die *Besinnung* bleibt nicht auf ihren eigenen Bezirk beschränkt, sondern richtet sich auf die *beiden* genannten »Arten von Denken«. Die Besinnung blickt zum einen auf das rechnende Denken, das weitgehend unsere Gegenwart bestimmt, *zurück,* um es in seinem Wesen zu bedenken und so in seiner Beschränktheit aufzuweisen und über es hinaus zu führen. Wenn, wie wir hörten, Besinnung »der Mut« ist, »die Wahrheit der eigenen Voraussetzungen und den Raum der eigenen Ziele zum Fragwürdigsten zu machen« (*Weltbild,* 69), so zielt dieser Mut zum Fragwürdigsten zum einen auf die Aufdeckung der Voraussetzungen der seinsverlassenen Erscheinungen von Wissenschaft und Technik. Zum anderen blickt er *vor* auf die Möglichkeit einer künftigen Zuwendung des Seins und damit dessen, was Heidegger das »Ereignis« nennt (auf das ich hier nicht näher eingehe). Dieser Vor-Blick ist das »besinnliche Nachdenken« im engeren und eigentlichen Sinne.

Das betont gebrauchte *Nachdenken,* das besinnliche, gelassene, herzhafte Denken unterscheidet sich radikal vom »bloß rechnenden« (*Gelassenheit*, 23), vom rationalen und abmessenden, vor-sich-hin-stellenden Denken. Es besinnt sich auf das »ruhige Wohnen des Menschen zwischen Erde und Himmel« (17), wie Heidegger es bei Johann Peter Hebel gedichtet findet, indem es beim Naheliegenden verweilt und sich auf das Nächstliegende besinnt (vgl. 16) und gerade darin nicht versäumt, »besinnlich denkend in eine sachgemäße Auseinandersetzung mit dem zu gelangen, was in diesem Zeitalter eigentlich heraufkommt.« (22)

Wir könnten hier auch von einem besinnlichen Blick auf die eine von zwei *Wirklichkeiten* sprechen, – auch wenn Heidegger selbst zum einen den Terminus »Wirklichkeit« nur in Zusammenhang des wissenschaftlichen Weltbildes gebraucht und zum anderen von einer solchen Zwiefalt des Gegebenen, soweit ich sehe, nirgendwo ausdrücklich spricht. Das, was wir alltagssprachlich in einem weiteren Sinne Wirklichkeit nennen, die Realität, in der wir uns als heute Lebende vorfinden, erscheint bei Heidegger wesentlich in zweifacher Gestalt, und nur darum muß auch der Blick – die Art der Denkens – wesentlich zwiefältig sein.[39] Daß sein Denken sowohl, indem er in die eine Richtung der Wirklichkeit schaut, *kritisch-negierend* verfährt als auch, in der anderen Richtung, beschreibend oder besser: *evozierend, hervorrufend*, impliziert, daß es in unserer Gegenwart zwei »Wirklichkeiten« gibt, zwei Weisen, wie uns etwas begegnet, wie sich uns etwas zeigt.

Ich gehe mit diesem Verweis auf zwei Wirklichkeiten bewußt über das von Heidegger ausdrücklich Gesagte hinaus bzw. falle, aus seiner Warte gesprochen, hinter es zurück. Mir scheint es aber unabweislich zu sein, daß den von Heidegger genannten beiden Denkarten zwei Wirklichkeitsweisen korrespondieren. Indem das besinnliche Nachdenken sich auf die andere Wirklichkeit von Welt und Dingen richtet, läßt es allererst das Nebeneinander beider sehen. Die doppelte Auffassung der Wirklichkeit liegt also nicht einfach nur an der Heideggerschen Sicht auf die beiden Arten des Denkens, sondern die Wirklichkeit *ist* heute in der Tat eine *zwiefältige*.[40]

---

[39] Und mit dieser Zwiefalt ist jetzt ersichtlich *nicht* die früher berührte Zwiefalt von Seinsfrage und Weltfrage gemeint, sondern die von kritischer Betrachtung von Wissenschaft und besonders Technik einerseits und einem gelassenen Verhältnis zu Welt und Dingen andererseits.

[40] Vielleicht auch eine *mehrfältige*, aber diese Vielgesichtigkeit oder Vielschichtigkeit

Um es etwas vorsichtiger, aber sehr allgemein auszudrücken: Ich frage mich, ob nicht in unserer gegenwärtigen Erfahrung der Wirklichkeit zwei Welten auseinandergetreten sind.

Die eine Welt ist die der sogenannten gesellschaftlichen Realität, die Welt der Technik und der Wirtschaft, das, was wir mit den Begriffen Globalisierung, Informations- und Mediengesellschaft, mit Hochtechnisierung und Entindividualisierung usw. ansprechen. Es ist die Welt der angeblichen Systemzwänge, die Welt, in der wir uns alltäglich zu bewähren und zurechtzufinden suchen, auch wenn wir uns zugleich ohnmächtig und als bloße Objekte der sogenannten »Verhältnisse« empfinden. Die Beurteilung dieser »Verhältnisse« wird zunehmend schwieriger. Wissenschaftlicher und technischer Fortschritt, politische und weltwirtschaftliche Entwicklungen können jeweils so oder so gesehen werden, wir werden fast zwangsläufig zu Relativisten, schon um nicht zu Fundamentalisten zu werden. Die Theorien der Postmoderne hatten sich dieser neuen Erfahrung der Unübersichtlichkeit des Gegebenen zu stellen versucht; heute scheint man sich eher an sie gewöhnt zu haben, obwohl diese Vielfalt, also der Verlust der Eindeutigkeit von Fronten und Überzeugungen, der vermeintlich klaren Unterscheidungen von Schwarz und Weiß, Richtig und Falsch, zugleich immer wieder beklagt wird. Für Adorno z. B. gab es diese Differenzierungen noch sehr klar; methodisch und sachlich behandelte er sie zwar mit der Figur des »einerseits wahr«, »andererseits falsch«, – was da aber jeweils richtig und was falsch war, erschien als völlig eindeutig.

Ich wage allerdings zu sagen, daß die Welt durch die vielfältige Diversifizierung auch in gewissem Sinne ehrlicher, jedenfalls bunter geworden ist, die jeweilige Auseinandersetzung spannender, die nebeneinander bestehenden Möglichkeiten der unterschiedlichen Aufmerksamkeit und jenachdem Anpassung oder Distanzierung größer und weitreichender. Entscheidend aber ist es zu sehen, daß diese unübersichtliche Welt der gesamtgesellschaftlichen Großverhältnisse mit ihren übergeordneten angeblichen Sachzwängen, überhaupt ihrer Versachlichung und Neutralisierung und Nivellierung *nicht die ganze Welt*, vielmehr nur die eine Seite der Wirklichkeit ist.

Was ich mit dieser Unterscheidung von der einen und der »anderen Wirklichkeit« meine, läßt sich beispielhaft am Raum und der

---

läßt sich, zumindest von der technischen Welt her gesehen, in zwei Richtungen zusammenfassen.

Räumlichkeit verdeutlichen. Neben der Wirklichkeit des meßbaren homogenen dreidimensionalen Raumes, in dem jedes Vorkommende seinen eindeutig bestimmbaren Platz und seine eindeutig meßbare Größe hat, gibt es einen Raum, der keineswegs eindeutig und »neutral«, objektiv ist, einen Raum der beglückenden Nähe und sehnsuchtsvollen Ferne, der bedrängenden Enge und beflügelnden Weite, eines drohenden oder bergenden Unten und eines freien oder haltlosen Oben, einer imposanten oder erschreckenden Größe und einer lächerlichen oder kunstvollen Kleinheit usw.

Man kann diese letztere Wirklichkeit des Erfahrungsraums als eine Welt der »subjektiven« Empfindungen abtun; aber damit beraubt man sich zugleich jeder Möglichkeit eines Verständnisses lebendiger menschlicher Beziehungen und Erfahrungen; man verzichtet darauf, sich selbst und seinem In-der-Welt-sein zu trauen und zu vertrauen. Wollten wir uns auf das Konstatieren objektiver Verhältnisse und Funktionen, die wissenschaftlich erfaßbar und technisch handhabbar sind, beschränken, so würden wir die menschliche Welt zu einer im Grunde unmenschlichen und weltlosen Realität verkommen lassen.

Das »Nebeneinander«, das ich damit anspreche, ist vielleicht eines der größten Rätsel unserer weiter gefaßten Gegenwart. Man kann es auch das Rätsel der Realität des Sonnenuntergangs nennen. Es handelt sich letztlich um dasselbe Problem wie das des Verhältnisses von je persönlichem Selbstverständnis und Selbstverhältnis zu dem, was uns die moderne Gehirnforschung über die Denk- und Bewußtseinsfunktionen sagen kann. Es scheint mir unsinnig zu sein, zwischen »Wahrheiten« der modernen Wissenschaften, z. B. eben in der »*Geist*wissenschaft« im neuen Sinne, und den »Wahrheiten« unserer Selbsterfahrung und unseres Selbstverständnisses eine Entscheidung treffen zu wollen, – ebenso unsinnig, wie wenn man die »Wahrheit« von Sonnenauf- und -untergängen meinte leugnen zu müssen zugunsten der Fakten unseres astronomischen Wissens vom Kreisen der Erde um die Sonne.

Die Gegebenheiten der sich dem besinnlichen Denken zeigenden Welt und Wirklichkeit machen nur Sinn, wenn man bereit ist, sie nicht ständig an dem zu messen, was wir durch die Wissenschaften und die Erfordernisse eines rationalen Umgangs mit der Welt der Technik wissen. Man kann das auch so ausdrücken: Um das zu verstehen, was wir durch das Denken des späten Heidegger lernen können, muß man bereit sein, das Schema des Subjekt-Objekt-Verhältnisses, ohne das andererseits weder Wissenschaft noch Technik möglich sind, einmal hintanzustellen. Dieses Schema besagt, daß der Mensch das Maß und der letzte Bezugspunkt aller Dinge ist, was da nicht im Sinne einer im Grund lächerlichen Hybris gemeint ist, sondern in dem ganz präzisen Sinne, daß wir Menschen uns als denkende und handelnde Subjekte einer objektiven Gegenständlichkeit gegenübersehen, die wir zwar mit unseren Kategorien und Wertmaßstäben beurteilen, bearbeiten und behandeln, die uns aber eben aller Beurteilung zuvor als eine objektive Gegebenheit gegenübersteht.

Sehr vereinfachend könnte man sagen, daß Heidegger dieses Verhältnis von Mensch und Seiendem umkehrt. Nicht wir richten uns auf die Gegenstände und Bestandstücke unserer Welt, sondern die Dinge der Welt gehen uns an, kommen auf uns zu, haben uns etwas zu sagen. Streng genommen ist das allerdings keine bloße Umkehrung, keine zweite kopernikanische Wende, sondern eine grundsätzliche Verwandlung der Beziehung zwischen Mensch und Dingen. Diese wird jetzt nicht als ein Gegenüber verstanden, als ein Verhältnis der Konfrontation, vielmehr als ein Miteinander, als eine Konstellation oder Konfiguration oder auch als eine Kommunikation, als ein Verhältnis von Anspruch und Entsprechung, – als ein *Zueinandergehören* und jedenfalls als ein *Geschehen*.

Wie schon angedeutet, ist dieses Andere für Heidegger nun jedoch zunächst wesentlich ein Zukünftiges, weswegen ich das Verhältnis zu den beiden Wirklichkeiten als *Rückblick auf das Gegenwärtige* und *Vorblick auf ein Zukünftiges* unterschieden habe. Die zweite Weise der Besinnung, die Besinnung im strengen Sinne, die sich auf das im Wesen der Technik allererst andeutende »Andere« richtet, hat den Charakter eines Vorbereitens und Vordenkens. Der Anspruch des Zukünftigen ist etwas, dem bis heute nur »die Wenigen«[41] zu entsprechen vermögen, weil allein sie in das kommende »Andere« vorzuhören vermögen.

Ich führe das Verhältnis des *Vorblicks auf oder in das Zukünftige*, in eine andere Ankunft, in einen anderen Anfang des Seins zum *Rückblick auf das Gegenwärtige* noch einmal zusammenfassend vor Augen: Wenn Heidegger wiederholt den *Vorbereitungs*charakter des die Gegenwart »verwindenden« »Einblicks in das, was ist« betont, so soll die-

---

[41] Es scheint oftmals, als hätte nur er selbst das Vermögen, in entsprechender Weise ins Kommende vorzuhören. Andererseits muß er aber auch anderen dieses Vermögen zusprechen, sonst machten seine Vorträge keinen Sinn.

se *Vorbereitung* zunächst gerade durch einen *Rück*gang in die Geschichte des Seins gewonnen werden. Weil wir in der Epoche der Seinsvergessenheit leben, in der uns das Gestell bestimmt und die Verwindung der Metaphysik auf vermutlich lange Zeit noch aussteht, bedarf es einer zwiefältigen Besinnung, die einem »anderen Anfang« den Weg bereitet. Sie geschieht einerseits durch die angemahnte Besinnung auf »die ontologischen Grundzüge der technologisch-wissenschaftlichen Weltzivilisation«. Aber es gilt eben lediglich *»zunächst«*, daß wir hier *»nur* auf dem Wege einer Erörterung der abendländisch-europäischen Metaphysik« vorgehen können. Anderenfalls machte es gar keinen Sinn, von einem *Vorbereitungs*charakter des Denkens zu sprechen. Heideggers Denken bewegt sich seiner innersten Intention nach gerade in eine darüber hinausgehende, die zukünftige Richtung. Es geht nicht nur dem Sinn nach, der in allem technisch Bestimmten wirkt, indem es zurück in das in diesem und durch es Verstellte fragt; wenn es die Seinsfrage im Hinblick auf die Seinsvergessenheit bedenkt, denkt es zugleich in das Rettende vor, das sich in der höchsten Gefahr des Wesens der Technik verbirgt, – und zugleich zeigt.

In diesem Vordenken muß sich das Denken selbst verwandeln, indem es lernt, seiner es in den Anspruch nehmenden Sache zu entsprechen. »Wenn eine solche Verwandlung überhaupt je geschehen kann, dann braucht es hierfür einen Absprung von jenem Denken, das zum Rechnen geworden ist. Nun beginnt zwar ein Sprung mit dem Absprung, allein dieser ist zuvor schon durch den Sprung und allein dadurch bestimmt, wie und wohin im Sprung gesprungen wird. Ob und wie weit ein solcher Sprung des Denkens dem Menschen glückt, liegt nicht bei ihm. Dagegen obliegt uns die Vorbereitung des Sprunges. Sie besteht darin, unser Denken zum Absprung zu geleiten.« (*Grundsätze des Denkens*, 113) Der Sprung springt hinüber zu etwas, was einerseits, wie Heidegger mehrfach betont, nichts anderes ist als der Ort, wo wir immer schon sind, was aber zugleich geschichtlich gesehen etwas ist, was noch aussteht, eine »noch ungewährte Gunst« (*Die Kehre*, 73).

* * *

Mit den angesprochenen beiden Weisen der Besinnung haben wir jedoch noch nicht den ganzen und nicht einmal den wichtigsten späteren Heidegger erfaßt. Ich denke, daß sein Denken auch und gerade in dieser

Beziehung in den vierziger und fünfziger Jahren eine bedeutsame, aber von ihm in ihrer Konsequenz nicht eigens reflektierte Entwicklung durchgemacht hat. In den dreißiger Jahren war sein Denken noch eindeutig durch die gerade besprochene doppelte Richtung gekennzeichnet. Schauen wir jedoch auf das Denken, das er in seinen späteren Jahren nicht nur fordert, sondern tatsächlich selbst vollzieht, dann zeigt sich, daß er neben den genannten beiden Wegen in der Tat einen dritten geht.[42]

Merkwürdigerweise – und auch nicht merkwürdigerweise, sondern, so könnte man mit Aristoteles sagen,»gezwungen von der Wahrheit« – geht Heidegger de facto bei seinen näheren Ausführungen zu jenem»Anderen«, das es vorzubereiten gelte, zugleich davon aus, daß es dieses doch auch schon – und immer noch – gibt, so daß sich ein inständiges Denken heute schon darauf zu richten vermag. Was in diesem Sinne immer schon ist, ist z.B. die Weise, wie die Sprache spricht, oder wie uns Welt und Dinge von ihnen selbst her angehen, so daß wir uns als Menschen auch immer schon hörend und entsprechend zu ihnen verhalten können.

Wenn Heidegger über die Haltung einer»Gelassenheit zu den Dingen« und einer»Offenheit für das Geheimnis« und deren Bedeutung in einer technisch bestimmten Welt nachdenkt, über ein schonendes Umgehen mit den Dingen und über ein Wohnen in unserer jeweiligen Welt, so verweist er auf Seinsweisen, die uns auch heute schon und noch möglich sind und denen wir durch eine achtsame Einübung in einen kommunizierenden, offenen Umgang mit unserer Umwelt näher kommen können. Heidegger schreibt in einem Grußwort an den theologischen Kollegen und Meßkircher Landsmann und Mitehrenbürger Bernhard Welte zwei Tage vor seinem Tod:»Denn es bedarf der Besinnung, ob und wie im Zeitalter der technisierten gleichförmigen Weltzivilisation noch Heimat sein kann.« (*Grußwort von Martin Heidegger*, 243)»Heimat« – das meint ein Zuhausesein bei den in sich ruhenden Dingen, dem die Menschen als Sterbliche in der Welt immer schon –»noch« sagt Heidegger hier – zugehören, auch wenn wir es im Getriebe der technischen Bestandsicherung fast vergessen zu haben scheinen.

Der *Vorblick* auf ein gegenüber Wissenschaft und Technik Ande-

---

[42] Jede dieser drei Denkweisen bezeichnet Heidegger als»Besinnung«, ein Terminus, den er schon früh für das Denken des Wesenhaften und Ursprünglichen gebraucht.

res hat dementsprechend bei Heidegger seinerseits zwei Seiten. Er ist nicht nur Vorblick auf das Zukünftige, sondern er hat auch ein zweites Gesicht, das wir, in der Entsprechung zum *Rückblick auf das Gegenwärtige*, den *Vorblick auf das Gegenwärtige* nennen könnten. Auch er impliziert – als Blick auf *Gegenwärtiges* – bis zu einem gewissen Grad die kritische Besinnung auf die Subjektwerdung des vorstellenden und herstellenden Menschen in der Neuzeit; in ihr finden wir das Kriterium, von dem her die Erscheinungen der Neuzeit in ihrer verhängnisvollen Wirksamkeit sichtbar werden. Unser Blick auf dieses Kriterium ist jedoch, wenn er jene in philosophischer Weise fragwürdig werden läßt, – zumindest auch, d. h. abgesehen von der spekulativen oder theoretischen rückschauenden Einsicht in die Eigenart der Seinsgeschichte – schon von anderen Erfahrungen und Einstellungen in einer anderen Welt oder Wirklichkeit geleitet, was ihn zugleich zu einem *Vorblick* macht, – womit ich der Sache nach wieder bei den »zwei Wirklichkeiten« bin.

Dieser Blick auf eine andere Gegenwart steht nur scheinbar im Widerspruch zur kritischen Besinnung auf das, was zunächst die einzig mögliche Kennzeichnung unserer Gegenwart zu sein scheint, weil Heidegger bei seinen Erörterungen der subjektzentrierten Erscheinungen der Neuzeit mehrfach betont, daß den heutigen Menschen das *Absolutwerden*, die alleinige Herrschaft der aufgezeigten gängig gewordenen Einstellung zur Welt *droht*. Insofern kommt der Gegenwartsbezogenheit selbst schon ein gewisser Bezug auf ein Anderes, eine andere Gegenwart zu. Es gilt, der *Gefahr* zu wehren, die in jener möglichen Übermächtigung liegt und die ein gänzliches Sich-verlieren oder Verstelltwerden des wesenhaften In-der-Welt-seins besagen würde. Darin ist impliziert, daß das Wesenhafte – wenn auch bedroht – gegenwärtig schon besteht. In die selbe Richtung weist u. a. auch die Rede von der »Bodenständigkeit« im *Gelassenheit*-Vortrag. Weil der *Verlust* der bisherigen Bodenständigkeit droht, die das »ruhige Wohnen des Menschen zwischen Erde und Himmel« gedeihen ließ (*Gelassenheit*, 17), bemüht sich die Besinnung um einen *neuen* »Grund und Boden für eine künftige Bodenständigkeit« (23), die nur so *bewahrt* werden kann.

Insofern also das »besinnliche Denken« im engeren Sinne gewissermaßen zwei Seiten hat, können wir im Ganzen drei Weisen der Besinnung unterscheiden: die kritische Besinnung auf das Wesen von Wissenschaft und vor allem Technik einerseits, und die Besinnung im engeren Sinne, das besinnliche Denken andererseits, das seinerseits zum einen den Vorblick in einen *zukünftigen* anderen Anfang, in eine neue Zukehr des Seins versucht, und das sich zum anderen auf unsere *Gegenwart* als eine zugleich immer schon und immer noch andere Wirklichkeit richtet. Diese dritte Art von Besinnung betrifft eine andere Weise des In-der-Welt-seins, die dem Menschen vielleicht als solchem, jedenfalls aber – wenn auch eher verstellt und unter der Drohung des gänzlichen Verlustes – *heute schon* zukommt. Heidegger zeichnet ein Verständnis von Welt und Dingen, das wesentlich anderer Art ist als das neuzeitliche Subjekt-Objekt-Verhältnis.

Um es noch einmal zu sagen: diese Besinnung – die ich im folgenden dritten Teil am Beispiel des Heideggerschen Raum-Verstehens näher in den Blick rücken will – ist insofern ebenfalls ein *vorblickendes Denken* oder ein *Vordenken,* als es sich vom rechnenden Denken, das für unser Zeitalter charakteristisch ist, abwendet. Aber es ist, anders als das seinsgeschichtliche Denken[43], das einer *zukünftigen* neuen Zukehr des Seins entgegendenkt, ein Vorblick in die *Gegenwart* oder auf *Gegenwärtiges.* Es richtet sich, gleichsam mit einem anderen Blick und in eine andere Gegend schauend, auf die Dinge in der Welt, mit denen die Menschen als die Sterblichen unter dem Himmel und auf der Erde sind – und immer schon gewesen sind –, auf die Brücke, über die wir gehen, den Krug, aus dem wir die Milch gießen, das Haus, in dem wir wohnen. Mit dem Zusammenspiel von *Welt und Ding* zeichnet Heidegger ein Gegenbild zu der Wirklichkeit der berechenbaren Objekte, zur Machenschaft, – wie er im herzhaften, besinnlichen *Denken* ein Gegenbild zum Rechnen und Messen und Machenwollen sieht.

Hier fragt er also nach unserem Wohnen in der *Welt* und bei den *Dingen,* er fragt nach *Nähe* und *Gelassenheit* und ist *unterwegs zur Sprache.* Weder ist sein so gerichtetes Denken lediglich ein *prophetisches Künden,* noch sind die Dinge und Gegenden, mit denen es sich befaßt, lediglich *visionär erschaute* künftige Gegenstände. Eben darum

---

[43] Zwischen den beiden Weisen des Vorblickens – auf das Zukünftige und auf das Gegenwärtige – besteht allerdings nur scheinbar ein Gegensatz. Genauer zeigt sich nämlich, daß die Rede von Welt und Dingen inhaltlich kaum etwas anderes ist als die konkretisierende Durchführung der seinsgeschichtlichen Erörterung des Kommenden. Was ich früher als »neue Zuwendung des Seins« und als »neue Erfahrung einer Seinsnähe« bezeichnete, erweist sich, wenn Heidegger es näher in den Blick zu fassen unternimmt, als die Erfahrung der Eingehörigkeit der Menschen in das Geviert von Erde und Himmel, Sterblichen und Unsterblichen. Dieses ist heute zwar weitgehend unbedacht, aber *es gibt es* gleichwohl als gegenwärtiges, d.h. es ist für ein achtsames Denken erfahrbar.

kennzeichne ich es als einen Vorblick *in das Gegenwärtige,* so daß wir also zwei Weisen von Gegenwärtigkeit anzuerkennen haben, die *Gleichzeitigkeit von zwei Gegenwarten,* von denen die eine die der jetzigen allgemein-gesellschaftlichen, durch das Subjekt-Objekt-Verhältnis bestimmten Wirklichkeit ist, die andere die Wirklichkeit des menschlichen Wohnens auf der Erde.

Nur auf Grund der Gleichzeitigkeit von technischer Wirklichkeit auf der einen und bewohnter und durchwanderter Welt auf der anderen Seite ist das möglich, was Heidegger »die Gelassenheit zu den Dingen« nennt, nämlich die »Haltung des gleichzeitigen Ja und Nein zur technischen Welt«, die er nicht als eine künftig einmal mögliche, sondern als heute zu übernehmende darstellt *(Gelassenheit,* 25). Diese Besinnung geschieht als ein Denken, das – »schon« – dem dichterischen Wohnen des Menschen zwischen Erde und Himmel zugehört. »Sobald wir die Sache vor den Augen und im Herzen das Gehör auf das Wort haben, glückt das Denken.« *(Aus der Erfahrung des Denkens,* 77) Und: »Philosophisch ist jenes Sehenlassen, das das Wesenhafte der Dinge in den Blick bringt. ... Das Philosophische macht das Wesenhafte sichtbar.« *(Bemerkungen,* 16) Diese beiden – und viele andere – Äußerungen implizieren, daß »die Sache«, »das Wesenhafte«, dem philosophischen Blick zugänglich, also gegenwärtig ist, – und das heißt auch, daß sie nicht erst dermaleinst, in einem gewandelten Seinsgeschick Wirklichkeit werden könnte.[44]

Die genannte Gleichzeitigkeit der beiden Gegenwarten könnte auch eine gleichzeitige Ungleichzeitigkeit oder auch ungleichzeitige Gleichzeitigkeit genannt werden. Es ist die Ungleichzeitigkeit zwischen unserer technologisch bestimmten Gegenwart einerseits, in der sich jedoch bereits ein wesenhaft noch Ausstehendes, eine im *Wesen der Technik* liegende Herausforderung abzeichnet, und, verkürzt gesagt, dem *Weltgeviert* andererseits, das Heidegger nicht nur bei einigen Dichtern aufgezeichnet findet, bei Hölderlin oder bei Hebel oder, wiederum ganz anders, bei Trakl, sondern das er z. B. auch durch die Analyse dessen, »was und wie der Krug als dieses Krug-Ding *ist«,* nachzeichnet *(Das Ding,* 166) oder das er etwa durch den Hinweis auf einen

---

[44] Ich betone dies so nachdrücklich, weil in der Heidegger-Rezeption die Zukünftigkeit jenes wesenhaften Sehenlassens immer wieder vehement behauptet wird. Es scheint fast, als scheue man sich anzuerkennen, daß das Sicheinlassen auf Welt und Dinge eine unserem jeweiligen In-der-Welt-sein erreichbare und aufgegebene Möglichkeit ist.

Schwarzwaldhof evoziert, der durch ein Handwerk gebaut wurde, das »seine Geräte und Gerüste noch als Dinge braucht« (*BWD*, 161).

An dem Beispiel aus dem Ding-Vortrag zeigt sich jedoch auch die bemerkenswerte und nicht wegzudiskutierende Zweideutigkeit in Heideggers nicht mehr auf das rechnende Vorstellen von Wissenschaft und Technik gerichteter Besinnung. Er erörtert dort die Weise, wie das Ding, nämlich der Krug, *ist*, indem er der Weise nachfragt, wie wir tatsächlich mit dem Krug umgehen, was gleichbedeutend damit ist, wie der Krug sich als Krug *verhält*, wie er west, uns angeht, als Ding *dingt*. Heidegger geht aus von dem, was wir immer schon über diesen Umgang mit ihm, z. B. in der Schänke, wissen, wie wir ihn jedenfalls immer schon gebrauchen *können*, wenn wir ihn nicht lediglich vernutzen, was wir tun, wenn wir ihn z. B. entweder als bloße Ware oder auch als ein weltloses, bloß abstraktes Objekt nehmen, etwa als bloßes Beispiel in einer theoretischen Abhandlung. Indem wir mit dem Krug *kruggemäß* umgehen, situieren wir uns und situiert er uns in der konkreten vielfältigen *Welt*, in der wir leben. Wir erfahren *in ihm, in unserem Umgang mit ihm* die Erde und den Himmel, uns selbst und die Göttlichen.

So weit wäre dies die Aufzeichnung dessen, was der besinnliche, sich gegenüber der technischen Welt absetzende Blick auf eine andere Begegnungsart dessen, was ist, vor sich bzw. um sich sieht. Nun finden sich aber im Text folgende einander durchaus widersprechende Äußerungen: Heidegger sagt einerseits, daß »das Entsetzende« (des Wesens der Technik) jenes ist, »das alles, was ist, aus seinem vormaligen Wesen heraussetzt« (*Das Ding*, 164); dieser Verlust des vormaligen Wesens motiviert überhaupt erst die Frage nach der in diesem Entsetzenden sich verbergenden Nähe und damit die Frage nach solchem, was »in der Nähe ist«, dem Krug z. B.; andererseits jedoch fragt er dann: »Was ist nun aber das Ding als Ding, daß sein Wesen *noch nie zu erscheinen vermochte*?« (169, meine Kursivierung) Wenn das Wesen des Dinges noch nie erscheinen konnte, wie kann die Technik es dann aus seinem *vormaligen* Wesen heraussetzen?

Wir stoßen hier auf das Problem, daß Heidegger die Gegenwart dessen, worauf sich das richtet, was ich jetzt abkürzend als die dritte Art der Besinnung gefaßt habe, zuweilen geradezu leugnen zu müssen glaubt, eben indem er ihr einen Vorbereitungscharakter zuschreibt. Obgleich sein eigenes späteres Denken zu einem Teil selbst als Beleg für diese Gleichzeitigkeit steht – wie gerade auch die meisten Ausführungen des Ding-Aufsatzes, in dem diese skeptische Behauptung steht –, gibt es viele Äußerungen von ihm, die eine solche Möglichkeit zumindest implizit negieren, insofern sie das zu Denkende in die Zukunft, in einen zukünftigen»geeigneten Augenblick« verlegen. So sagt er z. B. in dem Vorwort zu *Vorträge und Aufsätze*, in welcher Aufsatzsammlung der Ding-Vortrag veröffentlicht wurde, daß es in diesem Buch darum gehe, dem Bereich,»aus dessen Spielraum her das Ungedachte ein Denken beansprucht«, allererst *den Weg zu bereiten*. Oder er schreibt:»Besinnung braucht es als ein Entsprechen, das sich in der Klarheit unablässigen Fragens an das Unerschöpfliche des Fragwürdigen vergißt, von dem her das Entsprechen im geeigneten Augenblick den Charakter des Fragens verliert und zum einfachen Sagen wird.« (*Wissenschaft und Besinnung*, 70) Wann dieser»geeignete Augenblick« sein wird, ja ob er überhaupt je eintreten wird, wissen wir nicht. Obgleich Heidegger an einer Stelle sagt:»Vielleicht stehen wir bereits im vorausgeworfenen Schatten der Ankunft dieser Kehre«, der Kehre nämlich»der Vergessenheit des Seins zur Wahrnis des Wesens des Seyns« (*Die Kehre*, 71), schreibt er in anderem Zusammenhang:»Vieles, das meiste sogar, spricht dafür, daß die Verödung des Daseins in das nur noch rechnende Denken fernerhin steigen wird.« (*Grundsätze des Denkens*, 134) In *Die Kehre* heißt es:»Daß Welt sich ereigne als Welt, daß dinge das Ding, dies ist die ferne Ankunft des Wesens des Seyns selbst.« (73)

Es läßt sich also nicht leugnen, daß es zu dem der technischen Welt und seinem Denken gegenüber Anderen bei Heidegger widersprüchliche Aussagen gibt. Immer wieder spricht er vom Vorbereiten und von einem Künftigen, verweist andererseits aber auf die heute und jetzt gegebene Heidelberger Brücke; oder er geht in anderem Zusammenhang von einer Weise des Wohnens aus, wie sie von Johann Peter Hebel gedichtet wurde und z. B. in seiner Heimatstadt Meßkirch oder bei den Bauern in Todtnauberg offenbar»noch« möglich ist. Und nicht nur im Hinblick auf andererseits scheinbar schon Vergangenes besteht für ihn eine Gleichzeitigkeit des Erfahren-könnens. In dem Vortrag *Gelassenheit*, der auch den Titel *Zum Atomzeitalter* hatte, heißt es: »Wir können die technischen Gegenstände im Gebrauch so nehmen, wie sie genommen werden müssen. Aber wir können diese Gegenstände zugleich auf sich beruhen lassen als etwas, was uns nicht im Innersten und Eigentlichen angeht. Wir können ›ja‹ sagen zur unumgänglichen Benützung der technischen Gegenstände, und wir können zugleich ›nein‹ sagen, insofern wir ihnen verwehren, daß sie uns ausschließlich beanspruchen« (*Gelassenheit*, 24 f.). Das hört sich nicht nach einer Zukunftsvision an, vielmehr nach einer Anweisung zur alltäglichen »*Gelassenheit zu den Dingen*«.

Heidegger praktiziert ein Denken, von dem er andererseits an verschiedenen Stellen sagt, daß es seinsgeschichtlich noch ausstehe, er spricht von einer Welt und ihren Zusammenhängen, die er andererseits als noch nicht »zugeschickt« ansieht, ja von der er zugleich sagt, daß sie uns noch auf lange Zeit, möglicherweise sogar immer vorenthalten bleibt. Es erscheint mir aber in Bezug auf die Welt, in der es erfahrbare Krüge, Brücken, Häuser, Türme, Wälder gibt – um hier nur solche Dinge zu nennen, auf die Heidegger selbst in verwandten Zusammenhängen zu sprechen kommt –, nicht nachvollziehbar, inwiefern sie in eine unbestimmbare Zukunft verlegt werden sollten. Entweder es macht einen Sinn, dem Hinfälligwerden von Nähe und Ferne in der technisch bestimmten Welt, wie Heidegger es in dem Vortrag *Das Ding* tut, dadurch nachzufragen, daß im Gegenzug an einen anderen Weltbezug erinnert wird, z. B. indem ein Ding, das wir tatsächlich im Gebrauch haben, im Hinblick auf die es auszeichnende Nähe sichtbar gemacht wird – und ich meine, es macht Sinn –, *oder* er müßte auf den Anhalt an der Erfahrung des Gegenwärtigen ganz verzichten und lediglich ein zukünftiges – heute noch utopisches – Denken des Dinges vorzeichnen. Dieses Denken könnte sich entweder allein aus dem begründen, was sich in der bisherigen Seinsgeschichte und ihrem Seinsentzug zwar noch verbirgt, aber gleichwohl schon zu kommen anschickt und sich irgendwie schon zeigt, *oder* aus einer seherischen, prophetischen Kraft, auf die Heidegger aber, soweit ich sehe, nie rekurriert.

Es geht mir hier nicht darum, Heidegger einfach eine Widersprüchlichkeit seines Denkens vorzuhalten. Ich meine sogar umgekehrt, daß sein Denken seine fruchtbare Spannung u. a. gerade daran hat, daß es – weit entfernt davon, eine Einheitlichkeit und in sich schlüssige Systematik aufzuweisen – in einer solchen Weise durch die Welt geht, daß es von unterschiedlichen Wegpunkten aus unterschiedliche Perspektiven sichtbar macht, unterschiedliche Maßstäbe anwendet, unterschiedliche Dinge in den aufmerkenden Blick faßt. Die Überzeugung, das Denken müsse unbedingt einheitlich und widerspruchslos sein, gehört m. E. einer überholten Auffassung an, die auf einer überholten Auffassung von der Eindeutigkeit *des Seins und der Wahrheit* fußt.

Gleichwohl stellt sich die Frage, *warum* Heidegger immer wieder so eindringlich darauf besteht, daß das andere Denken eines Anderen nur vorbereitend sein, daß ein anderer Weltaufenthalt nur in der Zukunft wirklich werden könne. Diese Einsicht scheint sozusagen die Kehrseite der Überzeugung von der Totalität des herrschenden Unwesens zu sein, eine Überzeugung, die man ja ganz ähnlich auch bei Adorno findet, worauf ich schon hingewiesen habe. Adorno geht so weit zu sagen, daß echte Erfahrung heute nicht möglich sei, oder wenn, dann höchstens einigen wenigen durch Geburt und Bildung Privilegierten. Heidegger schreibt:»Das universale Bestellen des Ge-Stells läßt *alles* Anwesende nur als Bestandstück des Bestandes anwesen. Im Bestand ist nicht einmal der Gegenstand, geschweige denn schon das Ding als Ding zugelassen.« (*Die Gefahr*, 46, meine Kursivierung) Und etwas später:»noch verweigert sich Welt als Welt. Noch entzieht sich Welt in die ihr eigene Verborgenheit.« (49) Die Aussage»Im Ge-Stell als dem vollendeten Geschick der Vergessenheit des Wesens des Seins leuchtet unscheinbarerweise ein Strahl der fernen Ankunft von Welt« (53) scheint in diesem Sinne das Äußerste zu sein, was er zugeben kann.

Noch einmal: warum spricht Heidegger selbst nirgends von der *Gleichzeitigkeit* eines Anderen, etwa einer sich wahrhaft auf Welt und Dinge einlassenden Erfahrung? Vielleicht kommt es daher, daß er zu einer gewissen Zeit seines späteren Denkens einen besonders ausgreifenden Schritt in eine erstaunlich neue Gegend getan hat, ohne daß er im Folgenden die Notwendigkeit gesehen hätte, eine systematische Verknüpfung der früheren Einsichten mit den später gewonnenen vorzunehmen, so daß er beide nebeneinander bestehen ließ. Von dem Gedanken der Seinsgeschichte, von Seinsschickung und Seinsentzug her führt das Weiterdenken zu dem Vorblick auf einen»anderen Anfang«, auf eine neue (zukünftige) Zukehr des Seins. Der Blick in eine solche Zukehr enthüllt aber zugleich die Gegenwart des in sich spielenden Beziehungsgeflechts des Gevierts, er führt zur Welt und zu den Dingen und den sterblichen Menschen, die das Verhältnis beider auf ihre Weise austragen.

Daß Heidegger ausdrücklich die Möglichkeit dessen in Frage stellt, was er andererseits doch selbst denkerisch vollzieht, daß er also, anders gesagt, die genannte Verknüpfung nicht versucht hat, könnte zudem daran liegen, daß er nur so an dem strikten Entsprechungscharakter des Denkens gegenüber dem Sein als einem selbst Sprechenden festhalten konnte, an der Überzeugung also, daß dem heutigen Menschen »eine höhere Möglichkeit des Daseins« nur anderswoher, nämlich »aus der Gunst des Seins« (*Grußwort*, 743) geschenkt werden könne. Heidegger sagt sogar, daß »das Gesagte« des Denkers nicht seine eigene Ansicht sei, vielmehr »das durch ihn hindurch sprechende Echo des Anspruchs, als welcher das Seyn selbst west«. »Ein Echo zu sein, ist das Leiden des Denkers.« (*Die Gefahr*, 66)[45] Wenn man an dem Ansatz der Seinsgeschichte meint festhalten zu sollen, so könnte man vielleicht sagen, daß der seinsgeschichtliche Schritt zurück und das erblickende Weltdenken tatsächlich zwei in einer geschichtlichen Schwellensituation wie der unseren *nebeneinander* mögliche und notwendige Weisen der philosophierenden Auseinandersetzung mit dem sind, was ist. Allerdings wäre es dann hilfreich gewesen, Heidegger hätte dieses Nebeneinander, so er sich darüber im Klaren war, auch ausdrücklich anerkannt und hätte auf die Möglichkeit hingewiesen, bewußt *beide Wege* einzuschlagen.

Ich selbst gehe davon aus, daß der Mut und die Gelassenheit, die uns Menschen dazu bringen können, uns tatsächlich ein Wohnen auf der Erde und unter dem Himmel zuzumuten, uns zu der Einsicht führen muß, daß es sich in der Tat, wie Hölderlin sagt, »mit ihnen«, d. h. mit uns selbst »wendet«, so daß wir das vorbereitende Erwarten einer geschicklichen »Gunst des Seins« aufgeben könnten und sollten, um auf unsere eigenen Sinne und unseren eigenen Sinn zu vertrauen. Ich verstehe unter dem *Sein* tatsächlich nur die *Weise, wie etwas ist*.[46] Die Frage nach dem Sein ist in diesem Sinne die Frage danach, *wie* wir selbst, die Welt, die uns umgibt, sowie die Dinge und die Geschehnisse, mit denen wir es innerhalb ihrer zu tun haben, als diese endlichen, veränderlichen, mannigfaltigen *sind*.

Im Ausgang von dieser Überzeugung stimme ich z. B. zwar zu, daß das Wesen der Technik heute die Möglichkeit wahrer Nähe zwischen

---

[45] In dieser Denkfigur könnte man gewisse heilsgeschichtliche Anklänge sehen. Bezüglich einer solchen Analogie zum Denkraum der abendländisch-jüdischen Religionen könnte an den Begriff des *Propheten* erinnert werden: er ist zwar eigentlich ein gegenwärtiges Sprachrohr Gottes, darin liegt aber zugleich ein starkes Moment des Künders von Zukünftigem; die Taten und Pläne, von denen der Prophet kündet, sind nicht seine eigenen und sie sind zukünftige Taten.

[46] M. E. entspricht das dem, was Heidegger meint, wenn er betont, daß die »Seinsfrage« in *Sein und Zeit* nicht fragt: »was ist das Seiende? sondern: was ist das ›ist‹?« (*Vier Seminare*, 334).

Menschen und zwischen Menschen und Dingen oftmals verstellt, aber eben das kann und muß dazu führen, sich darauf zu besinnen – wie Heidegger es ja eben *zum Teil* auch tut –, wie wir Menschen doch immer auch anders miteinander und mit den Dingen und mit uns selbst umgehen *können*, daß also das bloße Verfügen und Benutzen, das bloße Berechnen und Verrechnen lediglich einseitige – wenn auch im Bereich von Technik und Wissenschaften notwendige und sinnvolle – Möglichkeiten des In-der-Welt-seins sind. Ich meine, es käme darauf an, auf das verhängnisvolle Entweder/Oder zu verzichten, das unser Verhältnis zur Gegenwart, gerade wenn es ein kritisches ist, oftmals so grundlegend kennzeichnet. Es käme darauf an, die Zwiefalt und vielleicht sogar Widersprüchlichkeit dessen, was ist, anzuerkennen und damit umgehen zu lernen.

Wiederum zeigt sich, daß das, was zu denken ist, in unserer Gegenwart, wenn wir uns intensiver auf den Versuch einlassen, es zu sehen und zu verstehen, in sich *zwiespältig* zu sein scheint. Das, was ist, entzieht sich einer generalisierenden, totalisierenden Betrachtung, und dies nicht allein auf Grund seiner »Unübersichtlichkeit« und Mannigfaltigkeit, sondern weil es von unterschiedlichen Grundzügen charakterisiert ist und weil dementsprechend eine seltsam widersprüchliche Gleichzeitigkeit von Ungleichzeitigem zu herrschen scheint. In dieser Vielschichtigkeit gibt es im wesentlichen zwei Seiten, und dementsprechend kann das Gegenwärtige von zwei wesentlich voneinander unterschiedenen Perspektiven her in den Blick gefaßt werden.

Kurz gesagt geht es also um einen doppelten Blick auf das, was gegenwärtig *ist*, nämlich zum einen um einen analysierenden und diagnostizierenden, kritischen Blick auf die Verhältnisse, die, allgemeiner gesagt, eine u. a. durch Rationalisierung und Machbarkeitswahn zu kennzeichnende Wirklichkeit ausmachen, und zum anderen um ein Sicheinlassen auf eine gleichwohl irgendwie daneben bestehende Wirklichkeit der intimen Erfahrungen, der Intuitionen und Visionen, der gelebten Nähe und Weltzugehörigkeit. In gewissem Sinne kann es sich bei diesen beiden unterschiedlichen Sichten der Wirklichkeit sogar um unterschiedliche, ja gegensätzliche Lebensentwürfe handeln. Es gehört zu den Eigenarten unserer Zeit, daß man gewöhnlich eher geneigt ist, dem ersteren Hinblick zuzustimmen und ihn zu verabsolutieren. Ich denke, daß es darauf ankäme, *beide* Sichten anzunehmen und in einem sicherlich schwierigen, immer wieder neu auszutarierenden Balanceakt miteinander in Einklang zu bringen.

Dieser Gedanke der Doppelgesichtigkeit der gegenwärtigen Wirklichkeit ist der Grundaspekt, unter dem ich Heideggers späteres Denken hier betrachte. Bei Heidegger selbst ist er nicht in dieser Form zu finden, – obgleich er von einer »Janusköpfigkeit« der durch das Wesen der Technik bestimmten Weltsituation spricht (*Protokoll*, 57). Er versteht die Doppelgesichtigkeit sozusagen entlang der Geschichte, insofern die Gegenwart einen »doppelten Anblick« aufweist, zurück in das, als dessen Fortführung sie erscheint, wie vor in das, was sich in ihr ankündigt. Ich sehe die Doppelgesichtigkeit dagegen gewissermaßen quer zur Geschichte, d. h. eben in wesentlicher Gleichzeitigkeit von scheinbar Ungleichzeitigem.

* * *

Das Denken des späteren Heidegger über das, was ist, erschöpft sich nicht in dem, was er im Ausgang von der Besinnung auf das Wesen der Technik und damit auf das rechnende Denken und die Heil- und Weltlosigkeit der gegenwärtigen Zustände über das sich ankündigende und im Denken vorzubereitende Zukünftige zu sagen hat. Daneben – und, zumindest was das bisher Veröffentlichte angeht, wohl überwiegend – gibt es vielmehr die Besinnung auf die *Dinge* und die *Welt*, auf die *Sprache* und die *Stille*, auf die *Kunst* und den *Raum*, was ich im dritten Teil nachzeichnen will.

Zuvor aber soll die dritte Weise der Besinnung selbst noch etwas ausführlicher dargestellt werden. Dieses *besinnliche* Denken, das sich auf Welt, Ding, Sprache usw. richtet, malt keineswegs lediglich utopische Bilder; die Beispiele, die Heidegger wählt, stammen aus dem Leben, das wir alltäglich führen. Die Brücke, um die es in *Bauen Wohnen Denken* geht, und der Krug, an dem er in *Das Ding* seine Gedanken entwickelt, sind Dinge, die es in unserer Welt »gibt«, auch wenn wir weitgehend verlernt haben, auf sie *als Dinge* zu achten. Dieses andere Denken stellt zweifellos ebenfalls eine, wenn auch eine *andere* Art der Analyse unserer Zeit dar. Spannenderweise finden sich eine Reihe von Hinweisen darauf – einer wäre die Bemerkung über die Möglichkeit des Nein-Sagens zur Technik –, daß Heidegger, obgleich die gewählten Ding-Beispiele durchgängig aus einer nichttechnischen Umwelt stammen, diese andere Welt und Dingwelt *innerhalb* des Umkreises der Technik sucht, allerdings einer gewandelt angeeigneten Technik.

Es ist nicht zuletzt die Wahrung der Distanz, des Geheimnisses und der Fremdheit, die das, was Heidegger mit dem *besinnlich-gelassenen* Denken im Blick hat, ums Ganze verschieden sein läßt vom vorstellenden, rechnenden und messenden Denken. Distanz, Fremdsein, Andersheit, Ferne, Geheimnis, – das alles ist ausgeschlossen, wenn einerseits eine ständige Verfügbarkeit und Bestellbarkeit, andererseits eine universale Berechenbarkeit und damit auch Vergleichbarkeit von allem mit allem gewährleistet sein soll. Dem besinnlichen und gelassenen Denken, das seiner Sterblichkeit eingedenk ist, kommt wesenhaft eine bewußte und gewollte Vieldeutigkeit zu, ein Unverfügbarsein und ein Offenlassen, gerade weil es seine Sache nicht »in die Zugänglichkeit zerrt«.

Dieses Denken läßt dem Begegnenden die Möglichkeit, sich jeweils so oder anders oder gar nicht sehen zu lassen. Das Geschehen zwischen Mensch und Welt läßt sich nicht linear und gleichförmig abrufen und modellieren. Da ist nicht ein Subjekt auf der einen Seite, dem ein zu erkennendes und zu manipulierendes Objekt in einer im Grunde abstrakt bleibenden Beziehung gegenüberstünde. Denn der Krug hört eben auf, wirklich und konkret ein *Krug* zu sein, wenn er wissenschaftlich als ein Hohlraum gesetzt wird, »in dem sich Flüssigkeit ausbreitet« (*Das Ding*, 168). Er wird dann als Krug geradezu, wie Heidegger sagt, »vernichtet«: »Die Wissenschaft macht das Krug-Ding zu etwas Nichtigem, insofern sie Dinge als das maßgebende Wirkliche nicht zuläßt.« (ebd.) Dieses Nichtigwerden der Dinge gehört in den Bereich dessen, was wir als Nihilismus kennengelernt haben.

Heideggers besinnliches, gelassenes Denken dagegen will sich auf die Welt sowie auf den wohnenden Aufenthalt in ihr und bei den Dingen einlassen. Ineins damit vollzieht es immer auch eine Besinnung auf dieses *Denken selbst*. Denken und Fragen, Denken und Hören, Denken und Entsprechen, Denken und Wohnen, Denken und Sagen, Denken und Erblicken und immer wieder Denken und Dichten, – in all diesen und weiteren Konstellationen bedenkt Heidegger Weisen, wie das Denken sich auf die Welt bezieht, wie die Sterblichen in ihrem und durch ihr denkendes Sprechen den Unterschied von Welt und Dingen erfahren und zugleich auch durch diese Erfahrung allererst geschehen lassen.

Und um noch einige weitere Kennzeichnungen hinzuzufügen: Heidegger nennt das besinnliche Denken u.a. ein »einfaches *Sagen*«, ein »*herzhaftes*« und zugleich ein »*gelassenes*« Denken. Es ist das Denken eines Menschseins, das in der Welt *wohnt* in der Weise, daß es sie *durchwandert,* und das wandert, indem es wohnt (vgl. *Hebel,* 17); das gelassene Denken ist »ein *Erhören, das erblickt«* (*Der Satz vom Grund,* 86), und ein »*In-die-Nähe-kommen zum Fernen«* (*Zur Erörterung,* 45). Es ist ein Denken, dessen Wohnen ein *dichterisches* ist und das auf das Geheimnis der Gegend hört, »durch deren Zauber alles, was ihr gehört, zu dem zurückkehrt, worin es ruht.« (40) Einige dieser Kennzeichnungen des Denkens möchte ich etwas näher erläutern. Ich nehme dabei eine bestimmte Ungenauigkeit und d.h. Schwierigkeit der Verdeutlichung in Kauf, auf die ich hier nicht eingehe, die ich aber jedenfalls nennen will: Heidegger spricht, wenn er über die Besinnung und über das besinnliche Denken spricht, meistens über das *Denken* im emphatischen Sinne, also über das Denken *der Denker.* Ich erweitere das hier jedoch auf das Denken überhaupt, und verstehe dieses im Sinne der grundsätzlichen Haltung des Menschen zur Welt und zu den Dingen, allgemein gesagt: zum Begegnenden. Auch bei Heidegger findet sich dieses weitere Verständnis des gelassenen, besinnlichen Denkens, etwa in seiner Anknüpfung an Hölderlins Bestimmung »dichterisch wohnet der Mensch auf dieser Erde«. Mir scheint diese Fokussierung der Frage auf unser heutiges menschliches Weltverständnis im allgemeinen (also auch da, wo es nicht Philosophie ist) »an der Zeit« zu sein, – allerdings im Sinne dessen, was Heidegger einmal kritisch als kennzeichnend für den Ansatz von Karl Marx bezeichnet, den Gedanken nämlich, »daß der Mensch die Sache sei, um die es geht«. (*Vier Seminare,* 394)

Ich beginne damit, daß Heidegger das besinnliche Denken als ein *Sehen* und als ein *Hören* versteht. Nach *Bemerkungen zu Kunst – Plastik – Raum* besteht, wie schon zitiert, das philosophische Denken in einem Sehenlassen, »das das Wesenhafte der Dinge in den Blick bringt«, »das Wesenhafte sichtbar« macht (16). Dieses Sichtbarmachen der Dinge in ihrem Wesenhaften geschieht nicht in der Weise, daß es etwas mit seiner Sache macht oder anstellt, es ist vielmehr gewissermaßen ein Zurücktreten vor ihr, das ihr in diesem Zurücktreten zugleich erst die Tür öffnet, so daß sie hereinkommen bzw. umgekehrt zugänglich werden kann.

Ebenso ist das Wesen, von dem da die Rede ist, kein hinter der Oberfläche Liegendes, kein hinter der bloßen »Erscheinung« Verborgenes, sondern die Sache selbst, wie sie erscheint, sich zeigt, nämlich eben auf uns zukommt und uns angeht und anspricht. Darum ist die *Sprache* für den späten Heidegger so zentral, – die Sprache nicht als Summe aller möglichen Benennungen und Aussagen verstanden, sondern als das Geschehen des Uns-angehens dessen, was uns überhaupt »etwas zu sagen hat«. Die Dinge selbst sind Sprache. Ähnlich wie Benjamin will Heidegger zeigen, daß die Welt und die Dinge selbst sprechen und sich aus- bzw. zusprechen. Wollen wir wirklich denkend in die Nähe der jeweiligen Sache kommen, müssen wir uns für die Weise öffnen, wie sie selbst sich ausspricht, wie sie selbst sich in die Welt hinein zeigt. Eben darum ist das Denken nicht nur ein Sehen und Sehenlassen, sondern auch ein *Hören* und ein Entsprechen. Das Sehen *und* das Hören haben für Heidegger *beide* eine herausragende Bedeutung. Wie er das Denken als ein Sehenlassen und Sichtbarmachen bestimmt, so spricht er an einer anderen Stelle davon, daß »die eigentliche Gebärde des Denkens«»das Hören der Zusage dessen sein muß, wobei alles Fragen dann erst anfragt, indem es dem Wesen nachfragt.« (*Das Wesen der Sprache*, 176) Das Denken richtet sich auf das Wesende und Wesenhafte sowohl als ein Sehen wie als ein Hören; es hört und erblickt etwas, das auf es zukommt und es anspricht und anblickt: es ist »ein Erhören, das erblickt«. (*Der Satz vom Grund*, 86)

Heideggers Denken selbst kann oftmals als Beispiel für ein Erhören, das erblickt, verstanden werden. Seine Aufsätze und Vorträge – und die späteren Veröffentlichungen sind ja fast durchweg zunächst mündlich vorgetragene, also zum Hören geschriebene Texte – sind so etwas wie Inszenierungen, Dramatisierungen von Begegnungen mit dem, was sich ihm jeweils als Sache des Denkens zeigt. Ihren Ausgang nehmen sie häufig bei von Dichtern Gesagtem; ebenso fragen sie immer wieder bei der Sprache selbst und ihren früheren, oftmals noch unmittelbar sinnlich sprechenden Wortbedeutungen an. In einem Brief an Medard Boss beschreibt Heidegger die Form, in die er das zu Denkende – »so weit ich es erblicke« – zu bringen hofft, als »roh gesprochen, zwischen der wissenschaftlichen Aussage und dem dichterischen Wort« liegend. (*Zollikoner Seminare*, 358)

Sowohl das technische Verhalten wie das wissenschaftliche Entwerfen und Vorstellen konstruieren und konstituieren ihre Welt und die in ihr vorkommenden Gegenstände von sich aus. Das besinnliche Denken dagegen hört auf die Sprache dessen, dem es denkend nachgehen will. Dieses Nachgehen ist ein Entgegenblicken und Entgegenhören, ein »anerkennendes Entgegnen« (*Sprache*, 32). Es hört auf »die den Dingen … eigene Verweisung auf den Bereich, in dem das menschliche Dasein tagtäglich existiert.«

Das erblickend hörende, gelassene Denken ist ein dem rational begreifenden Denken gegenüber anderes Denken. Heidegger nennt es auch das »tautologische Denken«; es ist ein reines In-den-Blick-nehmen dessen, was sich für den Blick hat sehen lassen. Es sagt, *wie es ist.* »Wie Goethe es angedeutet hat, ist das vielleicht Schwierigste, bis zu reiner Bemerkung zu kommen.« (*Vier Seminare*, 399) »Reine Bemerkung« – darin klingt bei allem reinen Aufnehmen doch auch die Aufmerksamkeit an, das aktiv schauende Sicheinlassen auf das Begegnende. Will man hier noch den Titel »Phänomenologie« gebrauchen, so ist sie »ein Weg, der hinführt vor ... und sich das zeigen läßt, wovor er geführt wird. Diese Phänomenologie ist eine Phänomenologie des Unscheinbaren. Allein darin wird es verständlich, daß es bei den Griechen keine Begriffe gab. Im Be-greifen liegt nämlich die Verhaltensweise eines Inbesitznehmens. Der griechische horismos dagegen umgibt stark und zart das, was das Sehen in den Blick nimmt; er be-greift nicht.« (ebd.)

Wir können insofern auch sagen, daß das gelassen-besinnliche Denken in Bildern statt in Begriffen denkt, – oder *wenn* in Begriffen, dann in bildhaften, anschaulichen, eben anderen Begriffen, die das Besondere selbst sprechen lassen, indem sie herauszustellen suchen, was sich in ihm zeigt, die Weise, wie etwas ist. In den *Bemerkungen zu Kunst – Plastik – Raum* weist Heidegger offenbar im unmittelbaren Anhalt an einen vor ihm stehenden modellierten Kopf auf das hin, was da in dieser Plastik gebildet wurde: »die Weise, wie dieser Kopf in die Welt blickt, wie er im Offenen des Raumes sich aufhält, darin von Menschen und Dingen angegangen wird.« (*Bemerkungen*, 14) Das In-die-Welt-blicken nennt das Wie des Sich-aufhaltens des Menschen im Offenen des Raumes, nämlich in der Weise eines Angegangenwerdens von Menschen und Dingen.

In Bildern zu denken heißt, das Wesenhafte des Begegnenden zu *sehen*, und sei dieses Wesenhafte zugleich auch unsichtbar, d. h. nicht so sichtbar, daß man einfachhin mit dem Finger darauf zeigen und es ausmessen könnte. Wenn das Unsichtbare im Denken sichtbar zu machen ist, so heißt das, daß dieses Denken in ihm selbst »dichterisch« ist, was nicht meint, daß es in ein poetisches Sprechen hinüberwechseln würde, sondern daß es im wörtlichen Sinne »*poietisch*« ist, also das Wesende seiner jeweiligen Sache aus einer Verborgenheit heraus hervor ans Licht bringt. »Das dichtende Sagen der Bilder versammelt Helle und Hall der Himmelserscheinungen in Eines mit dem Dunkel und

99

dem Schweigen des Fremden.« (... *dichterisch,* 201) Das Unsichtbare wird aus einer Unsichtbarkeit, aus einer Dunkelheit und Geheimnishaftigkeit oder Fremdheit heraus sichtbar. Wir vermögen die Dinge nur zu berühren und wirklich gewaltlos zu erblicken, wenn wir ihnen nicht bemächtigend auf den Leib rücken, wenn wir ihnen ihre eigene Dunkelheit, ihr Geheimnis, ihre Ferne lassen, – als den Bereich, aus dem sie sich zu hören und zu sehen geben. Ähnliches meint Heidegger, wenn er vom In-die-Nähe-kommen zum Fernen spricht.

Als Hören und ankommenlassendes Entsprechen hat das Denken – in der traditionellen Begrifflichkeit gesagt – einen eher *passiven* Charakter. Allerdings ist das gerade nicht mehr im Sinne der traditionellen Gegenüberstellung von aktiv und passiv zu verstehen. Ich habe den durchaus *aktiven* Charakter des Heideggerschen Seinlassens und Ankommenlassens betont. Heidegger selbst spricht davon, daß das Denken als Gelassensein ein Tun »außerhalb der Unterscheidung von Aktivität und Passivität« sei (*Zur Erörterung,* 35). Eben darum darf man sie aber auch sowohl aktiv wie passiv nennen.

Es ist fast so etwas wie ein Topos des zeitgenössischen Denkens, daß die überkommene Trennung zwischen einer aktiven und einer passiven Haltung des Denkens, damit auch zwischen Spontaneität und Rezeptivität als überholt angesehen wird. Nicht nur Heidegger und Adorno, sondern z. B. auch Derrida, Lyotard oder Sloterdijk haben gegenüber der zeitgenössischen einseitigen Bevorzugung von Aktivität, Leistung und Machenkönnen – philosophisch heißt das, gegenüber dem einseitigen Subjektansatz – die Bedeutung des passiven, aufnehmenden, rezeptiven Moments im menschlichen Weltbezug betont. Adorno weist in seinem Aufsatz *Anmerkungen zum philosophischen Denken* auf das »Passivische an der Aktivität des Denkens« hin; er spricht hier auch von der »Geduld zur Sache«, von einem »sich Anbilden des Ichs ans Nicht-Ich« und davon, daß »Denken einem Objekt sich anschmiegen muß«. (*Anmerkungen,* 600 ff.) Lyotard spricht von der »Empfänglichkeit des Denkens«. Bei Sloterdijk lesen wir vom »Passiv des modernen Aktivs« und von »Erfahrungen«, »in denen das moderne Aktiv ins postmoderne Passiv übergeht« (*Eurotaoismus,* 28, 43).

In jeweils unterschiedlichem Sinne wird der absolute Bewältigungs- und Machensanspruch des neuzeitlichen Subjekts in Frage gestellt zugunsten eines sich einlassenden Eingehens des Denkens auf seine Sache. Darum kommen solche Worte wie Geduld, Langsamkeit, Langmut, Warten ins Spiel, die man traditionell nicht mit dem Denken

100

[handschriftliche Notiz: bleiben wir bei unsern Textinterpretationen]

assoziieren würde. Es kommt darauf an, beides zugleich zu sehen: das Denken hat zwar den Charakter der Spontaneität, des Von-sich-aus, des aktiven Zugehens auf, zuweilen sogar des kritischen Sich-richtens gegen etwas, aber es bleibt dabei nur sachgemäß, wenn es auf seine Sache hört, sich auf sie einläßt, ihr folgt, – und sei es zuweilen auch gegen seine ursprünglichen Intentionen und Neigungen.

Das Denken »außerhalb der Unterscheidung von Aktivität und Passivität« nennt Heidegger »Gelassenheit«. Dieser Begriff begegnet terminologisch zunächst in der deutschen Mystik. Er meint dort eine – auch bestimmten Richtungen des Buddhismus vertraute – Haltung, die von allem Irdischen abläßt, die weder die Dinge noch sich selbst noch sogar Gott zu eigen haben will, um rein in Gott zu versinken, der in seiner Reinheit dem bloßen Nicht oder Nichts gleich ist. Der Mensch muß »so gelassen sein, daß er nichts hat, dessen er ledig zu sein braucht.« (Minoru Nambara, *Die Idee des absoluten Nichts in der deutschen Mystik und seine Entsprechungen im Buddhismus*, 235) Bei Heidegger jedoch geht es nicht um ein »Versinken ins Nichts«. Die Gelassenheit ist zwar so etwas wie Ruhe (vgl. *Zur Erörterung*, 47), sie ist »auf eine wundersame Weise einfach und ruhig« (*Gelassenheit*, 25), aber gerade darin vermag sie ein äußerstes Eingelassensein in das ständig bewegte Spiel der Welt und ihrer Dinge und Geschehnisse zu sein. Sie ist insofern auch alles andere als eine bloße Gemütsruhe, sie ist keine stoische Gelassenheit, die sich von den Wechselfällen des Lebens nicht beeindrucken läßt. Heidegger bezeichnet sie als ein *Warten*, damit aber weder als ein bloßes Abwarten und Geschehenlassen noch umgekehrt als ein ungeduldiges Erwarten und vorausgreifendes Aussein auf das Kommende. »Im Warten lassen wir das, worauf wir warten, offen. Weshalb? Weil das Warten in das Offene selbst sich einläßt, in die Weite des Fernen, in dessen Nähe es die Weile findet, darin es bleibt.« (*Zur Erörterung*, 44) Die Offenheit, das Offene ist das *jeweils* noch Unbestimmte, was nicht heißt, daß sie ein bloß Vages, allgemein Unbestimmtes wäre. Sie ist der im Warten sich jeweils eröffnende freie Raum, in den hinein etwas geschehen, in dem es sich ergeben wird. Die Offenheit hat den zweifachen Sinn des offen Zutageliegenden, sich Zeigenden, wie des noch Offenen im Sinne des Rätselhaften, Geheimnisvollen.

In diesem letzteren Sinne gibt Heidegger der Gelassenheit auch die Bedeutung einer »Offenheit für das Geheimnis«. »Die Gelassenheit zu den Dingen und die Offenheit für das Geheimnis gehören zusammen«, sagt er. »Sie gewähren uns die Möglichkeit, uns auf eine ganz andere Weise in der Welt aufzuhalten.« (*Gelassenheit*, 26) Diese ganz andere Weise betrifft ausdrücklich auch und gerade das Sich-aufhalten in der *technischen* Welt. Wir sahen schon, daß die »*Gelassenheit zu den Dingen*« für Heidegger ein Name für die »Haltung des gleichzeitigen Ja und Nein zur technischen Welt« ist; in ihr lassen wir »die technischen Gegenstände in unsere tägliche Welt herein und lassen sie zugleich draußen, d. h. auf sich beruhen als Dinge, die nichts Absolutes sind, sondern selbst auf Höheres angewiesen bleiben« (25), wobei mit dem »Höheren« der »*Sinn der technischen Welt*« (26) gemeint ist, das, was sich in ihr zugleich verbirgt wie auf uns zukommt, das janusköpfige Geschick des Gestells.

»Wir können die technischen Gegenstände im Gebrauch so nehmen, wie sie genommen werden müssen. Aber wir können diese Gegenstände zugleich auf sich beruhen lassen als etwas, was uns nicht im Innersten und Eigentlichen angeht.« (24) Dem Ja und Nein zur technischen Welt entspricht insofern das Zugleich von technischer und »anderer« Welt, d. h. einer Welt, in der wir »von Menschen und Dingen angegangen« werden. Im Sinne dieser – heute zumeist nicht gesehenen – Dopplung sagt Heidegger in *Hebel – der Hausfreund*, daß wir gegenwärtig durch eine Welt irren, in der es niemand gibt, »der in gleicher Weise und Stärke dem technisch ausgebauten Weltgebäude *und* der Welt als dem Haus für ein ursprünglicheres Wohnen zugeneigt ist …, der es vermöchte, die Berechenbarkeit und Technik der Natur in das offene Geheimnis einer neu erfahrenen Natürlichkeit der Natur zurückzubergen.« (*Hebel*, 31)

Heidegger nennt das auf die Dinge hörende und sie sehen lassende Sein mit und in der Welt ein *Wohnen* (das letztlich ein Wohnen in der Sprache ist). Die schönste Aussage dazu findet sich m. E. in der gerade zitierten Schrift *Hebel – der Hausfreund*: »Denken wir das Zeitwort ›wohnen‹ weit und wesentlich genug, dann nennt es uns die Weise, nach der die Menschen auf der Erde unter dem Himmel die Wanderung von der Geburt bis in den Tod vollbringen. Diese Wanderung ist vielgestaltig und reich an Wandlungen. Überall bleibt jedoch die Wanderung der Hauptzug des Wohnens als des menschlichen Aufenthaltes zwischen Erde und Himmel, zwischen Geburt und Tod, zwischen Freude und Schmerz, zwischen Werk und Wort. / Nennen wir dieses vielfältige Zwischen die *Welt*, dann ist die Welt das Haus, das die Sterblichen bewohnen.« (17 f.)

Das Wohnen als wesentliche Bestimmung des Menschen aufzufassen, heißt, ihn gewissermaßen in die Welt des Endlichen und Veränderlichen, der Sterblichkeit und der Vielheit zurückzuholen, ihm innerhalb der Welt der Sinnlichkeit und Zufälligkeit, des je erst Entstehenden und je wieder Vergehenden einen eigenen Ort zuzuweisen. Nicht mehr der alles Fühlen und sinnliche Wahrnehmen prinzipiell übersteigende, der abstrahierende, rationale Zugriff auf allgemeine Gesetze, Prinzipien und Normen wird als die maßgebliche Erfahrungsweise des Menschen angesehen, vielmehr das Sich-hingehörig-fühlen an einen Ort und vielleicht in eine Gemeinschaft, das Sich-einfügen in eine Situation, das räumliche und zeitliche Weilen in einer bestimmten Umgebung, z. B. einer Landschaft. Im Gegensatz zu der prinzipiellen und gewollten Ortlosigkeit des traditionellen philosophischen und wissenschaftlichen Diskurses impliziert das Wohnen eine welthafte Räumlichkeit des geborenen und sterblichen Auf-der-Erde-seins.

Das ist keine Absage an das Denken überhaupt, es impliziert vielmehr den Versuch, das Denken selbst zu verändern, es zu einem besinnlichen, »sinnlichen«, ich sage auch: einem »landschaftlichen Denken«[47] werden zu lassen. Das sinnliche oder landschaftliche oder auch wohnende Denken ist ein Denken, das nicht vom Einzelnen und Besonderen abstrahiert und es unter allgemeine Begriffe subsumiert, sondern sich auf Anderes und Fremdes einläßt, dessen Windungen und Wendungen folgt, das Ferne wie Nähe, Erstaunlichkeit wie Vertrautheit zu erfahren und auszuhalten vermag.

Die »Urbedeutung« von wohnen ist nach dem Grimm'schen Wörterbuch zwar gern haben, wünschen, aber schon im Althochdeutschen bedeutet es verweilen, bleiben, sich befinden, und im Mittelhochdeutschen gewinnt es dann die Bedeutung »Sitz, Wohnung haben«. Man wohnt da, wo man sich aufhält, wo man verweilt und hingehört. Wohnen, wohnlich, gewohnt, sich an etwas gewöhnen, sich eingewöhnen, – darin klingt etwas von Zugehörigkeit und Hingehören an, etwas Umschließendes und Vertrautes, zuweilen sogar Geborgenheit Gebendes. Das Haus der Welt bedeutet *Offenheit*, Weite, Möglichkeit, aber es bedeutet zugleich *Geborgenheit*, Einheitlichkeit, Zugehörigkeit. Es wirklich zu bewohnen – und sich nicht bloß darin aufzuhalten –, heißt sowohl, darin zu *wohnen*, wie es zu *durchwandern*, sich in ihm *zuhause* zu fühlen, wie seinen offenen Möglichkeiten nachzugehen und

---

[47] Vgl. v. Verf. *Landschaftliche Allgemeinheit*, in: *Gegensätze, Gegenspiele*.

sie im *Unterwegssein* zu erproben.[48] Die wissenschaftlich-technische Weltbewältigung, die sich in unserer Tradition als die Grundbestimmung des Menschen herausgebildet und entfaltet hat, hat den Menschen theoretisch wie praktisch unheimisch gemacht. Ich erinnere an ein früheres Zitat:»Es bedarf der Besinnung, ob und wie im Zeitalter der technisierten gleichförmigen Weltzivilisation noch Heimat sein kann.«

Wenn wir die Zugehörigkeit zu und das Sich-einrichten an einem Ort ernst- und wichtig nehmen, dann verweisen sie auf eine sich im Wohnen zeigende Raumhaftigkeit oder Räumlichkeit des Menschen selbst, die Räumlichkeit oder Raumhaftigkeit seines Hingehörens und Eingeräumtseins. Dieser Ort ist nicht eine objektive, durch Koordinaten bestimmbare Raumstelle, sondern eine konkrete Räumlichkeit, mit einer ganz bestimmten qualitativen Eigenart, mit spezifischen Ausmessungen, einer eigenen Atmosphäre. Das Haus der Welt ist als das genannte vielfältige Zwischen menschlicher Seins- und Verhaltensweisen der Raum, in dem menschliches Wohnen geborgen ist.

Dieser *Raum* ist insofern nicht nur der Raum im sinnlichen Sinne des Bereichs, in dem sich das alltägliche Wohnen abspielt, sondern zugleich die Dimension der *Offenheit* seines In-der-Welt-seins. Er ist »die Ortschaft des Menschenwesens«, die »Behausung des Menschenwesens«. Diese aber ist letztlich das »Haus des Seins«, als das Heidegger die *Sprache* bestimmt (*Brief über den Humanismus,* 45).

---

[48] Vgl. v. Verf. *Wohnen und Wandern* sowie *Wohnen und Wandern,* in: *Gegensätze, Gegenspiele.*

III. Raum und Ort, Raum und Kunst, Raum und Sprache

Anhand einer Erläuterung des Heideggerschen Raum-Denkens möchte ich seine *andere Sicht* auf die »*andere Wirklichkeit*« gegenüber der durch das Wesen von Wissenschaft und Technik bestimmten verdeutlichen. Indem ich seinem Verständnis von Raum, Ort und Gegend sowie seinen Bemerkungen zu Raum und Kunst oder zu Raum und Sprache nachgehe, sollen zentrale Aspekte des »anderen Heidegger« zur Sprache kommen.

Das abendländische Philosophieren hat seine Gegenstände, diesen oder jenen Sachverhalt, diesen oder jenen Begriff in der Regel methodisch isoliert, so als ob sie für sich, durch einen aufmerksamen Blick auf das in ihnen festgestellte Wesen in ihrer Bedeutung und ihrem Sinn erfaßt werden könnten. Auch wenn es die Begriffe in – z. B. kausale – Zusammenhänge miteinander stellte, um das Ganze der Welt, die Einheit des Seins zu denken, war dies eine Einheit der gleichwohl für sich seienden Substanzen oder Begriffe. Das denkende Subjekt als solches stellte sich damit aus der Welt heraus in einen im Grunde welt-losen, im wörtlichen Sinne un-menschlichen Raum.

Der Ansatz eines solchen Fürsichseins der »objektiven« Dinge oder Begriffe geht für Heidegger darum an der Sache vorbei, weil er sowohl das Zusammenspiel, das zwischen den Dingen besteht, außer Acht läßt wie den Bewandtniszusammenhang, in dem die Dinge für das Denken stehen, und damit den Bezug zwischen Sein und Denken. Die Sache hat von sich aus dem Denken etwas zu sagen; sie ist stets in einem Feld der Bezüge situiert und spricht aus dieser Welt heraus das Denken an. Ein Baum allein für sich oder an sich kommt nicht vor. Es gibt nichts, das nicht immer schon irgendwo, mit oder auch gegen irgendetwas, vor diesem oder hinter jenem, früher als Eines und später als ein Anderes da wäre. Es hat sich stets aus Zusammenhängen ergeben und tritt in Zusammenhänge ein. Räumlich und zeitlich, qualitativ und quantitativ erscheint es immer schon in Verhältnissen zu Anderem.[49]

Die Welt ist für Heidegger also keine »neutrale Welt«, die einen endlichen oder unendlichen Raum einnähme (und eine endliche oder unendliche Zeit durchliefe). Sie ist ein Geflecht aus Beziehungen und Bedeutungen, sie ist ein durch Bedeutsamkeit konstituiertes Sinnganzes, das auf den ihr zugehörigen Menschen zukommt, ihm begegnet. Welt und Mensch brauchen sich gegenseitig; das, was wir als »unsere Welt« kennen – und von einer anderen können wir nichts sagen –, entsteht aus dem Zusammenspiel zwischen der Welt, in der wir leben, und uns, die wir in ihr leben.

Die innerhalb einer Welt begegnenden Dinge erfahren wir immer schon als *räumliche*, sie stehen in räumlichen Verhältnissen zueinander, nehmen je einen Ort ein, der mit anderen Orten in einem Beziehungsgefüge steht. Ebenso findet sich das menschliche Sein selbst immer schon in faktischen, Welt mitkonstituierenden räumlichen Beziehungen und Verhältnissen vor. Das besagt nicht, daß die Räumlichkeit dem In-der-Welt-sein vorherginge. Die Menschen räumen vielmehr, indem sie *in der Welt* sind, diese Welt zugleich allererst ein. Sie stehen immer in Beziehungen der Nähe und Ferne zu den Dingen, die sie im Raum umgeben; sie beziehen sich auf die Dinge in der Weise, daß sie deren Nähe und Ferne in ihrer eigenen Leiblichkeit austragen, – z. B. indem sie auf etwas hinschauen oder -horchen, nach etwas greifen, zu etwas hingehen, etwas wegwerfen, sich nach etwas sehnen usw. »Es ist nie zunächst eine dreidimensionale Mannigfaltigkeit möglicher Stellen gegeben, die mit vorhandenen Dingen ausgefüllt wird. ... alle Wo sind durch die Gänge und Wege des alltäglichen Umgangs entdeckt und umsichtig ausgelegt, nicht in betrachtender Raumausmessung festgestellt und verzeichnet.« (*Sein und Zeit*, 103)

Vergegenwärtigen wir uns zunächst einige Bestimmungen des Raumes, wie wir ihn alltäglich erfahren. Einem ersten Hinblick auf ihn zeigt er sich als etwas, *in dem* wir und alles andere wesentlich sind und uns bewegen; wir und alles andere sind immer und primär *irgend-*

---

[49] Dieses »immer schon« ist eine bei Heidegger häufig wiederkehrende Wendung. Sie besagt, daß alles Verhalten und Begegnen jeweils so etwas wie einen Raum des Verhaltens und Begegnens voraussetzt, der ihm bzw. dem Begegnenden allererst Platz macht und Raum gibt. Der aber, wie wir näher sehen werden, zugleich nur ist einerseits *für* und andererseits *durch* den Menschen.

wo. Alles ist *an* einem Platz oder *an* einem Ort. Und es ist selbst räumlich, es nimmt einen Raum ein, hat ein Volumen. Zwischen diesem und jenem Innerräumlichen gibt es jeweils Zwischenräume, die einem Gesamtraum zugehören, der nicht selbst Ort ist, sondern einerseits das *Zwischen* von Orten bzw. für Orte und andererseits der *Umgebungsraum,* innerhalb dessen die Orte ihren Platz haben und die Zwischenräume sich erstrecken.

Der Raum wird, trotz seiner eigenen Leerheit, in unserem alltäglichen Im-Raum-sein als qualitativ differenziert erfahren, d. h. mit Oben und Unten, Vorne und Hinten, Nähe und Ferne, Enge und Weite. Er hat Entfernungen und Grenzen und Abstände und Richtungen. Diese Differenzierungen des Raumes sind in Bezug auf das, was in ihm und somit räumlich ist, *Momente* des Raumes, der sie jedoch auch übertrifft und *umgreift.* Konkret ist der umgreifende natürliche Raum gegliedert in Räume, Gegenden, Landschaften, in ihm finden sich natürlich gegebene Plätze und besondere Orte.

Alles sinnlich Seiende ist räumlich und ist im Raum. Räumlich zu sein heißt für unser gewöhnliches Verständnis, daß etwas einen Raum einnimmt und so an einem Ort ist *und* daß es einen »Rauminhalt« und damit auch eine bestimmte Ausdehnung hat, so und so groß ist. Der Ort, an dem es ist, ist seinerseits in einem Raum bzw. im Raum überhaupt – wie immer dieses »In-sein« dann näher zu verstehen sein mag –, wie er zugleich ein Teil oder ein Moment des Raumes ist. Der *Ort* ist der Eigenraum des Dinges, der *Raum* umgibt, enthält und durchdringt es. Heidegger erinnert in *Bemerkungen zu Kunst – Plastik – Raum* daran, daß es schon bei den Griechen diese beiden Bestimmungen des Raumes gab, die zwei unterschiedliche »Seiten« von ihm herausheben, *topos* und *chora:* »Ort« und »Raum«. Der *Ort* ist im traditionellen Verständnis der begrenzte Raum, den ein Körper »im Raum« einnimmt und der mit den Umrissen, bzw. genauer mit dem »Rauminhalt« des Körpers koextensiv ist. Demgegenüber ist der *Raum* die leere Weite, in der alles, was einen Körper hat, seinen Platz findet.

Von dieser Zweiheit von Ort und Raum sagt Heidegger nun jedoch in dem gerade angesprochenen Text, es handle sich hier um eine »metaphysische« Unterscheidung. Der Raum wird in der Tradition – und zwar trotz der beträchtlichen Unterschiede in der Raumauffassung von den Griechen bis zur Neuzeit – durchgängig nicht *als Raum,* nicht in seinem Eigensten begriffen, vielmehr von dem, was im Raum ist, von den innerräumlichen *Körpern* her, – so wie die Metaphysik das

Sein nicht *als Sein* denkt, sondern lediglich vom Seienden her, als Sein des Seienden, als Seiendsein. So, wie das Sein lediglich in Bezug auf das Seiende gedacht wird, wird im metaphysischen Denken auch der Raum nicht *als Raum*, sondern maßgeblich in seinem Bezug zum Körper genommen.

Wenn Heidegger den Raum dagegen *als Raum verstehen* und ihn damit aus der Verklammerung mit dem Körper und mit dem vom Körper her bestimmten Ort lösen will, so impliziert das zugleich eine neue Thematisierung des *Ortes*. In seinem letzten Vortrag, *Zeit und Sein*, sagt Heidegger sogar, es gelte,»die Herkunft des Raumes aus dem zureichend gedachten Eigentümlichen des Ortes« einzusehen (24). Das kann ich erst später verdeutlichen. Aber festhalten läßt sich schon jetzt, daß den Raum vom Ort her zu denken keineswegs heißt, ihn von an einem Ort vorkommenden Körpern her in den Blick zu fassen, sondern daß offenbar der Raum *als Raum*, als räumender Raum vom Ort her gedacht ist; und dieser Ort ist entsprechend nicht primär Dingort, sondern hat wesentlich etwas mit jenem *Räumen* zu tun.

Zunächst müssen wir somit fragen, was das heißen soll, den Raum *als Raum*,»ohne die Rücksicht auf den Körper«, zu denken. Was ist der Raum, wenn wir ihn nicht vom Räumlichen als einem Innerräumlichen aus in den Blick fassen? Geht das überhaupt? Bedeutete das nicht, den Raum zu einer eigenen Entität hinaufzusteigen? Der Raum als Raum, das Eigene und Eigenste des Raumes, wäre das nicht so etwas wie das unveränderliche Wesen, der Begriff oder die Natur des Raumes, also gerade eine durch und durch metaphysische Größe?

Heidegger will den Raum nicht zu einem seienden Etwas hypostasieren. Vielmehr versucht er ihn dadurch als Raum zu verstehen und d. h. *sein zu lassen*, daß er ihn als *geschehenden Raum*, als eine in ihm oder durch ihn sich vollziehende Seinsbewegung denkt. Es geht für Heidegger ganz generell darum – und zwar in einer Konsequenz, die nicht radikal genug gedacht werden kann –, das *Wesen* von etwas *verbal*, d. h. eben als *Geschehen*, als Bewegung zu denken, genauer, als eine Bewegung des Ankommens und Zukommens, nämlich bei dem Menschen und für den Menschen. Die Gefahr einer Hypostasierung oder Substanzialisierung ist damit ausgeschlossen. Das *Ereignis*, das bei ihm am Ende gewissermaßen der Name für das *Sein* wird – das Sein »gehört« »in das Ereignis«, wird in das Ereignis »zurückgenommen« (*Protokoll*, 44) –, drückt u. a. diesen Geschehnischarakter eines Sichgebenden oder Sich-ergebenden aus. Die zuweilen gehörte Vermutung,

Heidegger habe das Sein im Sinne eines neuen Gottes gedacht, geht darum völlig an der Sache vorbei, weil das Sein nicht ein Seiendes, ein übermäßiges Etwas ist, sondern ein Geschehen, das Geschehen, daß *etwas ist*, besser: *das Geschehen des ist selbst.*

In Bezug auf den Raum besagt diese Betonung des Geschehenscharakters, daß er als ein *Räumen*, als räumender, Raum gebender und einräumender Raum verstanden wird. Diese Einsicht führt u. a. zu zwei wesentlichen Folgerungen, die sich beide daraus ergeben, daß für Heidegger das genannte *Verbale* den Charakter eines *Transitiven*, wir können auch sagen, eines *Sein-lassenden* hat. Das verbal verstandene Wesen ist ein An-wesen im transitiven Sinne eines jemanden Angehens. Demzufolge ist im Geschehnischarakter des Raumes einerseits impliziert, daß es – etwas überspitzt gesagt – in ihm *zugleich* um etwas anderes als ihn selbst geht, nämlich um das Eingeräumte bzw. Einzuräumende.[50] Der Raum ist das Ankommen-lassen des Räumlichen und damit das Sich-ergeben von Orten, an denen sich ein Räumliches zu zeigen vermag. Eben darum erhalten die *Orte* in Heideggers Denken eine immer größer werdende Bedeutung.

Und andererseits besagt das, was ich den »Geschehnischarakter« nenne, daß der Raum bezogen und angewiesen ist auf den *Menschen* als den Einräumenden. Das Einräumende ist in einer nicht ganz leicht zu verstehenden, aber wesentlichen Verschränkung zum einen zwar der *Raum*, zum anderen aber sowohl der *Mensch*, der das Einräumen gewissermaßen für den Raum übernimmt, – wie dann, im späteren Denken, der *Ort*, der einräumt, und dies nicht nur, insofern etwas eben in der Weise eingeräumt wird, daß es einen Ort im Raum erhält bzw. darstellt, sondern auch, insofern der Ort selbst ihm die Stätte verstattet, an der es seinen Platz findet.

Raum, Mensch und Ort sind nicht getrennt voneinander zu behandeln, – so wenig, wie Sein, Mensch und Seiendes bzw. Welt, Mensch und Dinge getrennt voneinander zu verstehen sind. Diese Parallele ist keine beiläufige. Sich mit dem Raum bei Heidegger zu beschäftigen, bedeutet nicht nur die Bemühung um ein Verständnis dessen, was der *Raum* ist und das Räumlichsein von Menschen und Dingen. Zugleich impliziert es immer ein – wenn vielleicht auch unausdrücklich bleibendes – Verständnis dessen, was bei Heidegger mit

---

[50] Das besagt gerade nicht, den Raum vom Körper als einem bloß im Raum Vorkommenden her zu denken.

dem *Sein* gemeint ist und wie die Beziehung zwischen Sein und Seiendem neu – und d. h. gerade nicht mehr als *diese* Beziehung – zu denken ist. Wenn wir uns dem Verhältnis von Mensch und Raum zuwenden, dann geht es zumindest implizit auch um die Frage nach dem Bezug von Sein und Mensch.

Weil der Raum das *Einräumen* ist, heißt, den Raum in seinem Eigenen zu denken, »zu sehen, wie der *Mensch* im Raum ist.« (*Bemerkungen*, 13) Denn der Mensch ist so im Raum, daß er selbst das Einräumen des Raumes übernimmt. Wir können uns das empirisch daran verdeutlichen, wie man eine Wohnung einräumt. Man stellt dann nicht einfach beliebig Möbel und andere Einrichtungsgegenstände irgendwohin, sondern tritt gewissermaßen in eine Kommunikation mit dem Raum, in dem man wohnen will, man schaut auf die Bahnen des Lebens, die sich innerhalb der Wohnung entfalten sollen; die praktischen Bezüge sowohl wie die gefühlsmäßigen Stimmigkeiten leiten die Auswahl und die Platzierung der Dinge. Man könnte fast sagen, daß man auf die Räumlichkeit *hört*, indem man versucht, durch die Einrichtung eine bestimmte Atmosphäre zu schaffen, in der man sich wohlfühlen kann. Man konstruiert nicht einfach eine Ansammlung von Dingen, sondern läßt einen Wohn-Raum sich ergeben, schafft ein in sich einheitliches Ensemble.

Das *Einräumen* ist eine der wichtigsten Heideggerschen Grundbestimmungen des Raumes. Was Heidegger mit diesem Einräumen genauer im Blick hat, können wir einer Erläuterung aus den »Bemerkungen« entnehmen: »Der Mensch ist so im Raum, daß er den Raum einräumt, Raum immer schon eingeräumt hat. Nicht zufällig spricht unsere Sprache, wenn wir etwas zugeben, ein Argument zulassen, von einem Einräumen. Der Mensch läßt den Raum als das Räumende, Freigebende zu und richtet sich und die Dinge in diesem Freien ein. Der Mensch hat keinen Körper und ist kein Körper, sondern er lebt seinen Leib. [Wiederum das Transitive, das ich in Bezug auf das verbale Wesen erwähnt habe.] Der Mensch lebt, indem er leibt und so in das Offene des Raumes eingelassen ist und durch dieses Sicheinlassen [gewissermaßen eine Transitivität gegenüber sich selbst] im vorhinein schon im Verhältnis zu den Mitmenschen und den Dingen sich aufhält.« (ebd.)

Um als Raum zu räumen, braucht der Raum den Menschen als den Einräumenden. Der späte Heidegger (1964) spricht hier von einem »geheimnisvollen Verhältnis«. (15) Der Raum kann, was er selbst ist, nur im Zusammenspiel mit dem räumlichen Verhalten oder Sein des

Menschen sein. Raum und Mensch sind nicht zwei unabhängige Entitäten, von denen die eine der anderen vorgängig oder umgekehrt von ihr abhängig wäre. Sie sind vielmehr beide *immer schon* aufeinander verwiesen. In Bezug darauf, wie der Mensch in dieses Zusammenspiel gehört, sagt Heidegger: »Der Mensch *macht* nicht den Raum; der Raum ist *auch keine* nur *subjektive* Weise des Anschauens; er ist aber auch nichts Objektives wie ein Gegenstand. Vielmehr braucht der Raum, um *als Raum* zu räumen, den Menschen.« (ebd.) Und in *Der Satz vom Grund*, der letzten Vorlesung, die Heidegger gehalten hat, lesen wir über dieses Gebrauchtwerden: »Wir sind als die in der Lichtung des Seins Stehenden die Beschickten, die in den Zeit-Spiel-Raum Eingeräumten. Dies sagt: Wir sind die in diesem Spielraum und für ihn Gebrauchten, gebraucht, an der Lichtung des Seins zu bauen und zu bilden, im weiten vielfältigen Sinne: sie zu verwahren.« (146)

Raum und Mensch bilden miteinander ein beide umfassendes Zusammenspiel, sie gehören zusammen in ein Selbes, das jedoch nichts »vor« oder »außer« ihnen Bestehendes ist. Es ist dieses Selbe, was Heidegger an verschiedenen Stellen als den *Zeit-Spiel-Raum* bezeichnet. Das geheimnisvolle gegenseitige Verhältnis von *Raum und Mensch* ist eine Weise des Verhältnisses von *Sein und Mensch*. Der Bezug des Seins zum Menschen besteht in einer ausgezeichneten Hinsicht gerade darin, daß der Mensch sich denkend auf das Sein bezieht. Noch kürzer gesagt: der Bezug des Seins zum Menschen ist der Bezug des Menschen zum Sein. Eben dieses erstaunliche, gegenwendige Verhältnis herrscht auch in dem Bezug, der zwischen Raum-Sein und Mensch besteht und der sich in besonderer Weise im bzw. als *Einräumen* zeigt.

* * *

Heideggers Verständnis des Raumes hat im Verlauf seines Denkweges wichtige Veränderungen durchgemacht, wobei er zunehmend an Bedeutung gewann. Fast alle Begriffe, die für Heideggers spätere Überlegungen zum Raum wesentlich sind, begegnen – wenn auch teilweise noch unter anderem Blickwinkel – bereits in *Sein und Zeit*, so etwa der Raum selbst, das Einräumen, die Gegend. Was dort noch ganz fehlt, ist eine thematische Behandlung des *Ortes*. Dessen spätere Bedeutung zeigt einen Wandel an, seine Thematisierung sagt etwas über die neue Relevanz, die der Raum auf dem weiteren Denkweg von Heidegger gewinnen wird.

111

Der Raum kommt in *Sein und Zeit* nicht bloß vor, er spielt dort eine bedeutsame Rolle, auch wenn der in diesem Werk erfragte Sinn von Sein nicht durch Räumlichkeit, sondern durch ursprüngliche *Zeitlichkeit* bestimmt ist und Heidegger sogar davon ausgeht, daß »die spezifische Räumlichkeit« des menschlichen Seins in der Zeitlichkeit gründet[51] (vgl. *Sein und Zeit, 367*). Sowohl die Bestimmung »Dasein« wie das »In-der-Welt-sein« verweisen schon rein sprachlich – durch das »da« und das »in« – auf einen engen Bezug zum Raum. »*Dasein*« – das ist Heideggers Name für das Seiende, das »wir je selbst« sind (41) und »das sich in seinem Sein verstehend zu diesem Sein verhält«. (53) Um dieses Seinsverständnis des Daseins – also des Menschen – ist es Heidegger in *Sein und Zeit* zu tun. Die »Seinsverfassung« des Daseins ist das »einheitliche Phänomen« des In-der-Welt-seins. Das Dasein ist ein gleichsam tätiges Hinausstehen *(existere)* in eine durch es selbst eröffnete Offenheit, eine Erschlossenheit, innerhalb deren bzw. in die hinein Seiendes sich zu zeigen oder in der es sich zu verbergen vermag.

Diese menschliche Bewegung der Existenz entspricht der Sache nach immer schon einer Bewegtheit des »Seins selbst«, so auch des Raumes und der Zeit. Aber Heidegger hat in *Sein und Zeit* diesen Geschehnischarakter noch nicht eigens und ausdrücklich herausgearbeitet. Das Sein – also das Geschehnis, daß etwas ist – ist zwar auch hier schon ein Hervorkommen und Angehen, ein Sichentbergen in die Offenheit. Für den Raum heißt das auch hier schon, daß er räumt. Aber er räumt, gibt frei, entläßt, nimmt auf usw. *allein* durch die Weise, wie *der Mensch* in der Welt ist. Für ein Verständnis der Tendenz des Raumverständnisses in *Sein und Zeit* ist es entscheidend, im Auge zu behalten, daß Heidegger bei seinen Überlegungen hier noch nicht vom Raum selbst, sondern vom *Menschen* als dem seinsverstehenden und seinsentwerfenden Dasein ausgeht und daß er damit den Raum wesentlich als *im In-der-Welt-sein entdeckten Raum* thematisiert.

Heidegger schreibt: »*Der Raum ist weder im Subjekt, noch ist die Welt im Raum. Der Raum ist vielmehr ›in‹ der Welt, sofern das für das Dasein konstitutive In-der-Welt-sein Raum erschlossen hat.*« (111) Und zwei Seiten später: »Im Phänomen des Raumes kann weder die einzige noch auch die unter anderen primäre ontologische Bestimmtheit des Seins des innerweltlichen Seienden gefunden werden. Noch weniger konstituiert er das Phänomen der Welt. Raum kann erst im

---

[51] Was nicht heißt, daß er etwa den Raum aus der Zeit deduzieren wollte.

Rückgang auf die Welt begriffen werden.« Von der Welt aber sagt Heidegger gemäß dem Grundansatz von *Sein und Zeit*, sie sei »ontologisch keine Bestimmung *des* Seienden, das wesenhaft das Dasein *nicht* ist, sondern ein Charakter des Daseins selbst.« (64) Welt ist »das, ›worin‹ ein faktisches Dasein als dieses ›lebt‹«, und zwar entweder als »›öffentliche‹ Wir-Welt« oder als »›eigene‹ und nächste (häusliche) Umwelt«. (65) Daß der Blickwinkel in *Sein und Zeit* vom Menschen ausgeht, besagt, daß die Raumbestimmungen, die er hier gibt, Bestimmungen der Räumlichkeit des »Daseins« sind.

Der Raum erscheint, so läßt sich für *Sein und Zeit* sagen, im »Raum-geben«, und das Raum-geben ist das des menschlichen In-der-Welt-seins: »Das für das In-der-Welt-sein konstitutive Begegnenlassen des innerweltlich Seienden ist ein ›Raum-geben‹. Dieses ›Raum-geben‹, das wir auch Einräumen nennen, ist das Freigeben des Zuhandenen auf seine Räumlichkeit. Dieses Einräumen ermöglicht als entdeckende Vorgabe einer möglichen bewandtnisbestimmten Platzganzheit die jeweilige faktische Orientierung.« (111) Es ist also das menschliche Sein, das sich – transitiv – in den Raum hinein erstreckt und dadurch dem, was ihm je in seiner Umwelt als ein Zuhandenes begegnet, seinen Platz einräumt, so daß es in einer Gegend, in einer räumlichen Bestimmtheit begegnen kann. Es weist den Dingen ihren Ort zu, schafft damit räumliche Beziehungen und Bewandtnisse, innerhalb deren und an denen es sich selbst orientieren kann. Insofern könnte das In-der-Welt-sein auch ein In-die-Welt-sein genannt werden, es eröffnet die Welt als eine räumlich bewandtnishafte, eben indem es ein Raum-geben und Einräumen ist.

Vermutlich in implizitem Rückblick auf das in *Sein und Zeit* (1927) zum Verhältnis von Mensch und Raum Dargelegte sagen später auch noch die *Bemerkungen zu Kunst – Plastik – Raum* (1964) vom Menschen, er sei »so im Raum, daß er den Raum einräumt, Raum immer schon eingeräumt hat«. (13) Aber der Mensch verhält sich dort nicht mehr darum zum Raum als Raum, weil das der Eigenart des menschlichen In-der-Welt-seins entspricht, sondern weil der Raum selbst, »um *als Raum* zu räumen«, den Menschen als den Einräumenden *braucht*. Heidegger sagt nun vom Raum selbst, daß er »*einräumt*«, daß er »Ortschaft und Orte einräumt, freigibt und zugleich in sie entläßt«. (*Das Wesen der Sprache*, 214; 1957/58)

Doch er kann ebenfalls sagen: »Räume und mit ihnen ›der‹ Raum *sind* in den Aufenthalt der Sterblichen stets schon eingeräumt. Räume öffnen sich dadurch, daß sie in das Wohnen des Menschen eingelassen sind.« (*BWD*, 157 f., meine Kursivierung) Der Raum räumt einerseits ein und wird andererseits eingeräumt. Beides steht nicht im Widerspruch zueinander, sondern ist letztlich eins: Der Raum ist Raum, indem er räumt; und er räumt, indem der Mensch ihn einräumt. Ebenso räumt der Mensch den Raum ein, indem er ihn, den Raum, räumen, Raum geben, also einräumen läßt. »Der Mensch läßt den Raum als das Räumende, Freigebende zu [erste Bedeutung von »einräumen«] und richtet sich und die Dinge in diesem Freien ein [zweite Bedeutung].« (*Bemerkungen*, 13)

Wenn wir diesen Satz mit einem schon zitierten Satz aus *Sein und Zeit* vergleichen, wird die Veränderung des Ansatzes deutlich. Dort heißt es: »Das für das In-der-Welt-sein konstitutive Begegnenlassen des innerweltlich Seienden ist ein ›Raum-geben‹.« (*Sein und Zeit*, 111) Der *Mensch* räumt dem Raum die Möglichkeit des Räumenden ein, läßt es in einem aktiven Sinne zu, läßt sich auf dieses ein (vgl. *Bemerkungen*, 15) und räumt zugleich sich und die Dinge in diesem freigegebenen Raum ein. Das Die-Dinge-begegnen-lassen ist selbst Raum-gebend. Diese transitive Bewegung des menschlichen Einräumens aus *Sein und Zeit* bleibt auch in der späteren Sicht noch wichtig, aber sie verliert ihre Einsinnigkeit, das Verhältnis Raum/Mensch wird zum gegenseitigen, – entsprechend dem gegenwendigen Verhältnis von Sein und Mensch.

Genauer werden wir dann allerdings sehen, daß es beim späteren Heidegger insbesondere die *Orte* sind, die den Raum einräumen; in *Bauen Wohnen Denken* (1951) sind es *nur* die Orte, 1964 in den *Bemerkungen* sagt er das Einräumen, wie wir gerade gesehen haben, zwar wieder, aber in gewandelter Gewichtung, vom Menschen, die zugrundeliegende Raumauffassung gegenüber *Bauen Wohnen Denken* bleibt jedoch die gleiche. Noch einen Schritt weiter auf dem Weg[52] eines Bedenkens des *Einräumens* als Wesenszug des Raumes, in *Die Kunst und der Raum* (1969), nennt Heidegger für das Einräumen dann kein anderes Einräumendes mehr als dieses selbst. Das Einräumen erscheint dort

---

[52] Daß ich hier von einem Weg mit einzelnen Schritten spreche, soll nicht suggerieren, daß sich Heideggers Raumdenken bewußt in dieser Weise weiter entwickelt hätte. Der »Weg« ergibt sich vielmehr für die nachvollziehende Darstellung des Nachdenkens über den Raum, das Heidegger in den verschiedenen späteren diesbezüglichen Schriften aus unterschiedlichen Perspektiven angeht.

als eine nähere Bestimmung des »Räumens« – »in der zwiefachen Weise des Zulassens und des Einrichtens«. Aber sein Eigentümliches hat das Einräumen an den *Orten*, an dem »Walten von Orten einer Gegend«. (11) »Einmal gibt das Einräumen etwas zu. Es läßt Offenes walten ... / Zum anderen bereitet das Einräumen den Dingen die Möglichkeit, an ihr jeweiliges Wohin und aus diesem her zueinander zu gehören. / Im zwiefältigen Einräumen geschieht die Gewährnis von Orten.« (9 f.)

Doch bevor ich auf das Verständnis der *Orte* eingehe, möchte ich zunächst noch etwas ausführlicher zu dem Verständnis der »Räumlichkeit des Daseins« und des Einräumens in *Sein und Zeit* zurückkehren. Die geschehnishafte Räumlichkeit des Daseins wird in *Sein und Zeit* zunächst als *Ent-fernung* und als *Ausrichtung* bestimmt. Entfernung bedeutet da nicht wie im gewöhnlichen Sprachgebrauch die Distanz zwischen zwei Orten oder räumlich vorhandenen Dingen, sondern Heidegger gebraucht diesen Ausdruck wiederum in einer, wie er selbst sagt, »aktiven und transitiven Bedeutung«, also wie z. B. in Ent-fremdung, Ent-völkerung oder Ent-spannung. Das Ent-fernen ist ein »Verschwindenmachen der Ferne, d. h. der Entferntheit von etwas, Näherung. Dasein ist wesenhaft ent-fernend, es läßt als das Seiende, das es ist, je Seiendes in die Nähe begegnen.« (*Sein und Zeit,* 105) Es räumt ihm einen Platz ein innerhalb der Nähe seines Verständnishorizontes und läßt es aus einer und in eine Richtung begegnen, *richtet* es somit in einer spezifischen Orientiertheit auf eine spezifische Gegend *aus.* »Jede Näherung hat vorweg schon eine Richtung in eine Gegend aufgenommen, aus der her das Ent-fernte sich nähert, um so hinsichtlich seines Platzes vorfindlich zu werden. ... Es [das Dasein] hält die umsichtig gebrauchten Gegenden ausdrücklich offen, das jeweilige Wohin des Hingehörens, Hingehens, Hinbringens, Herholens.« (108) Sowohl die Ent-fernung wie die Ausrichtung gehören wesenhaft zum In-der-Welt-sein, insofern es umsichtig besorgend auf die Dinge in der Welt gerichtet ist.

In *Sein und Zeit* ist das menschliche Dasein also, gerade indem es das Da ist, räumlich und damit räumend, einräumend. Der Raum ist ein konstitutives Moment der Welt, die ihrerseits ein Moment des In-der-Welt-seins des Menschen ist. Obwohl sowohl Menschen wie Dinge keine neutralen Objekte sind, die an bloßen Stellen eines homogenen Raumes vorhanden wären, obwohl die einen wie die anderen immer schon in sinnhaften – und d. h. auch in sinnhaft räumlichen – Bezügen und Bezugszusammenhängen stehen, unterscheidet sich die Weise, wie *Menschen* im Raum sind, entscheidend von der alles Nichtmenschlichen. Das menschliche In-der-Welt-sein erstreckt sich wesenhaft in den Raum hinein, weitet sich in ihn hin aus, es ek-sistiert, steht hinaus ins Offene, in dem es sich zu den zuhandenen und vorhandenen Dinge verhält. »Existierend hat es sich je schon einen Spielraum eingeräumt. Es bestimmt je seinen eigenen Ort so, daß es aus dem eingeräumten Raum auf den ›Platz‹ zurückkommt, den es belegt hat.« (368)

Menschen sind niemals bloß an einem bestimmten, aus dem Raumganzen ausgegrenzten Ort, sondern sie *sind*, indem sie hinausreichen in die Welt und zu dem hin, was ihnen begegnet. Der Mensch ist »immer schon ›draußen‹ bei einem begegnenden Seienden der je schon entdeckten Welt« (62). Damit räumt er auch sich selbst ein; indem er in die Welt des Begegnenden hinaussteht, nimmt er selbst einen Spielraum ein, innerhalb dessen sowohl das Begegnen wie sein eigenes Situiertsein ihren jeweiligen Platz haben. Heidegger spricht in diesem Sinne sogar von einem »*Einbruch des Daseins in den Raum*«[53] (369). 24 Jahre später, in dem Vortrag *Bauen Wohnen Denken* (1951), drückt Heidegger im Grunde den selben Gedanken des »Draußen-seins« beim begegnenden Seienden mit dem folgenden Beispiel aus (wobei es ihm da sowohl darauf ankommt, daß der räumlich Erfassende »keineswegs nur in dem Raumstück vorhanden [ist], den der Leibkörper ausfüllt« (*Sein und Zeit*, 368), wie darauf, daß aufgrund der Räumlichkeit des menschlichen Seins das räumlich Erfaßte kein bloß subjektiv Vorgestelltes ist): »Wenn wir jetzt – wir alle – von hier aus an die alte Brücke in Heidelberg denken, dann ist das Hindenken zu jenem Ort kein bloßes Erlebnis in den hier anwesenden Personen, vielmehr gehört es zum Wesen unseres Denkens *an* die genannte Brücke, daß dieses Denken *in sich* die Ferne zu diesem Ort *durchsteht*. Wir sind von hier aus bei der Brücke dort und nicht etwa bei einem Vorstellungsinhalt in unserem Bewußtsein.« (*BWD*, 157)

Und weitere ca. 18 Jahre später betont Heidegger wiederum ungefähr den selben Sachverhalt auf ähnliche Weise: »Der Mensch ist nicht begrenzt durch die Oberflächen seines vermeintlichen Körpers. Wenn ich hier stehe, so stehe ich als Mensch nur hier, sofern ich zugleich

---

[53] Diese Formulierung halte ich allerdings insofern für etwas ungenau, als sie fälschlicherweise ein irgendwie unabhängig vom Raum bestehendes, in diesen erst einbrechendes Sein des Menschen nahelegen könnte.

schon dort beim Fenster und d. h. draußen auf der Straße und in dieser Stadt, kurz gesagt: in einer Welt bin. Wenn ich zur Tür gehe, dann transportiere ich nicht meinen Körper zur Tür, sondern ich ändere meinen Aufenthalt (›Leiben‹), die immer schon bestehende Nähe und Ferne zu den Dingen; die Weite und Enge, darin sie erscheinen, wandelt sich.« (*Bemerkungen*, 13 f.)

Gleichwohl sind es seit *Bauen Wohnen Denken*, wie schon angedeutet, weniger die Menschen als vielmehr die *Orte und Stätten*, die den Raum einräumen (*BWD*, 155). Doch bedeutet die Verschiebung vom Menschen auf die Orte keinen wirklichen Unterschied für das Verständnis des *menschlichen* Verhältnisses zum Raum (wenn auch für das Gesamtverständnis des Verhältnisses von Raum und Mensch). Der Mensch ist weiterhin einräumend, insofern er baut und wohnt, was heißt, daß sein Einräumen durch *das Einrichten* und *das Zulassen* von ihrerseits einräumenden Orten geschieht.

Genauer geschieht das Einräumen jetzt als ein *Gewähren von Orten*. »Gewähren« ist da in der zweifachen Bedeutung von Gewährenlassen einerseits und Gewähren als Geben oder Schenken andererseits zu verstehen. Zunächst könnte das so aussehen, als seien die *Orte* als im Einräumen Gegebenes dessen Ergebnis; so fragt Heidegger in *Die Kunst und der Raum* rhetorisch: »Sind die Orte erst und nur das Ergebnis und die Folge des Einräumens?« (10) Stattdessen sind sie jedoch schon in *Bauen Wohnen Denken* selbst das eigentlich Einräumende. Oder, wie es dann, noch strenger gedacht, in *Die Kunst und der Raum* heißt, das Einräumen ergibt sich aus dem »Zusammenspiel von Orten«, das sich selbst erst »aus der freien Weite der Gegend« bestimmt (10 f.). Die Orte können in der Wendung *Gewähren von Orten* als Objekt wie als Subjekt des Gewährens genommen werden. So verwundert es nicht, daß Heidegger schließlich in *Zeit und Sein* (1962), wie schon angeführt, von der Notwendigkeit der Einsicht in »die Herkunft des Raumes aus dem zureichend gedachten Eigentümlichen des Ortes« sprechen kann (24).

* * *

Was aber meint Heidegger nun genauer mit den *Orten*? Um zu ermessen, welche Rolle der *Ort* im Ganzen des Heideggerschen Raum-Verständnisses spielt, sollten wir uns zunächst auf sein *Ding-Verständnis* und genauer auf sein Verständnis des *Verhältnisses von Mensch und*

Ding – wozu auch die Bedeutung, die da das *Wohnen* gewinnt, gehört – einlassen.

Die Menschen *wohnen* in der Welt. Die Wohnenden halten sich mit den Sterblichen und vor den Göttlichen auf der Erde und unter dem Himmel auf. Dieses Wohnen und dieses Sich-aufhalten erschöpfen sich nicht in einem bloßen Irgendwo-Vorhandensein, sondern sie geschehen, indem sie die in den vier Bestimmungen – Sterbliche und Göttliche, Erde und Himmel – genannten Dimensionen oder Gegenden der Welt »in ihr Wesen schonen«, sich schonend zur Welt verhalten. Und das wiederum heißt nicht nur, »daß wir dem Geschonten nichts antun. Das eigentliche Schonen ist etwas *Positives* und geschieht dann, wenn wir etwas zum voraus in seinem Wesen belassen, wenn wir etwas eigens in sein Wesen zurückbergen … *Der Grundzug des Wohnens ist dieses Schonen.* Er durchzieht das Wohnen in seiner ganzen Weite.« (*BWD*, 149)

Solches schonende Verhalten ist ein Hüten und Aufbewahren und Verwahren. Die Menschen verwahren das genannte vierfache Welt-Verhältnis – Heidegger nennt es »das Geviert« – in dem, wobei sie sich wesentlich aufhalten, nämlich in den *Dingen*. Ihr Aufenthalt auf der Erde ist als solcher ein Aufenthalt bei den Dingen. Diese werden im Hinblick auf ihren Bezug zu den Menschen bzw. auf deren Bezug zu ihnen thematisiert, und d. h. genauer, im Hinblick auf die Rolle, die sie im die Weltgegenden schonenden *Wohnen* spielen. Die Menschen bringen das Geviert in die Dinge, um es dort aufzubewahren und zu behüten. Denn die Dinge versammeln das wechselseitige Verhältnis der Weltgegenden zueinander wie in einem Fokus. »Der Aufenthalt bei den Dingen … ist die einzige Weise, wie sich der vierfältige Aufenthalt im Geviert jeweils einheitlich vollbringt. Das Wohnen schont das Geviert, indem es dessen Wesen in die Dinge bringt.« (151) Die Dinge vermögen jenes Versammeln und Bergen des Gevierts nicht einfach aufgrund einer irgendwie für sich bestehenden Dingstruktur; vielmehr bedürfen sie, um jener Versammlungs-Ort des Gevierts sein zu können, des Menschen. Die Dinge sind überhaupt nur *Dinge*, sie *wesen* nur *als* Dinge, wenn sie durch die Menschen in ihr Wesen eingelassen, in ihrem Wesen *gelassen* werden.[54]

---

[54] Auch hier treffen wir also wieder auf die ständig beim späten Heidegger zu beobachtende – nicht dialektische, sondern vielleicht konstellativ zu nennende – Wechselstruktur des gegenseitigen Aufeinanderverwiesenseins.

Aufenthalt bei den Dingen und *Wohnen* gehören zusammen. Der spätere Heidegger sagt wiederholt, daß die Menschen *sind, indem sie wohnen*. Die Kennzeichnung der Menschen als Wohnende kommt vielleicht häufiger vor als der explizite Hinweis auf ihre *Sterblichkeit* oder auf ihr *Sprechen*können; allerdings fällt sie weniger auf, sie scheint kein großes Gewicht zu haben. Das mag zum einen daran liegen, daß der Begriff des Wohnens – im Gegensatz zur Sterblichkeit und zur Sprache – *keine metaphysische Geschichte* hinter sich hat; daß die Menschen wohnen, ist eine der Selbstverständlichkeiten ihres alltäglichen Seins und Lebens, denen keine »höhere«, geistige, metaphysische Würde zukommt. Das Wohnen scheint keine größere philosophische Bedeutung zu haben als etwa das Essen und Trinken und Schlafen, obgleich es, anders als diese – ähnlich dagegen wie das Leben oder das Atmen –, ständig geschieht.

Zu diesem Moment der fehlenden *historischen* Relevanz kommt ein zweites Moment. Das Wohnen weist eine gewisse Unauffälligkeit und »Gewöhnlichkeit« auf. Sie ist nicht zufällig der des gewöhnlichen »ist« verwandt. Wie das Sein ist das in diesem Sinne gemeinte Wohnen kein »reales Prädikat«, durch das von den Menschen etwas zu ihnen erst noch Hinzukommendes ausgesagt würde. *Menschen, – das meint immer schon seiende Menschen* und in der Welt oder auf der Erde *wohnende Menschen*. Heidegger verweist auf das, was uns die Geschichte der Sprache bzw. des Sprachgebrauchs dazu mitteilen kann. Im Rückgriff auf das »alte Wort bauen, zu dem das ›bin‹ gehört,« sagt er in *Bauen Wohnen Denken*: »die Weise, nach der wir Menschen auf der Erde *sind*, ist das Buan, das Wohnen. Mensch sein heißt: als Sterblicher auf der Erde sein, heißt: wohnen.« (147)

Daß die Menschen auf der Erde wohnen, besagt nun aber, daß sie in einem *Raum*, an einem *Ort*, in einer *Gegend* wohnen. Zunehmend weniger faßt Heidegger im Laufe seines Denkens den Aufenthalt des Menschen ausdrücklich als zeitlichen, »menschlich geschichtlichen« Aufenthalt inmitten des Seienden (*Hölderlins Hymne ›Der Ister‹*, 101), um ihn immer eindeutiger als *wohnenden* Aufenthalt bei Dingen und Orten (vgl. *BWD*, 158) zu verstehen. Zwar könnte man schon in Bezug auf *Sein und Zeit* sagen, daß der Mensch dort den Raum dieser Welt mit ihren Dingen *bewohnt*, da er, wie wir gesehen haben, nicht einfach in der Welt vorkommt, sondern sich »ausrichtend und entfernend«, und d. h. einräumend zu den Dingen um ihn herum ver-

119

hält. Aber dort ist noch nicht ausdrücklich und thematisch vom Wohnen die Rede.

Und »Welt« meint zu jener Zeit noch nicht die konkrete Vierfalt von Himmel und Erde, Sterblichen und Göttlichen; das Sein der Sterblichen wird vor allem noch nicht als ein Zugehörigsein zu und Heimischsein in diesem Welt-Raum, dem »Haus der Welt«, verstanden. Die Menschen sind vielmehr vor allem als entwerfend, einräumend gedacht; das »für das Dasein konstitutive In-der-Welt-sein« (*Sein und Zeit*, 111) erschließt den Raum, in dem das Begegnende seinen Platz hat. Daß diese Räumlichkeit des Daseins besagt, daß es sich in einen Raum einfügt, sich seine Gegenden und seinen Ort vom räumenden Raum selbst vorgeben läßt, wird, wie gesagt, für Heidegger erst später zu einer zentralen Einsicht. Diese Umkehr des Blicks ist ein wichtiges Moment der sogenannten »Kehre« in seinem Denken, die entscheidend das Wechselverhältnis, das gegenwendige Zueinandergehören von Mensch und Sein betrifft.

Und noch ein anderes Moment gehört in unserem Zusammenhang zu dieser Kehre. Es ist zugleich der dritte und wohl wichtigste Grund für das Desinteresse der philosophischen Tradition am *Wohnen*. Ich denke, es ist eine wichtige Auszeichnung des späteren Denkens von Heidegger, die u. a. auch zur Betonung des *Wohnens* führt, daß das Denken einen entscheidenden Schritt aus seiner über zweitausendjährigen *abstrakten Allgemeinheit* hinauswagt in die *Konkretheit* des Bereichs zwischen Himmel und Erde, der als solcher der Bereich des menschlichen Wohnens ist. Noch in *Der Ursprung des Kunstwerkes* ist das, was Heidegger dort *Erde* und *Welt* nennt (wobei die Welt das mitumfaßt, was später einerseits als Himmel, andererseits als Dimension des Göttlichen erscheint), eher als begriffliche Größe verstanden, in diesem Sinne noch den metaphysischen Begriffen oder Kategorien verwandt; Erde und Welt haben hier noch nicht das konkrete Gewicht, das sie dann – zumindest *auch* durch die intensive Beschäftigung mit Hölderlin – gewonnen haben. Das »inmitten des Seienden« wird erst schrittweise zum Weltgeviert von Sterblichen und Göttlichen, Erde und Himmel. Spricht man davon, daß *die Menschen wohnen*, auf der Erde und unter dem Himmel, so handelt es sich nicht mehr um eine kategoriale, abstrakte Begriffsbestimmung, es geht nicht mehr um eine Antwort auf die Frage, *was* »der Mensch« ist, sondern der Blick ist jetzt darauf gerichtet, *wie* der Mensch ist, nämlich daß er und wie er wohnt;

es geht um den konkreten besonderen Menschen und sein konkretes In-der-Welt-sein unter den Dingen.⁵⁵ Daß der Raum ein *bewohnter* Raum ist, ergibt für den Menschen eine Vertrautheit, die eine Vertrautheit mit den ganz eigenen Bewandtnissen und Gewohnheiten des Wohnens in ihm ist. Eben indem er bewohnt wird, differenziert er in sich Näheres und Ferneres, Oben und Unten, Richtungen und Grenzen, Eigenes und Gemeinsames, Notwendiges und Beiläufiges, auch Gemeinsames und Vereinzelndes usw. heraus. Diese Qualifizierungen des Raumes, die wir ja schon aus *Sein und Zeit* kennen, besagen, daß die Dinge durch den Aufenthalt des Menschen bei und mit ihnen ihren eigenen Platz erhalten, es bilden sich eingeübte und eingewöhnte Verrichtungen und Wege und Zeiten heraus. Selbst das Un-gewohnte, das Fremde, Bestürzende hat im bewohnten Raum seinen, wenn auch eben unvertrauten Ort.

Wir können hierzu eine Passage aus *Die Kunst und der Raum* heranziehen: »Räumen ist, in sein Eigenes gedacht, Freigabe von Orten, an denen die Schicksale des wohnenden Menschen sich ins Heile einer Heimat oder ins Unheile der Heimatlosigkeit oder gar in die Gleichgültigkeit gegenüber beiden kehren. ... Im Räumen spricht und verbirgt sich zugleich ein Geschehen. Dieser Charakter des Räumens wird allzu leicht übersehen. Und wenn er gesehen ist, bleibt er immer noch schwer zu bestimmen, vor allem, solange der physikalisch-technische Raum als der Raum gilt, an den sich jede Kennzeichnung des Raumhaften im vorhinein halten soll.« (9) Das Selbe, das hier für das Räumen gesagt wird, gilt für das Wohnen: seine Bedeutung für das Sein der Menschen auf dieser Erde können wir nicht ermessen, solange wir den Raum nur physikalisch-technisch verstehen, d. h. jetzt, wenn

---

⁵⁵ In *Sein und Zeit* ging es zwar auch schon um das *konkrete* In-der-Welt-sein – sonst machte der Begriff »In-der-Welt-sein« gar keinen Sinn –, aber Heidegger hat hier gleichwohl noch den Weg des begrifflichen Bestimmens, der Suche nach immer neuen Begrifflichkeiten zum Entfalten der allgemeinen Bestimmungen dieses In-der-Welt-seins genommen. (So geht Heidegger im übrigen teilweise auch noch in den *Beiträgen* vor.) Darum kann man m. E. in gewissem Sinne sagen, daß der Heidegger von *Sein und Zeit* in größerer Nähe zu Husserl und zur Lebensphilosophie zu sehen ist als zu seinem eigenen späteren Denken. In dieser Zuwendung zum konkreten Wohnen auf der Erde unter den Dingen – und es wäre hinzuzufügen, wie Heidegger es an einigen wenigen Stellen auch tut: mit den anderen Menschen –, in dieser Zuwendung also zur Welt sehe ich das eigentlich entscheidende Moment der sogenannten Kehre des Heideggerschen Denkens. Ich bin mir allerdings nicht sicher, wie weit er selbst diesen entscheidenden Schritt auf seinem Denkweg als einen solchen gesehen und bewußt vollzogen hat.

wir das Wohnen eines Menschen an einem bestimmten Ort lediglich als Vorhandensein an einer durch Koordinaten bestimmbaren Raumstelle begreifen, – etwa in Analogie zu der bloßen Verortung eines Schiffes auf dem Ozean oder eines Flugzeugs in der Luft. Schon durch die Nennung einer Gegend, eines Stadtteils, einer Straße entfaltet sich eine Welt des Konkreten. Erst in dieser kann von einem *Wohnen* die Rede sein.

Der erwähnte sprachliche – und nicht nur sprachliche – Zusammenhang zwischen Wohnen und Gewohnheit und sogar Gewöhnlichkeit könnte allerdings noch den Anschein erwecken, als würde mit der Seinsweise des Wohnens ein statisches und eher auf Behaglichkeit denn auf Beweglichkeit ausgerichtetes Menschsein in den Blick genommen. Daß dies nicht zutrifft, zeigt sich u. a. darin, daß Heidegger dem *Wohnen* häufig das *Wandern* an die Seite stellt. So beschäftigt er sich bei seiner Auslegung von Hölderlins Hymne *Der Ister* ausführlich mit der Zusammengehörigkeit von Wohnen (oder auch Ortschaft) und Wanderschaft (46 f.).

Diese zunächst vielleicht verblüffende enge Verknüpfung von Wohnen und Wandern – das Wohnen als Weise der Wanderung, die Wanderung als Hauptzug des Wohnens – unterstreicht im übrigen noch einmal, wie eng für Heidegger Raum und Zeit miteinander zusammengehören. »Ort und Wandern, das gehört zusammen wie ›Raum und Zeit‹.« (*Hölderlins Hymne ›Der Ister‹*, 46) U. a. machen es die Weite des Raums der Wanderung durch die Zeit und das Verweilende des Wohnens im Raum unmöglich, das Raumhafte und das Zeithafte auf zwei sauber voneinander zu unterscheidende Seiten zu verrechnen; »es könnte sein«, sagt Heidegger in der *Ister*-Vorlesung, »daß der Wesensursprung von Raum und Zeit in dem verborgen liegt, was wir unter dem Namen Ortschaft und Wanderschaft einheitlich zu denken versuchen.« (58)

In dem vorherigen Zitat sind »Raum und Zeit« miteinander in Anführungsstriche gesetzt, wohl weil Heidegger andererseits auch die geschichtliche Notwendigkeit einer »Auseinanderbrechung von Raum und Zeit« in ihrem traditionellen Verständnis sieht, wie er in den *Beiträgen* hervorhebt (373). »Raum und Zeit, je für sich vorgestellt und in der üblichen Verbindung, entspringen selbst aus dem Zeit-Raum, der ursprünglicher ist als sie selbst und ihre rechenhaft vorgestellte Verbindung.« (372) Doch auch bei dieser Auseinanderbrechung von Raum und Zeit in ihrer metaphysischen Parallelisierung ist es ihm eigentlich um eine »Einheit der ursprünglichen Zeitigung und Räumung«, also um den »Zeit-Raum« selbst zu tun (384), was allerdings wiederum nicht bedeutet, außer acht zu lassen, daß beide »von Grund aus eigensten Wesens« sind (377) und somit *auch* in ihrer »äußersten Geschiedenheit herausgestellt« (378) werden müssen.[56]

In den *Beiträgen* bringt Heidegger den »Zeit-Raum« in ursprünglichen Zusammenhang mit der »Wesung der Wahrheit« als einem geschichtlich gewandelten Bezug zwischen Sein und Mensch. Darauf will ich hier nicht näher eingehen, nur darauf hinweisen, daß er die gegenseitige Verknüpfung von Raum und Zeit dort in der Weise aufzeichnet, daß er von dem ursprünglich verstandenen *Raum* sagt, er *zeitige ein*, von der Zeit, sie *räume ein*. Ihre derartige Verschränkung meine, betont er, kein »Gemeinsames als Einheit, sondern ihr Einigendes, was sie entspringen läßt *in* jene unzertrennliche Gewiesenheit, der Zeit-Raum, das Ab-gründen des Grundes: die Wesung der Wahrheit.« (386)

Auch wenn ich hier den Bezug auf Grund, Ab-grund und Wahrheit auf sich beruhen lassen möchte, läßt sich jedenfalls wiederum festhalten, daß Raum und Zeit, wenn sie in ihr Einigendes und ihren Ursprung zurückgedacht werden sollen, als ein *Geschehen* gefaßt werden, als ein, wie es gerade in dem Zitat aus den *Beiträgen* hieß, *Einräumen und Einzeitigen*. In *Das Wesen der Sprache* betont Heidegger mit den Verben *räumen* und *zeitigen* nicht mehr die Verschränkung von Raum und Zeit, sondern ihren verbalen Charakter als solchen, ihren Geschehenscharakter. Heidegger sagt hier: »Von der Zeit läßt sich sagen: die Zeit zeitigt. / Vom Raum läßt sich sagen: der Raum räumt.« (213) Dieser Raum und diese Zeit sind ersichtlich andere als die, die in unserem alltäglichen wie im wissenschaftlichen Vorstellen »als Parameter erscheinen« (210). »Wo alles in berechnete Abstände gestellt wird, macht sich durch die losgelassene Berechenbarkeit von Jeglichem gerade das Abstandlose breit, und zwar in der Verweigerung der nachbarlichen Nähe der Weltgegenden.« (212) Statt bloß Maßstäbe für quantitative Messung zu liefern, sind der räumende Raum und die zeitigende Zeit die Ermöglichung von wesentlicher Nähe, jener Nähe oder »Nahnis«, die »das Nachbarliche der vier Weltgegenden ... zu einander gelangen läßt und in der Nähe ihrer Weite hält«. (211) »Das Selbe, was Raum und Zeit in ihrem Wesen versammelt hält, kann der Zeit-Spiel-Raum

---

[56] Dieser »Zeit-Raum« ist natürlich etwas ganz anderes als was man gewöhnlich unter dem »Zeitraum« versteht, der eine bestimmte Zeiterstreckung meint.

heißen. Zeitigend-einräumend be-wëgt das Selbige des Zeit-Spiel-Raumes das Gegen-einander-über der vier Welt-Gegenden: Erde und Himmel, Gott und Mensch – das Weltspiel.« (214)

* * *

Damit sind wir wieder in dem Bereich, in den der wohnende »Aufenthalt bei Dingen und Orten« gehört. Tiefer gefaßt ist dies zugleich der Bereich oder Raum der *Sprache*. Vorerst kehre ich jedoch zum *Wohnen* und zwar jetzt in seinem Bezug zu den *Dingen* zurück, was uns dann auch zu den *Orten* führt. Heidegger sagt vom Wohnen, es sehe sich an die *Dinge* verwiesen, deren Erscheinen eingeräumt und zugelassen wird (vgl. *Die Kunst und der Raum*, 9). Zum Wesen des Wohnens gehört nicht nur, daß es eine Wanderung durch den Raum, auf der Erde und unter dem Himmel ist, sowie eine Wanderung durch die Zeit, von der Geburt bis in den Tod, sondern das Wohnen kann dies nur sein, wenn es Aufenthalt *bei den Dingen* ist.[57]

»Das Wohnen schont das Geviert, indem es dessen Wesen in die Dinge bringt.« (*BWD*, 151) Das aber ist nur so möglich, daß die Menschen sich eigens auf die Dinge richten, daß sie Dinge *bauen*, – wobei »bauen« allerdings in einem sehr weiten Sinne zu nehmen ist. Zu *bauen* heißt für Heidegger, sich auf die Dinge *als Dinge* zu beziehen, die Dinge in einem aktiven Sinne in ihrem Wesen *sein zu lassen*. »Bauen« wird zunächst so weit verstanden, daß »der eigentliche Sinn des Bauens« wiederum das Wohnen ist, von dem er sagt, daß in ihm »das Menschsein beruht«. (149) Die enge Verbindung von »wohnen« und »bauen« belegt Heidegger, wie wir sahen, auch sprachgeschichtlich durch den Verweis auf die ursprüngliche Zusammengehörigkeit von wohnen und »bauen« mit »bin«.

Eine Weise des Bauens in dem weiten Sinne, wonach es »in sich selber bereits Wohnen« ist (146), ist das Bauen im engeren Sinne, das jedoch seinerseits noch zweierlei umfaßt; es ist einerseits ein Hegen und Pflegen von von sich her seienden, natürlichen Dingen, andererseits ein Errichten von nicht gewachsenen, also vom Menschen zu ma-

---

[57] Das »bei« könnte hier zunächst noch mißverständlich sein, so als wären die Dinge nur mitvorhanden in der Welt. Aber die betonte Verknüpfung von Sein in der Welt und Sein bei den Dingen weist schon darauf hin, daß es sich hier um ein einheitliches Phänomen handeln soll.

chenden Dingen, wozu u.a. die *Bauten* gehören. Aber es bleibt festzuhalten, daß das Bauen keineswegs nur in der Weise des Bauens im
engeren Sinne geschieht; schon indem der Mensch den Raum als das
Geviert der Welt *bewohnt*, baut er, er gibt den natürlichen und men-
schengemachten Dingen, mit denen er umgeht, ihren je eigentümlichen *Ort und Platz* und läßt sie so als sie selbst sein. Der Ort ist der
Platz, an dem die Dinge jeweils ihr In-die-Welt-gehören zu entfalten
vermögen, was ihre gegenseitige Bezogenheit ebenso einschließt wie
ihre Bedeutsamkeit für die Menschen.

Im Folgenden beschränkt sich Heidegger in seinen Erläuterungen
in *Bauen Wohnen Denken* jedoch auf das Bauen im engeren Sinne, und
da wiederum auf eine spezifische Weise dieses Bauens, das Errichten
von Bauten. Bauten zu errichten aber meint nichts anderes als das Stiften oder Bauen von *Dingen,* die Orte sind. Heidegger sagt nicht einfach: von Dingen *an* Orten, sondern: von Dingen, *die selbst Orte sind.*
Diese Dinge werden eingeräumt, indem ihnen Orte gewährt werden
und d.h. auch, indem Orte sie aufnehmen, so daß sie nun selbst Orte
sind. Dinge und Orte sind hier insofern nicht streng voneinander zu
trennen; es handelt sich um Dinge, die als Bauten »eine Stätte verstatten« (*BWD*, 154), die »Raum geben«, indem sie Orte sind. Um deutlich
zu machen, was es heißt, daß das errichtende Bauen Dinge schafft, *die
Orte sind,* geht Heidegger im Rahmen seines Nachdenkens über die
»Beziehung zwischen Ort und Raum« und das »Verhältnis von Mensch
und Raum« näher auf das Beispiel einer *Brücke* ein (152 ff.).

Auf anderthalb Seiten zeichnet er in sehr plastischer, sprechender
Weise nach, was eine Brücke als Brücke »tut«. Er *definiert* die Brücke
nicht, sagt nicht, *was* sie ist, sondern er zeigt, *wie* sie ist, *wie* sie sich als
Brücke »verhält«: Sie hält die Ufer zueinander, läßt sie einander in
spezifischer Weise gegenüber liegen, indem sie sie, als Getrennte, verbindet. Sie schwingt ihren Bogen zwischen dem Himmel und seinen
Wettern und der Erde und dem Strömen ihres Wassers. Sie gibt den
Menschen in den verschiedensten Lebenslagen ihren Weg vom einen
zum anderen Ufer. So steht sie dann letztlich auch für ein Überschreiten des Bereichs des Irdisch-Sinnlichen und Sterblichen zum Unsinnlichen und Übersinnlichen, zum Tod und den Göttlichen.[58] Dem nach-
gehenden Blick zeigen sich die zuvor genannten vier Dimensionen der

---

[58] Vgl. hierzu Benn: »Leben ist Brückenschlagen über Ströme, die vergehn« und v. Verf.
Wasser. Das Meer und die Brunnen, die Flüsse und der Regen, 161 f.

Welt fast wie von selbst[59]. »Die Brücke *versammelt* auf *ihre* Weise Erde und Himmel, die Göttlichen und die Sterblichen bei sich.« (153) Das Verwahren der Welt in die Dinge geschieht durch die Brücke in der Weise, daß sie den Weltgegenden einen einheitlichen Ort, eine Stätte gibt, eben als Brücke.

Ich zitiere ausführlich: »Die Brücke ist ... ein Ding *eigener* Art; denn sie versammelt das Geviert in *der* Weise, daß sie ihm eine *Stätte* verstattet. Aber nur solches, was *selber* ein *Ort* ist, kann eine Stätte einräumen. Der Ort ist nicht schon vor der Brücke vorhanden. Zwar gibt es, bevor die Brücke steht, den Strom entlang viele Stellen, die durch etwas besetzt werden können. Eine unter ihnen ergibt sich als ein Ort und zwar *durch die Brücke*. So kommt denn die Brücke nicht erst an einen Ort hin zu stehen, sondern von der Brücke selbst her entsteht erst ein Ort. Sie ist ein Ding, versammelt das Geviert, versammelt jedoch in der Weise, daß sie dem Geviert eine Stätte verstattet. Aus dieser Stätte bestimmen sich Plätze und Wege, durch die ein Raum eingeräumt wird.« (154) Und eine Seite weiter heißt es: »Im Wesen dieser Dinge als Orte liegt der Bezug von Ort und Raum, liegt aber auch die Beziehung des Ortes zum Menschen, der sich bei ihm aufhält.« (155) Der Aufenthalt bei den Dingen wird fast unter der Hand zum Aufenthalt bei einem Ort, – was aber eben das selbe ist.

Daß die Brücke nicht *an* einem Ort, sondern *selber ein Ort ist*, und daß sie dieser Ort ist, indem sie das Weltgeviert versammelt, zeigt u. a., daß ihr Wesen, und d. h. auch das Wesen des Ortes – in analoger, aber doch zugleich grundverschiedener Weise wie das Wesen des Menschen – über sich selbst hinaus ist. Daß sie »dem Geviert eine Stätte verstattet«, besagt ja, daß sie nicht ein für sich bestehender, isolierter Gegenstand ist, sondern in einer Welt »verweilt«, die sie zugleich eröffnet. Sie verstattet einen Raum, in den, wie Heidegger sagt, »Erde und Himmel, die Göttlichen und die Sterblichen eingelassen sind.« Eingelassen sind sie als Eingeladene und Zugelassene; die Brücke hat die auf den ersten Blick ungeheuerlich erscheinende »Macht«, der ganzen Welt ihr Welten zu gestatten. »Das Eingeräumte wird jeweils gestattet und so gefügt, d. h. versammelt durch einen Ort, d. h. durch ein Ding von der Art der Brücke.« (155) Die Dinge, die Orte sind, ermöglichen das Geschehen von Welt als ein Ankommen im Hier und Jetzt des Beiein-

---

59 Wie beim Krug-Beispiel in dem Vortrag *Das Ding* mag wohl höchstens die vierte Dimension, die Weltgegend der Göttlichen, nicht an ihr selbst evident erscheinen.

ander der Dinge und d. h. damit auch des Aufenthalts der Menschen bei den Dingen. Zugleich ist festzuhalten, daß dieser Aufenthalt bei den Dingen diese allererst zu der »Macht« ihres Einräumens »ermächtigt«[60]: Die Brücke ist nur eine Brücke, indem Menschen sie überschreiten, sie betrachten, – oder auch an sie denken, sie malen oder andichten.

Der Ort, der die Brücke ist, räumt der Vierfalt von Erde und Himmel, Göttlichen und Sterblichen eine Stätte ein; Erde, Himmel, Sterbliche und Göttliche spielen ineinander in dem, was bzw. wie die Brücke ist. Der Brückenort verwahrt und hütet das Geviert der Welt, so ist er so etwas wie ein *Haus der Welt*. Die Brücke ist ein Haus für die Welt, aber zugleich ist diese Welt dann ein versammelndes Haus für die, die sie bewohnen, für die Sterblichen. »Dinge von der Art solcher Orte behausen den Aufenthalt der Menschen« (159), sagt Heidegger.

Immer wieder treffen wir hier auf das *Versammeln*, und zwar gerade in der charakteristischen Gegenwendigkeit, auf die wir bei Heidegger immer wieder stoßen. Die Gegenwendigkeit und Gegenbewegung oder besser Gegenbewegtheit kennzeichnet nicht nur das Verhältnis zwischen *Mensch und Ding* bzw. zwischen Mensch einerseits und Ding und Welt andererseits, sondern auch das zwischen *Ding und Welt*, das ein *Versammeln* ist. Heidegger hat das Kreisen einer solchen Doppelwendigkeit häufig und in den verschiedensten, mehr oder weniger analogen Hinsichten berührt. Jeweils spielen die »Seiten« dieser Verhältnisse wechselseitig ineinander. Ich zitiere zur Verdeutlichung zwei in anderen als den bisherigen Zusammenhängen stehende Äußerungen aus dem Vortrag *Hölderlins Erde und Himmel*. Einmal, von der einen Seite her gesehen, heißt es dort: »Indes können wir Menschen als die Sterblichen nur hören, wenn wir dem, was sich uns zusagen möchte, von uns her etwas vorsagen« (156), und ein anderes Mal, von der anderen Seite her: »Die Augen er-blicken das Scheinende nur insofern, als sie von diesem zuvor schon be-schienen und angeblickt sind.« (161)

In diesem Sinne spricht Heidegger nun auch sowohl von dem »versammelnden Wesen der Dinge«, demgemäß also *die Dinge* selbst

---

[60] Dieses Ermächtigen verstehe ich hier ersichtlich gerade nicht im Sinne des Machenschaftlichen oder gar des Willens zur Macht, sondern im Sinne einer ursprünglichen dynamis, eines gleichsam empathischen Ermöglichens ihres verbal verstandenen Wesens.

das Versammelnde sind, wie zum anderen die Dinge auch das sind, was als Mannigfaltiges miteinander und zueinander versammelt wird, nämlich durch die jeweils *eine Welt*, die den verschiedenen Dingen ihren gemeinsamen, sie *versammelnden* Raum gibt. Im ersten Fall handelt es sich darum, daß das Bauen von Dingen »Orte, die dem Geviert eine Stätte einräumen«, errichtet. Das menschliche Tun, das Bauen, gibt den vier Weltgegenden ihren einheitlichen Ort und ihre Stätte in den Dingen. Das Bauen bringt »das Geviert *her* in ein Ding, die Brücke, und bringt das Ding als einen Ort *vor* in das schon Anwesende, das jetzt erst *durch* diesen Ort eingeräumt ist.« (160) Doch andererseits *versammelt sich* durch eben dieses Einräumen die Welt ihrerseits in das Ding. Es ist die Welt selbst, die sich ihrerseits in diesen Ort fügt, z. B. auch dadurch, daß sie dem Bauen die »*Weisung*« und die Maße für sein Errichten von Bauten gibt.

Daß *die Dinge versammeln*, besagt, daß sie so etwas wie Brennpunkte des Weltgefüges sind. Sie sind keine isolierten »Seienden«, keine für sich bestehenden Substanzen mit Eigenschaften, keine Objekte im Erkenntnisfeld von Subjekten. Die Brücke ist zwar nur eines unter vielen Dingen, die gemeinsam eine Landschaft ausmachen. Aber sie kann zugleich, wenn eine gewisse Aufmerksamkeit des Blicks auf ihr ruht, wenn sie *herausgesehen* wird aus der Gesamtheit des Landschaftsgefüges, als eine Art Akzent der gesamten Gegend gesehen werden, die das Ganze der Landschaft und ihren Raum auf ihre spezifische Weise einheitlich zum Sprechen bringt.

So wie sich da die Brücke als Versammelndes der Landschaft zeigt, so kann auch ein anderes Ding die Vierfalt in sich versammeln. Immer ist da etwas, in dem sich das jeweils Ganze spiegelt und wie in einem Brennpunkt sammelt, in dem die Bahnen und Linien des Ganzen gebündelt werden bzw. von dem her sie in ihrem welthaften Zueinandergehören ausgehen. Und immer bedarf es dafür beim Menschen einer Haltung, die Heidegger in anderem Zusammenhang als »Gelassenheit zu den Dingen« kennzeichnet und auf die wir bei ihm in immer wieder anderen Bezügen als einem *Lassen* begegnen, wie z. B. in *Bauen Wohnen Denken*: »Allein die Dinge selbst bergen das Geviert *nur dann*, wenn sie selber *als* Dinge in ihrem Wesen gelassen werden.« (151 f.) Die Menschen lassen die Dinge, indem sie Naturdinge pflegen und Kunstdinge hervorbringen.

Das Besondere bei dem Versammeln, das durch die *Brücke* geschieht, ist, daß es sich in der Weise des *Verstattens einer Stätte* vollzieht. Die Brücke ist ein Ding, weil und insofern sie *einräumende* Versammlung des Weltgeviers ist. Oder anders gesagt: nur indem sie ein Ding ist, das das Weltwesen an einem bestimmten *Ort* und in einer bestimmten Weise versammelt, ist sie eine *Brücke*, – und nicht etwa ein Wohnhaus oder ein Aussichtsturm oder eine Straße. Zugleich allerdings vermag sie dies auch nur darum, weil es *Menschen* gibt, die in ihrer Welt mit ihr als einer Brücke umgehen, – auf der Erde und unter dem Himmel, zusammen mit anderen Menschen und angerührt von solchem, das unsinnlich und unsichtbar,»über alle Vernunft« ist (wie ich die Dimension der »Göttlichen« umschreiben möchte).

Daß umgekehrt *die Welt versammelt*, besagt, daß die Dinge sich sozusagen aus Weltlinien ergeben, sie tragen Weltbezüge aus und sammeln dadurch Welt in sich, daß sich die Welt in sie gewissermaßen zusammennimmt. Die Dinge als Dinge zu denken, heißt aufzuzeigen, wie ein an ihm selbst unsichtbares Weltgefüge sichtbar wird, indem es sich an bzw. in einem Ding bricht, wie die Dinge in der Welt ihren Ort, ihren ihnen zukommenden, vom Welten der Welt her bestimmten Platz finden.

Auch in Bezug auf die *Orte* selbst spricht Heidegger von einem Versammeln. In *Die Kunst und der Raum* heißt es:»Im Ort spielt das Versammeln im Sinne des freigebenden Bergens der Dinge in ihre Gegend.« (10) Das Freie und Offene des Raumes bedarf jeweils der Versammlung an eine Stätte bzw. in einen Ort. Auch an anderen Stellen ist von diesem Versammeln durch die Orte die Rede. So sagt Heidegger beispielsweise zu Beginn seiner Trakl-Erörterung in *Die Sprache im Gedicht*:»Der Ort versammelt zu sich ins Höchste und Äußerste. Das Versammelnde durchdringt und durchwest alles. Der Ort, das Versammelnde, holt zu sich ein, verwahrt das Eingeholte, aber nicht wie eine abschließende Kapsel, sondern so, daß er das Versammelte durchscheint und durchleuchtet und dadurch erst in sein Wesen entläßt.« (37)

Das Versammeln ist kein bloßes Zusammensammeln und auch kein Einsammeln, es ist auch mehr als das Herstellen einer Konstellation. Heidegger spricht damit ein An-seinen-Ort-rufen an, das etwas in sein ihm angestammtes Eigenes holt, wo es als es selbst zu erscheinen und zu wesen vermag. Insofern leiten die versammelnden Orte das Einräumen durch den Menschen und ergeben sich nicht erst nachträglich aus ihm als seine Resultate. Man kann hier an die inneren Auszeichnungen bestimmter geographischer Plätze erinnern, die, auch ohne nachweisbare Überlieferung des Wissens um sie, über die Jahrhunderte und Jahrtausende hinweg als Energieorte und so auch immer wieder als Kultstätten erscheinen, weil sie offenbar diesen merkwürdigen und nicht näher verstehbaren, heiligen Charakter eines Versammelnden an sich haben. (Auch der Begriff der »Aura« gehört wohl in diesen Zusammenhang des Versammelns.) Doch auch abgesehen von solchen »Sonderfällen«, wie z. B. auch von den versammelnden Orten der Kunstwerke – Heidegger spricht hier in Bezug auf die Dinge ganz allgemein vom versammelnden Charakter ihrer Orte. Wenn wir von etwas sagen, daß es irgendwo *seinen Ort hat*, dann meinen wir damit, daß es dort nicht nur einfach vorkommt, sondern daß dies der Ort ist, wo es hingehört, wo es es selbst sein und sich gerade darum auch auf Anderes beziehen kann. Es ist der Ort, wo es sich als es selbst entfalten kann, für den es jenachdem geschaffen ist oder wo es verwurzelt ist. Von wo es sich zwar entfernen, die Entfernungen und Weiten durchmessen kann, den es gleichwohl auch in die Ferne als sein Wovonher und sein Woraufhin, gleichsam wie einen Leitstern, mitnimmt. Und wo es auch schließlich und immer wieder seine Ruhe findet. (In Bezug auf den Menschen sprechen wir da von Heimisch- oder Zuhausesein.) Von hier aus wird vielleicht auch deutlicher, in welchen Sinne Heidegger von einem *Schonen* und *Verwahren* der Dinge sprechen kann.

Am versammelnden Charakter der *Orte* wird noch einmal ganz deutlich, inwiefern sie sich nicht »im vorgegebenen Raum nach der Art des physikalisch-technischen Raumes« befinden. Heidegger sagt sogar, dieser entfalte »sich erst aus dem Walten von Orten einer Gegend.« (*Die Kunst und der Raum*, 11)[61] Der räumende Raum, in dem

---

[61] Diese letztere Bemerkung ist wohl etwas ungenau. Denn im physikalisch-technischen Raum gibt es eben per definitionem keine Orte im eigentlichen Sinne, schon darum kann er sich auch nicht aus ihnen entfalten, wenn man überhaupt vom physikalischen Raum sagen kann, er »entfalte« sich. Doch versteht Heidegger dieses »Sich-entfalten aus dem Walten« wohl nicht wörtlich; es kommt ihm hier nur darauf an, den *ontologischen Vorrang* des räumenden, durch Ort und Gegenden sich gliedernden und fügenden Raumes vor dem physikalischen Raum deutlich zu machen. Vielleicht sollte man in diesem Zusammenhang auch einen Unterschied machen zwischen dem physikalisch-technischen Raum, dem Raum der »rechnerischen Abmessungen« (8), und dem geometrischen und lediglich parametrisch verstandenen Raum, so daß zwischen dem ersteren und dem räumenden Raum ein Abkünftigkeitsverhältnis bestehen könnte, daß es aber zwischen dem letzteren und dem Raum, von dem Heidegger spricht, wenn er z. B. über den versammelnden Charakter der Orte nachdenkt, einen unüberbrückbaren Graben gäbe.

das Versammeln der Dinge in die Orte spielt, ist kein abstrakter geometrischer Raum. Heideggers Raum hat vielmehr etwas konkret Feldhaftes – er spricht da häufig auch vom »Bereich« –, es ist ein Raum *für* Bezüge, die sich in ihm entfalten und ihn dadurch in je bestimmter Weise qualitativ bestimmen, wie umgekehrt die Bahnen und Bezüge selbst räumliche sind, d. h. sich aus ihm her ergeben.

* * *

Das Bereich- und Feldhafte des Raumes wird besonders augenfällig in den *Gegenden*. In ihnen zeigt sich deutlich der Unterschied zwischen Heideggers und der traditionellen Raum- und Ortauffassung. Denn im Begriff der Gegend findet das, was ich den Geschehens- oder Bewegungscharakter des Raumes genannt habe, einen ausgezeichneten Ausdruck. Heidegger versteht die Gegend – oder »Gegnet«, wie er vom Alemannischen her sagt – als das *Gegnende*, das Entgegenkommende, – nicht als ein entgegenkommendes Einzelnes, sondern als die spezifische Dimension oder den spezifischen offenen Bereich, aus dem und in dem sich jeweils einerseits überhaupt etwas zeigen, d. h. hervorkommen kann, indem es einen Ort in dieser Gegend findet und uns damit aus ihr her angeht.

Schon in *Sein und Zeit* spricht Heidegger in betonter Weise von der *Gegend*. Sie ist sozusagen die Erweiterung des Platzes, ist der Raum, innerhalb dessen es jeweils Plätze einerseits und Richtungen andererseits gibt. Gegenden ergeben sich dort von der Weise her, wie der Raum sich durch ein umsichtiges Umgehen des Menschen mit den in ihm zuhandenen Dingen differenziert. Doch beim späteren Heidegger, wo das »Subjekt« des Räumens nicht mehr so sehr der Mensch als vielmehr der Raum selbst ist, bekommt die Gegend noch eine weitaus größere Auszeichnung.

In seiner späten Vortragssammlung *Unterwegs zur Sprache* spricht Heidegger u. a. in dem zweiten der drei Vorträge *Das Wesen der Sprache* von der *Gegend*, und zwar im Zusammenhang eines Blicks auf das *Wesen des Denkens*, das hier im emphatischen Sinne des Nachdenkens gemeint und also abzusetzen ist gegen das Denken, oder besser Vorstellen der Wissenschaften. In Bezug auf dieses Wesen des Denkens sagt er: »Hier gibt es weder die Methode noch das Thema [wie im »wissenschaftlichen Vorstellen«], sondern die Gegend, die so heißt, weil sie das gegnet, freigibt, was es für das Denken zu denken gibt.

Das Denken hält sich in der Gegend auf, indem es die Wege der Gegend begeht. Hier gehört der Weg in die Gegend. Dieses Verhältnis ist vom wissenschaftlichen Vorstellen aus nicht nur schwer, sondern überhaupt nicht zu erblicken.« (178 f.)

Wieder einmal wird in diesen Sätzen die Andersartigkeit des Denkens des »anderen Heidegger« offensichtlich. Nicht nur das *wissenschaftliche* Vorstellen überhaupt, sondern auch das traditionelle *philosophische* Vorstellen ist auf den Ausweis seiner Methode und die klare und objektive Erfassung des Themas verpflichtet. Gerade in dem Verhältnis zur Methode liegt zu einem guten Teil das Kriterium für die Wissenschaftlichkeit einer philosophischen Untersuchung. Im *Wesen des Denkens* aber – wenn man das Denken gegen die Philosophie im engeren Sinne abgrenzt, wie der späte Heidegger das tut (vgl. den Titel *Das Ende der Philosophie und der Anfang des Denkens*) – geht es nicht mehr um die Methode im traditionellen Sinne, sondern allein um den Weg; »alles liegt am Weg«, sagt Heidegger einmal in sicher gewollter Doppeldeutigkeit (*Der Satz vom Grund*, 106).»Das Denken hält sich in der Gegend auf, indem es die Wege der Gegend begeht. Hier gehört der Weg in die Gegend.« (*Unterwegs zur Sprache*, 179) Es dürfte klar sein, daß mit »Weg« und »Gegend« keine metaphorischen, poetischen Ausschmückungen, sondern sachliche Kennzeichnungen des Charakters des Denkens intendiert sind.

Denken wir die *Gegend* tatsächlich als das Gegnende, also verbal – oder wesend –, dann geht sie den Menschen dadurch an, daß sie ihm einen Bereich darbietet, aus dem ihm etwas begegnet und entgegenkommt. Es ist immer wieder diese selbe Bewegung, die der späte Heidegger in unterschiedlichen Aspekten verdeutlicht: ein Auf-uns-zukommen, Ankommen, Sich-geben, Zusprechen, und zwar des Bereichs sowohl wie des in und aus diesem Begegnenden, dem wir Menschen unsererseits durch ein aktives Seinlassen, Aufnehmen, Erwarten entsprechen. In diesem Geschehen gibt es keine einzelnen Raum- oder Qualitäts- oder Materialitäts*punkte*, sondern es handelt sich um ein Raumhaftes, Bereichhaftes, Welthaftes, das sich in einer Dimension oder Lichtung vollzieht, die sich am jeweils Erscheinenden oder Aufscheinenden ergibt und zeigt. Da kommt etwas »über den vernehmenden, blickend-hörenden Menschen« (*Der Satz vom Grund*, 140), das – wie wir sagen – *etwas mit ihm macht*, das aber zugleich selbst nur geschieht, wenn er *etwas damit anfängt*, also sich auf es einläßt.

Die Gegend heißt so, hörten wir von Heidegger, »weil sie das gegnet, freigibt, was es für das Denken zu denken gibt. Das Denken hält sich in der Gegend auf, indem es die Wege der Gegend begeht.« Und: »Andeutend gesagt, ist die Gegend als das Gegnende die freigebende Lichtung, in der das Gelichtete zugleich mit dem Sichverbergenden in das Freie gelangt.« (*Das Wesen der Sprache*, 179 und 197) Hier treffen wir wieder auf ein Verb, das auf unauffällige Weise schon mehrfach vorkam, nämlich *freigeben*. Die Gegend gegnet und gibt frei. Ein Weg, ein Bauplatz werden für den Verkehr oder Gebrauch freigegeben; vielleicht ist auch das Freigebigsein zu assoziieren. Das Freigeben ist das Eröffnen eines Raumes, ein freies Überlassen und Einräumen, frei von Einschränkungen und Bedingungen und Vorbehalten. Die Gegend öffnet sich vorbehaltlos für den Zugang zu ihr und den Aufenthalt in ihr und an oder bei ihren Orten. Sie lädt den Hinzutretenden zu sich ein, nimmt ihn offen und gastlich in ihren Bereich auf und damit in den Raum, innerhalb dessen sich Begegnungen ergeben, Bezüge entfalten, Verhältnisse eröffnen können.

Freigegeben wird ein Freies, *Offenes*, von dem Heidegger in dem *Feldweggespräch über das Denken*, das vor allem die Gelassenheit thematisiert, sagt: »Mir kommt es so vor wie eine *Gegend*, durch deren Zauber alles, was ihr gehört, zu dem zurückkehrt, worin es ruht.« (40) Es, d. i. »das Offene« – in diesem Text wird es als Bestimmung des Horizontes eingeführt –, ist das, »was das uns umgebende Offene in sich ist«, also wenn es nicht »aus der Beziehung zu uns« gekennzeichnet wird (41). Dieses »nicht aus der Beziehung zu uns« meint keine wissenschaftliche Objektivität und natürlich auch kein Kantisches »Ding an sich«, sondern will betonen, daß »das Offene« nicht vom Vorstellen und der Gegenständigkeit seiner Gegenstände her gedacht werden kann. Die Offenheit des Offenen verdankt sich nicht einem Tun des Menschen, geht nicht von diesem aus, sondern *kommt ihm vielmehr entgegen*.

Die andeutende Umschreibung des Offenen – »Mir kommt es so vor wie eine *Gegend*, durch deren Zauber alles, was ihr gehört, zu dem zurückkehrt, worin es ruht« – wird ergänzt durch eine zweite, vielleicht noch rätselvollere, in der nicht mehr von *einer* Gegend, sondern von *der* Gegend, der »Gegend aller Gegenden«, die Rede ist: »Die Gegend versammelt, gleich als ob sich nichts ereigne, jegliches zu jeglichem und alles zueinander in das Verweilen beim Beruhen in sich selbst. Gegnen ist das versammelnde Zurückbergen zum weiten Beruhen in der Weile.« (41 f.)

Diese nur scheinbar pseudopoetischen Sätze würden eigentlich eine genaue und umfangreiche Auslegung erfordern; dann würde sich zeigen, daß hier ein sehr strenges und sehr genau formulierendes Denken am Werk ist. Jedes Wort hat sein eigenes Gewicht. So weist etwa das an beiden Stellen begegnende Wort »Beruhen« und »Ruhen« in Heideggers Sprachgebrauch auf ein ganz bestimmtes *Wesensverhältnis* hin, genauer auf das *Verhalten des Wesens* selbst. »Ruhe«, so heißt es einmal in der *Ister*-Vorlesung, »ist das gegründete Beruhen in der Beständigkeit des eigenen Wesens.« (23) Vielleicht könnte man sagen, daß das Ruhen und *Beruhen* auf der Seite der Dinge dem entspricht, was beim Denken die *Gelassenheit* ist. Daß die Dinge ruhen, in sich beruhen, bringt ein Moment des Gestilltseins, des Eigenseins und der Selbstbezogenheit zum Ausdruck. Dort, wo Heidegger auf den Zeit-Spiel-Raum als das Einigende von zeitigender Zeit und räumendem Raum zu sprechen kommt, in *Das Wesen der Sprache* III, da nennt er das einigende Selbe beider auch »das Spiel der Stille« (*Das Wesen der Sprache*, 214). Der Bezug von Stille und Sprache wird uns im Zusammenhang des »Raums der Sprache« noch einmal begegnen.

Bevor ich weiter über die Gegend spreche, möchte ich ganz kurz auf einen Nebensatz in dem letzten Zitat über die Gegend des Offenen aufmerksam machen. Der Nebensatz »gleich als ob sich nichts ereigne« scheint mir ein typischer Heideggerscher »Neben-satz« zu sein, ein Einschub, der scheinbar nur so hingeworfen ist, ganz unscheinbar, eine nicht weiter wichtige Ausschmückung, – der jedoch, wenn man genauer hinsieht, ein großes Gewicht hat.

Ich denke, es handelt sich um so etwas wie einen verschwiegenen Wink, der denen gegeben wird, die etwas genauer lesen – aufsammeln – und mit etwas langsamerem Blick hinsehen: »gleich als ob sich nichts ereigne« – ereignet sich hier wirklich *einfach nichts*? Oder ereignet sich, geschieht hier nicht vielmehr *Nichts*, nämlich der nichtshafte offene Raum, in dessen Leere ein Beruhen der Dinge – und vielleicht auch der Menschen – in sich und beieinander ermöglicht oder eben eröffnet und versammelt wird? Dieses Versammeln und Beruhenlassen läßt sich nicht begründen, argumentativ nachweisen, nicht vorstellen, »insofern durch das Vorstellen jegliches schon zum Gegenstand geworden ist« (*Zur Erörterung*, 43). Darum spricht Heidegger vom »Zauber« der Gegend, er nennt den Zauber »das Walten ihres Wesens, das Gegnende«. (41)

Durch ihren Zauber *versammelt* die gegnende Gegend im Sinne eines Einladens zu sich, sie holt alle Dinge in den Bereich, in dem sie ihren angestammten Ort haben, von dem aus sie in die Welt hinausstehen, ohne sich doch in ihr zu verlieren, eben weil sie einen je eigenen Ort ihres Hingehörens haben, gleichsam einen Heimathafen. Darum kann Heidegger von einem »Zurückkehren« bzw. »Zurückbergen« sprechen, was ja unmittelbar mit dem Ruhen und In-sich-beruhen zusammengehört; wenn etwas an seinen Platz zurückgestellt wird, kommt es bei sich selbst zur Ruhe. Durch den zauberhaften Schein der Gegend, der sich in und an dem Begegnenden zeigt, erfährt dieses, das also, was jeweils in sie gehört, sein ruhiges und gestilltes, geborgenes Verweilen.

In dem Satz über die versammelnde Gegend kommt sowohl die *Weite*, genauer das weite Beruhen, »die Weite des Beruhens«, wie die *Weile*, »die Weile des frei In-sich-gekehrten«, zur Sprache. »Demnach ist die Gegend selbst zumal die Weite und die Weile.« In seinen späteren Schriften spricht Heidegger mit der *Weite* gewöhnlich den *Raum*, mit der *Weile* die *Zeit* an. Die Gegend verweilt in die Weite und weitet in die Weile (42), – sie ist in der früher schon angesprochenen Verknüpfung von Raum und Zeit, zugleich zeitigend und räumend, ist Zeit-Spiel-Raum. Wird der Raum wirklich *als Raum,* in seinem Räumen gedacht, so leitet er in einen Bereich, in dem Raum und Zeit, Weite und Weile ineinanderspielen.

Mit geläufigeren Worten und im Hinblick auf das uns unmittelbar in unserer Welt Umgebende ließe sich sagen: Die Dinge, mit denen wir es zu tun haben – zumindest dann zu tun haben, wenn es uns gelingt, uns auf ihre Nähe oder Ferne einzulassen –, gehen uns jeweils in der Weise an, daß wir durch den Umgang mit ihnen in eine räumlich und zeitlich vertraute – oder auch fremde, auch das Fremdsein ist eine Weise des Angehens – Welt eintreten oder gar eintauchen. Die Räumlichkeit und Zeitlichkeit der uns begegnenden, aus einer offenen Gegend heraus uns angehenden Dinge besagt nicht einfach, daß alles in der Welt irgendwo und irgendwann ist. Die Menschen gehören in eine Weite, in der sie je-weilig sind, also ihre eigene Weile haben und sich auf die anderen Weilen Anderer beziehen. Als *Weile* und als *Weite* geben der Raum und die Zeit das nichtmetrische Maß für das, was Heidegger das »Gegen-einander-über« der Weltgegenden nennt, die »Weite, in der sich Erde und Himmel, der Gott und der Mensch erreichen« (*Das Wesen der Sprache,* 211).

»So einfach diese Verhältnisse sind«, sagt Heidegger, »so unzugänglich bleiben sie allem rechnenden Denken. Wo sie jedoch gezeigt werden, sperrt sich das geläufige Vorstellen gegen diesen Einblick.« (213) Was also zu fordern ist, ist eine Veränderung des Denkens, d. i. die Einübung in das, was Heidegger als das besinnliche, herzhafte, gelassene Denken bezeichnet. Das erinnert noch einmal an das, was ich früher als die Zwiefalt der Wirklichkeit oder das *Nebeneinanderbestehen zweier Wirklichkeiten* angesprochen habe. Die technische Welt kommt zwar ohne das »geläufige Vorstellen«, das »rechnende Denken« nicht aus, denn die Technik ist wesentlich durch Berechnung und Berechenbarkeit gekennzeichnet. Aber das ihr gemäße Denken hat seine Grenzen.

Das Raum-Denken, um das es hier zu tun ist, ist dem rechnenden Vorstellen nicht zugänglich. Und mehr noch, dieses tendiert dahin, jenes, das besinnliche Raum-Denken, in Frage zu stellen. »Wo alles in berechnete Abstände gestellt wird, macht sich durch die losgelassene Berechenbarkeit von Jeglichem gerade das Abstandlose breit, und zwar in der Gestalt der Verweigerung der nachbarlichen Nähe der Weltgegenden.« Und Heidegger fährt fort: »Im Abstandlosen wird alles gleich-gültig zufolge des einen Willens zur einförmig rechnenden Bestandsicherung des Ganzen der Erde.« Zu dieser Bestandsicherung gehört »die vollständige Herausforderung der Erde in die Sicherung der Herrschaft über sie«, die »durchgängige Umrechnung aller Bezüge zwischen allem in das berechenbare Abstandlose. Das ist die Ver-Wüstung des Gegen-einander-über der vier Weltgegenden, die Verweigerung der Nähe.« (212 f.) Diese Sätze beschreiben eine gewisse Tendenz zum »alles«, »vollständig« und »durchgängig«, eine totalisierende Tendenz zur Negierung von räumendem Raum und nachbarlicher Nähe, so daß Heidegger mit Recht zweimal von »Verweigerung« sprechen kann.

Gibt es eine Rettung vor dieser Verweigerung und Ver-Wüstung? Nach Heidegger kann sie sich nur einem sinnenden, nachdenkenden Denken zeigen, das sich zum einen auf das Verweigernde selbst richtet, hier also etwa auf den »Parametercharakter von Raum und Zeit«, der das Wesen von räumendem Raum und zeitigender Zeit verstellt. In Bezug auf Raum und Zeit im technisch-wissenschaftlichen Verständnis aber gilt: »deren Gewalt kann sich nur deshalb entfesseln, weil Raum und Zeit *noch* Anderes, *schon* Anderes sind als die längst bekannten Parameter.« (213, meine Kursivierung) Das besinnliche Denken richtet sich darum zum anderen auch auf dieses Andere, das heute weitgehend, aber eben doch nicht völlig verweigert ist.

Beides, die räumend-zeitigende Nähe des Gegen-einander-über der Weltgegenden und die Herrschaft der bloßen rechnenden Bestandsicherung bestehen heute geschichtlich nebeneinander, doch eben so, daß die letztere ihrer Tendenz nach die erstere zerstören will. Angesichts ihrer bedarf es des achtsamen Denkens, das nicht erst den Horizont nach zukünftig erscheinenden Möglichkeiten absuchen muß, sondern nur auf das zu schauen hat, was es als noch und schon Anderes *noch und schon gibt*. Es muß versuchen und dazu aufrufen, dorthin zurückzukehren,»wo wir schon sind«,»wo wir uns eigentlich schon aufhalten«. (190)

Das, wo wir uns eigentlich schon aufhalten, ist jedoch *nicht* gleichbedeutend mit dem »geläufigen Vorstellen«. Der Unterschied zwischen den beiden »Wirklichkeiten« ist nicht einfach der zwischen der wissenschaftlich-technischen auf der einen und der alltäglichen, lebensweltlichen Wirklichkeit auf der anderen Seite. Durch die Ausführungen zum Raum, zum Ort und jetzt auch noch zur Gegend dürfte deutlich geworden sein, daß Heidegger mit seinen Erörterungen nicht einfach den sogenannten Lebensraum im Blick hat, wie ihn u.a. Husserl und vor allem Merleau-Ponty in Abhebung vom geometrischen Raum herausgearbeitet haben.

Der Schritt vom geometrischen zum Erfahrungsraum, der im Unterschied zu jenem z.B. durch Richtungen, durch Enge und Weite, durch Ferne und Nähe ausgezeichnet ist, ist zweifellos auch bei Heidegger impliziert. Und doch bleibt auch diese Raumauffassung noch, wie ich früher anführte,»metaphysisch«. Heideggers Absicht, den Raum als Raum und das heißt als räumenden zu denken, führt dagegen in ein gänzlich anderes Welt-Verhältnis, – ein Verhältnis nämlich, in dem der Mensch sich als Angesprochener, als der Adressat eines auf ihn Zukommenden und ihn Angehenden versteht, als ein Mitspieler in einem Weltganzen, in dem ihm die Rolle eines zwar aktiven, aber nicht von sich aus setzenden und vor-stellenden Mitspielens zugewiesen ist.

Mir scheint, daß wir im Nachvollzug des Denkens des späten Heidegger in einer doppelten Gefahr stehen: Entweder wir nehmen ihn sozusagen zu harmlos, wir verstehen ihn im Sinne eines »Mensch, werde wesentlich«, der Aufforderung zur Rückkehr zum Ursprünglichen und Wesentlichen, Eigentlichen, also in gewissem Sinne zu »ontisch«. Oder aber wir verstehen ihn zu abgehoben, zu »ontologisch« oder »geistig« oder »mystisch«, d.h. so, wie er sich möglicherweise zu Teilen selbst mißverstanden hat.

Der wahre »andere« Heidegger liegt m. E. dazwischen. Er spricht in der Tat von einem ganz anderen In-der-Welt-sein, einem anderen Weltverhältnis, das wir zu erfahren vermögen, wenn wir lernen, unsere am Verhältnis von Einzelnem und übergeordnetem Allgemeinem, von Ursache und Wirkung, von Subjekt und Objekt, von am menschlichen Leisten und Produzieren orientierten Vormeinungen – nicht gänzlich aufzugeben, sondern gewissermaßen »einzuklammern« (um einen Ausdruck von Husserl zu gebrauchen). Dann zeigt sich, daß so etwas wie das Wohnen, das Bauen und der Aufenthalt bei den Dingen zwar etwas sind, was »immer schon« das Menschsein des Menschen ausmacht, zugleich jedoch auch etwas, das wir erst lernen, in das wir uns allererst hineinfinden müssen, dann nämlich, wenn uns die Heideggersche Umkehr des Welt-Verhältnisses plausibel und evident erscheint.

* * *

Der spätere Heidegger kommt erstaunlich häufig im Zusammenhang mit Überlegungen zur *Kunst* und zu Kunstwerken auf den Raum zu sprechen. 1964 nahm er eine Ausstellung von Bernhard Heiliger *(Bemerkungen zu Kunst – Plastik – Raum)* und 1969 eine Ausstellung von Eduardo Chillida *(Die Kunst und der Raum)* zum Anlaß, »einfache Überlegungen« nicht nur zur Kunst, sondern auch, im Ausgang von der Kunst und in Bezug auf sie, zum *Raum* anzustellen. Den Vortrag *Bauen Wohnen Denken* hat er 1951 anläßlich der Darmstädter Architektur-Ausstellung »Mensch und Raum« gehalten, hier wird allerdings im Unterschied zu den beiden zuvor genannten Vorträgen nicht das Verhältnis von *Raum und Kunst*, sondern das von *Raum und Ding* thematisiert.

Nicht nur die Gebilde im engeren Sinne der *bildenden* Kunst, bei denen dies selbstverständlich zu sein scheint, sind für Heidegger durch ein besonderes Verhältnis zum Raum geprägt. Auch im *Dichten* sieht er einen solchen wesenhaften Bezug, wenn er etwa von einem »dichterischen Wohnen« oder von der »Nachbarschaft«, dem In-der-Nähe-wohnen von Dichten und Denken spricht. Entsprechend finden sich Bemerkungen zum Raum wiederholt im Zusammenhang von Besinnungen sowohl auf die Sprache überhaupt wie insbesondere auf Hölderlins Dichtung, z. B. ausführlich in der Vorlesung von 1942 über Hölderlins Hymne »Der Ister«. Ich will mich hier jedoch im wesentlichen auf die bildende Kunst beschränken.

Schauen wir zunächst auf einige Heideggersche Grundbestimmungen der Kunst, die zu dem von ihm intendierten Bezug des Menschen zum Raum hinführen können.[62] Von der *Kunst* zu sprechen, heißt auch, vom Künstler bzw. für Heidegger eher vom künstlerischen Schaffen und entsprechend dem *Geschaffensein der Kunstwerke* zu sprechen. Die Kunst, obwohl weit entfernt davon, etwas »bloß Subjektives« zu sein, ist doch insofern etwas *Menschliches*, als sie eine menschliche Weise ist, die sinnliche Natur zu etwas Eigenem zu machen bzw. Dinge in die Welt zu setzen, die wie andere, natürliche Dinge da sind und die es doch nicht »von Natur«, nicht von sich selbst her gibt. Die Kunst im Sinne des künstlerischen Schaffens *bringt* Dinge *hervor* in die Unverborgenheit. Diese Bestimmung gilt zunächst für alles vom Menschen Hergestellte; gegenüber den anderen hervorgebrachten Dingen scheint das *Kunstwerk* jedoch u. a. dadurch ausgezeichnet, daß es, obgleich es gemacht ist, dieses Gemachtsein, das gewöhnlich an einen Zweck gebunden ist, gewissermaßen hinter sich läßt und rein an ihm selbst da ist.

In *Der Ursprung des Kunstwerkes* sagt Heidegger, im Kunstwerk sei »das Geschaffensein eigens in das Geschaffene hineingeschaffen«. (53) Das bedeutet nicht etwa, daß der Produktionsprozeß, der subjektive Anteil, den die Künstler am Kunstwerk als einem in die Wahrheit Gebrachten haben, in besonderer Weise zu beachten wäre; Heidegger interessiert sich vielmehr bemerkenswert wenig für die individuelle Künstlerpersönlichkeit, sei diese nun Hölderlin oder van Gogh oder Trakl. Daß er das Geschaffensein betont, meint vielmehr, daß es ihm auch in der Kunst um den *Geschehnischarakter* zu tun ist, darum also, daß da jeweils etwas her-vor-gebracht wurde aus dem vorherigen Nichtsein, »daß Unverborgenheit des Seienden hier geschehen ist und als dieses Geschehene erst geschieht; dieses, daß überhaupt solches Werk ist, und nicht vielmehr nicht ist.« (ebd.)

Indem solche Hervorbringung geschieht, eröffnet sich so etwas wie ein *Ort der Unverborgenheit* von Welt, ein Ort, an dem das Geschehen von Welt sich versammeln kann. Wir haben Ähnliches bei der Erläuterung der *Dinge*, die Orte sind, gesehen. Insofern scheint mir

---

[62] Es ist mir hier allerdings nicht um die Kunst als solche, sondern um ihr Verhältnis zum Raum bzw. umgekehrt das Verhältnis des Raumes zur Kunst zu tun, – ich will hier also keine allgemeine Darstellung der Heideggerschen Auffassung von Kunst versuchen.

diese Formulierung – »daß überhaupt solches Werk ist, und nicht vielmehr nicht ist« –, die unüberhörbar angelehnt ist an die ursprünglich metaphysische Frage, warum überhaupt Seiendes ist und nicht vielmehr nicht ist, bereits auf etwas hinzuweisen, worauf ich ausführlicher zurückkommen werde, daß nämlich für den späteren Heidegger das künstlerische Tun im Grunde nur das *eigens und ausdrücklich* vollzieht, was der menschliche »Aufenthalt bei den Dingen«, wenn er als solcher genommen wird, auch vollbringt, nämlich eben den Dingen einen Ort inmitten der Welt zu stiften. Zunächst aber sollten wir uns etwas genauer ansehen, was es heißt, daß im Kunstwerk »Unverborgenheit geschieht«.

In *Die Kunst und der Raum* knüpft Heidegger auf eine bei ihm in dieser Kürze sonst ungewohnte Weise an früher, nämlich in *Der Ursprung des Kunstwerkes* Gesagtes an, ohne daß er diesen Text ausdrücklich nennen würde. Er sagt: »Einmal zugestanden, die Kunst sei das Ins-Werk-Bringen der Wahrheit und Wahrheit bedeute die Unverborgenheit des Seins, muß dann nicht im Werk der bildenden Kunst auch der wahre Raum, das, was sein Eigenstes entbirgt, maßgebend werden?« (*Die Kunst und der Raum*, 8) Diese Anknüpfung an jenen Vortrag, in dem Heidegger die Kunst ausführlich als »Ins-Werk-setzen-der-Wahrheit« erläutert hatte, ist jedoch keine bloße Wiederaufnahme, sondern zugleich eine sachliche Weiterführung.

Daß es sich hier um eine gewisse Verschiebung der Perspektive handelt, zeigt sich u. a. daran, daß jetzt nicht nur beiläufig, sondern maßgeblich der Raum mit ins Spiel kommt, – obgleich sich das im Gang der Überlegung nicht eigens aus der Bestimmung der Kunst als Ins-Werk-bringen der Wahrheit ergibt. Der Raum wird auf Grund der Absicht des jetzigen Vortrags an jene frühere Bestimmung herangetragen. Daß dieses Herantragen überhaupt möglich und sinnvoll ist, ergibt sich aus einer leichten Verschiebung der Grundeinstellung: Zur Zeit von *Der Ursprung des Kunstwerkes* wurde die ins Werk zu setzende Wahrheit noch in wesentlicherer Weise *geschichtlich* gefaßt als 25 Jahre später, weswegen der Raum noch nicht wichtig wurde.

Die Wahrheit hatte dort auch noch einen irgendwie selbständigeren Charakter; Heidegger sprach betont von einem *Sich-ins-Werk-Setzen* der Wahrheit (*Der Ursprung des Kunstwerks*, 25, 28). »Die Offenheit dieses Offenen, d. h. die Wahrheit, kann nur sein, was sie ist, nämlich diese Offenheit, wenn sie sich und solange sie sich selbst in ihr Offenes einrichtet. Darum muß in diesem Offenen je ein Seiendes sein, worin die Offenheit ihren Stand und ihre Ständigkeit nimmt.« (49) Kunstwerke sind, *damit* die Offenheit selbst ihren Ort finden kann. Mir scheint, daß Heidegger im Rahmen z. B. von *Das Ding* oder von *Bauen Wohnen Denken*, aber auch der beiden kleinen Kunst-Vorträge nicht mehr gesagt hätte, daß ein Ding oder ein Kunstwerk *sein muß*, *damit* die Wahrheit oder die Welt oder das Ereignis in ihm seinen Stand nehmen, in ihm sich einrichten kann. Das hier gemeinte gegenseitige Versammeln verbietet jede einseitige seinsmäßige Abhängigkeit des einen von dem anderen.

An der impliziten Erinnerung an den Kunstwerk-Aufsatz in *Die Kunst und der Raum* fällt auch auf, daß nicht nur nicht mehr vom *Sich*-setzen, sondern gar nicht mehr vom »*Setzen*«, sondern vom »*Bringen*« der Wahrheit – Ins-Werk-Bringen – gesprochen wird. Gegenüber dem an das vergegenständlichende, vorstellende Subjekt erinnernden *Setzen* – obgleich Heidegger das Setzen dort einfach als »zum Stehen bringen« erläutert (*Der Ursprung des Kunstwerkes*, 25) und die Wahrheit dementsprechend in den Werken »ihren Stand und ihre Ständigkeit nimmt« – ist das *Bringen* gewissermaßen »freundlicher« als das Setzen, es geleitet und begleitet das Gebrachte in seinen Ort. Die eigene Bedeutung dessen, wohin oder wohinein die Wahrheit gebracht wird, wird deutlicher, wenn diese in es *gebracht* und nicht *gesetzt* wird. Es erhält dann eben nicht nur seinen Stand, sondern seinen Ort, an den es gehört, gewissermaßen sein Zuhause.

Dem *Bringen* verwandte Worte, die bei Heidegger in ähnlichen Zusammenhängen begegnen und die uns alle bei der Erläuterung seines Raum-Verständnisses auch schon begegnet sind, sind Gewähren, Geben und Freigeben, Reichen und Darreichen, Stiften, Zulassen und Einräumen. Auch Anwesenlassen und Entbergen verweisen auf die selbe Geste. Diese Geste kennzeichnet auf der einen Seite und vor allem das Seinsgeschehen als Bezug des Seins zum Menschenwesen, indem dieser Bezug als ein tätiges Beziehen im Sinne eines Sich-darreichens und Gewährens verstanden wird. Sie bestimmt damit aber auch, von der anderen Seite her gesehen, d. h. von demjenigen her, dem da und in das etwas gewährt, gegeben, gebracht wird, das Gebrauchtsein des Menschen in seinem empfangenden und entsprechenden Bezug zum Sein, und d. h. ebenso auch zum Raum und zur Zeit. Heidegger bezeichnet diese Geste auch als die *nähernde Nähe*.

Ersichtlich hängt die Bestimmung der *Wahrheit* des Kunstwerks, wonach sie in ein Ding gebracht wird bzw. sich in das Ding bringt, eng

141

mit dem Verständnis des Raumes als *Räumen* und Einräumen zusammen. Dasjenige, was Kunst und Raum verbindet, weswegen Heidegger im Blick auf das eine wie von selbst auch das andere in den Blick bekommt, ist also das, was ich den *Geschehnischarakter* des Seins genannt habe, die Grundeinsicht, daß es eine Bewegung auf uns zu ist, und zwar genauer eine Bewegung des In-die-Unverborgenheit-tretens, des Wahr-werdens von Wahrheit innerhalb des vom Erfahrenlassen und Zulassen offengehaltenen und gelichteten Raumes. Der Schlüsselbegriff für die Verknüpfung von Kunst und Raum ist der *Ort* als das Einräumende, Versammelnde, Eröffnende, ein Verweilen Gewährende.

In *Die Kunst und der Raum* geht Heidegger von einer Erörterung des Raumes als solchen aus und kommt von da zu der Bestimmung der *Dinge als Orte*. Der Hinweis auf Ort und Gegend führt ihn zu der Bemerkung, daß »das Ineinanderspiel von Kunst und Raum ... aus der Erfahrung von Ort und Gegend bedacht werden« müßte (11); die Plastik ist dann »die Verkörperung von Orten, die, eine Gegend öffnend und sie verwahrend, ein Freies um sich versammelt halten, das ein Verweilen gewährt den jeweiligen Dingen und ein Wohnen dem Menschen inmitten der Dinge.« Und gegen Ende des Vortrags heißt es noch einmal: »Die Plastik: ein verkörperndes Ins-Werk-Bringen von Orten und mit diesen ein Eröffnen von Gegenden möglichen Wohnens der Menschen, möglichen Verweilens der sie umgebenden, sie angehenden Dinge. / Die Plastik: die Verkörperung der Wahrheit des Seins in ihrem Orte stiftenden Werk.« (13)

Die Wahrheit oder Offenheit bringt sich zur Erscheinung in einem Seienden, verkörpert sich in ihm, d.h. gewinnt in ihm oder als es einen Körper; eben darum oder dadurch ist dieses spezifische Ding, dieser »Körper« ein Kunstwerk. Dieses Werk seinerseits öffnet sich dem Offenen, um es sehen, es in ihm sichtbar werden zu lassen. Die Wahrheit wird dem Kunstwerk nicht auf- und eingezwungen; vielmehr treffen wir auch hier wieder auf die Figur eines sich wechselseitig implizierenden Bezugs: das Offene gibt sich in das Werk, indem dieses selbst sich für das Offene öffnet, ihm Raum gibt, indem es die Wahrheit »verkörpert«. Das Kunstwerk gibt dem Entbergen, dem Sein, dessen Geschehen eben das Geschehen des Werkes selbst ist, einen Ort, indem es sich für und als dieses Geschehen öffnet: »Je wesentlicher das Werk sich öffnet, umso leuchtender wird die Einzigkeit dessen, daß es ist und nicht vielmehr nicht ist.« (*Der Ursprung des Kunstwerks*, 53 f.)

In *Die Kunst und der Raum* spricht Heidegger nicht mehr nur davon, daß die Wahrheit, sondern er sagt nun eben auch, daß die *Orte* in ein Werk gebracht, gestiftet werden:»Die Plastik wäre die Verkörperung von Orten«. Aber zugleich wird das Kunstwerk wiederum bzw. weiterhin als Verkörperung von Wahrheit verstanden:»Die Plastik: die Verkörperung der Wahrheit des Seins in ihrem Orte stiftenden Werk.« Also wird beides letztlich dasselbe sein bzw. jedenfalls sehr eng zusammengehören: daß die Wahrheit sich im Kunstwerk verkörpert und eben darin Orte stiftet, und daß der Ort oder die Orte sich im Werk verkörpern bzw. im Werk verkörpert werden. Die Wahrheit geschieht, indem Orte ins Werk, d. h. in einen oder zu einem Körper gebracht, in eine sinnliche Gestalt, ein sinnliches Bild bzw. Gebilde in-korporiert werden, indem Orte einen Körper erhalten.

Die Kunstwerke sind ausgezeichnete Dinge, die das Weltgeschehen als ein solches sichtbar machen, indem sie ihm je einen Ort in ihnen selbst – oder auch: als sie selbst – verstatten. Man könnte sagen, daß die Kunstwerke Orte für die Orte selbst sind, weswegen Heidegger sie eben als»Verkörperungen«von Orten bezeichnen kann:»Die Plastik wäre die Verkörperung von Orten, die, eine Gegend eröffnend und sie verwahrend, ein Freies um sich versammelt halten, das ein Verweilen gewährt den jeweiligen Dingen und ein Wohnen dem Menschen inmitten der Dinge.« *(Die Kunst und der Raum,* 11) Sehr deutlich wird hier der *stiftende* Charakter der Kunstwerke herausgestellt.

* * *

Zu den Orten, von denen gezeigt wird, daß sie den Dingen ihr Verweilen und den Menschen ihr Wohnen verstatten, gehört allerdings z. B. auch die Brücke, von der in *Bauen Wohnen Denken* die Rede ist. Darum läßt sich im strengen Sinne nicht mehr sagen, daß allein die Kunstwerke, hier die Plastiken, das Ins-Werk-Bringen der Wahrheit des Seins im Sinne eines ursprünglichen Seinlassens wären; vielleicht müßte man spezifizieren, daß sie, die Kunstwerke, die Verkörperung, das Ins-Bild-Bringen eines (schon) durch die Dinge Eingeräumten sind, daß also in den Kunstwerken eine gewisse Iterierung und damit ein Ausdrücklichmachen des Dinggeschehens zu sehen wäre. Deswegen sagte ich, daß sie als Orte für die Orte genommen werden könnten.[63]

Das»verkörpernde Ins-Werk-Bringen von Orten«, das Heidegger

---

[63] Diese Auslegung der Besonderheit widerspricht allerdings, so scheint es wenigstens,

der Plastik zuspricht, eröffnet mit diesen Orten »Gegenden möglichen Wohnens der Menschen«; diese letztere Bestimmung aber bezieht sich der Sache nach und Heideggers eigenen Erläuterungen des Versammelns der Dinge entsprechend mit eben solchem Recht auf die Dinge allgemein. Hätte er das nicht ebenso von der Brücke sagen können? Mir scheint, daß wir hier lediglich noch von einem Unterschied der Ausdrücklichkeit zwischen dem Verkörpern des Dinges und dem des Kunstwerks sprechen können.[64] Wenn Heidegger vom Wohnen sagt, es sehe sich an anwesende Dinge verwiesen, deren Erscheinen eingeräumt und zugelassen wird, so ist eben auch die Kunst eine ausgezeichnete Art solchen Einräumens von Welt und Dingen. Auch das Kunstwerk versammelt die Offenheit, und d.h. auch: die Wahrheit in eine sinnliche Gegenwart. Sowohl das Kunstwerk – etwa die gedichtete oder gemalte Brücke – wie die reale Brücke in der Landschaft ergeben Orte. Das *Brücken-Kunstwerk,* indem es sie als solche Orte verkörpert und damit die Weise sichtbar macht, wie sie die Gegend des Verweilens der Dinge und des Wohnens der Menschen eröffnen und verwahren; das *Brücken-Ding,* indem es das wechselseitige Geschehen zwischen Ort und Gegend, zwischen Ding und Welt selbst sein läßt.

Weder in *Das Ding* noch in *Bauen Wohnen Denken* spricht Heidegger über Kunstdinge, sondern seine Beispiele sind der Krug und die Brücke. Die Vermutung scheint jedoch nach allem Gesagten nicht allzu gewagt, daß einerseits von Heideggers Bestimmung der Kunst als »Ins-Werk-Bringen der Wahrheit« und andererseits von seinem Verständnis der Dinge und des Wohnens aus die eindeutige Differenz zwischen Kunstwerk und Ding, die einer ganz bestimmten geschichtlichen Epoche zugehört, hinfällig werden könnte.[65] Man sollte auch nicht verges-

---

[64] einer anderen Aussage, die Heidegger über sie macht, auf die ich noch zu sprechen komme, daß sie nämlich Unsichtbares erstmalig sichtbar machen.

[64] Es ist im übrigen auch bemerkenswert, daß Heidegger in den beiden kleinen Schriften zur Plastik jeweils fast mit einem unvermittelten Sprung bei den Kunstwerken landet.

[65] Zu Anfang der *Bemerkungen über Kunst – Plastik – Raum* spricht Heidegger über das »Zeitalter der griechischen Kunst« und die *Sprache* ihrer Kunstwerke und sagt, daß diese »als das zeigende Echo *der* Stimme, die das Ganze des Daseins dieses erstaunlichen Volkes bestimmte«, sprachen (5 f.); auch hier scheint er implizit keinen großen Unterschied zwischen Kunstwerken und den versammelnden Dingen zu machen, die das Ganze des Daseins mit prägen, – wenn er überhaupt etwas über die Dinge im griechischen Umfeld hätte sagen wollen. Sie gehörten einfach in jenes Ganze mit hinein. Man könnte hier wohl auch auf die Stelle aus dem Humanismusbrief verweisen, wo er die Geschichte

sen, daß die *Dinge* als solche Heidegger ja erst spät, erst im Zusammenhang mit dem Wohnen in der Welt, wichtig werden.[66] Die Unterscheidung zwischen Zuhandenem und Vorhandenem in *Sein und Zeit* läßt noch keinen Raum für den wohnenden Aufenthalt bei den Dingen. Die Ähnlichkeit zwischen Werken und sonstigen Dingen kommt gerade dann in den Blick, wenn wir ihren jeweiligen Bezug zu *Raum und Ort* betrachten. Was Heidegger über den nicht mehr parametrisch vorgestellten, sondern als einräumend gedachten Raum sagt, ist aus einem wohnenden Bezug zwischen Begegnendem und Mensch gesprochen, für den es zwischen den Kunstwerken und den Dingen –»wenn sie selber als Dinge in ihrem Wesen gelassen werden« – offenbar keine genau zu ziehende Grenze mehr gibt. In *Bauen Wohnen Denken* heißt es:»der Aufenthalt bei den Dingen ist die einzige Weise, wie sich der vierfältige Aufenthalt im Geviert jeweils einheitlich vollbringt. Das Wohnen schont das Geviert, indem es dessen Wesen in die Dinge bringt«. (151) Dieses Wohnen als Leben mit *Dingen*, die z. B. in der Weise das Geviert versammeln, daß sie ihm eine *Stätte* verstatten, entspricht dem Umgang mit *Kunstwerken*, die ein»verkörperndes Ins-Werk-Bringen von Orten und … ein Eröffnen von Gegenden möglichen Wohnens« (*Die Kunst und der Raum*, 13) sind.

Ersichtlich kommt die genannte Ähnlichkeit oder Entsprechung, die Heidegger im übrigen nirgendwo ausdrücklich vollzogen hat, nicht daher, daß er die *Kunstwerke* gewissermaßen alltäglich verstehen würde[67], sondern daher, daß er den *Dingen* eine gewisse Aura verleiht,

---

von Heraklit erzählt, der seine in Ehrfurcht erstarrenden Besucher auf die Gewöhnlichkeit seiner Backstube, in der er sich am Ofen wärmte, mit den Worten hinweist:»Auch hier wesen Götter an.« Heidegger erläutert:»kai entautha ›auch hier‹, am Backofen, an diesem gewöhnlichen Ort, wo jeglich Ding und jeder Umstand, jedes Tun und Denken vertraut und geläufig, das heißt geheuer ist, ›auch da nämlich‹ im Umkreis des Geheuren einai theous, ist es so, ›daß die Götter anwesen‹.« (*Platons Lehre*, 41)

[66] Ich möchte hier eine kurze, einigermaßen kryptische, aber mir außerordentlich wichtige Bemerkung von Heidegger anführen. In einem mitstenographierten Gespräch mit dem befreundeten Arzt und Psychiater Medard Boss am 2. März 1972 sagt er, nach einer längeren Erörterung des Träumens:»Lassen Sie mich jetzt, lieber Herr Boss, da es schon einzunachten beginnt, noch einen großen Sprung weg vom Träumen tun. Ich möchte Ihnen eine Frage vermachen, die mich sehr umtreibt. Wie gehört das Ding in das ER-EIGNIS, wenn das Ding als solches in der neuen Bestimmung gesehen wird? Dies ist eine Lockfrage, für Sie, Herr Boss. Ich schaffe es wohl kaum mehr.« (*Zollikoner Seminare*, 291)

[67] Bei meinen Überlegungen geht es mir auch keineswegs um so etwas wie eine»Rettung« der Besonderheit der Kunstwerke. Vielmehr erscheint es mir als durchaus denk-

indem er ihre wesentliche Funktion für das Wohnen der Menschen in der Welt betont. Die Nähe zwischen beiden ergibt sich in erster Linie von seiner Bestimmung der *Dinge* her.

Eine ähnliche Aufhebung der Grenzen des Verhältnisses zum Kunstwerk gegenüber dem übrigen Ding- und Weltverständnis, wie ich sie im Bereich der bildenden Kunst aufgezeigt habe, findet sich auch bei der Dichtkunst. Heideggers Auslegung des Hölderlin-Wortes »… dichterisch wohnet der Mensch …« betrifft nicht allein das dichterische Sprechen im engeren Sinne, sondern die Sterblichen überhaupt, – auch hier können wir sagen: wenn sie selber *als* Sterbliche in ihrem Wesen gelassen werden. Das Wohnen als solches ist »dichterisches« Wohnen, und es ist ein Wohnen, in dem und als das ein In-die-Welt-kommen des Wahren geschieht. Es scheint so, als würde das, was Heidegger in *Bauen Wohnen Denken* über den wohnenden Aufenthalt der Menschen bei den Dingen und den Bezug dieses Wohnens zum Raum und zu den Orten sagt, auf wahrhafte und besondere Weise von den *Dichtern* verkörpert werden; die dichterische Weise des Wohnens offenbart auf besondere Weise das, was das Wohnen als solches eigentlich und überhaupt ist.

Die Ähnlichkeit zwischen Heideggers Verständnis der Dichtwerke und dem, was er von den Dingen von der Art einer Brücke sagt, erhält noch größeres Gewicht dadurch, daß er nicht nur in beiden Fällen zentral vom menschlichen Wohnen spricht, sondern auch vom »Bauen«, wobei zunächst kein wesentlicher Unterschied deutlich wird. In *Bauen Wohnen Denken* sagt Heidegger: »Bauen ist eigentlich Wohnen.« Und: »Das Bauen als Wohnen entfaltet sich zum Bauen, das pflegt, nämlich das Wachstum, – und zum Bauen, das Bauten errichtet.« (148) In …dichterisch wohnet der Mensch …« heißt es: »Dichten ist, als Wohnenlassen, ein Bauen.« (189)

Dann aber sagt Heidegger doch auch: »Das Bauen im Sinne der bäuerlichen Pflege des Wachstums und des Errichtens von Bauten und Werken und des Herrichtens von Werkzeugen ist bereits eine Wesensfolge des Wohnens, aber nicht sein Grund oder seine Gründung. Diese muß in einem anderen Bauen geschehen.« Ohne daß Heidegger es hier

---

bar, daß so, wie es etwa im Griechentum keine spezifische Unterscheidung zwischen Kunstwerken und sonstigem Hergestelltem gab, dies auch heute oder in der Zukunft wieder so sein könnte. Auch hier sollten wir wie auch sonst nicht auf geschichtlich gewordenen Unterscheidungen beharren.

ausdrücklich sagen würde, legt sich nahe, daß dieses andere Bauen das Dichten ist. Ist etwa schon in *Bauen Wohnen Denken* das »Bauen als Wohnen«, das sich zum Bauen, das pflegt, »entfaltet«, *im Grunde* das Dichten, nur daß dies noch verschwiegen, noch im Ungesagten belassen würde? Leistet das Wohnen und Bauen der Kunst – oder vielleicht auch nur der *Dichtung?* – eine »Gründung« des sonstigen wesenhaft gelebten Wohnens und Bauens, von dem es sich aber darüber hinaus nicht wesentlich unterscheidet? Wie wäre dieses »Gründungsverhältnis« zu denken? Was ist genauer damit gesagt, daß Heidegger hier von einer »Wesensfolge« spricht? Diese Fragen müssen hier offenbleiben.

Die spezifischen Dinge, die die Kunstwerke sind, haben in philosophischen Überlegungen des letzten Jahrhunderts zuweilen die Rolle von Stellvertretern der Dinge überhaupt gespielt, weil diese letzteren geschichtlich ihr unentfremdetes Sein verloren hatten und nur noch als Waren erschienen, so vor allem bei Adorno, aber in gewissem Sinne z. B. auch bei Benjamin oder auch bei Marcuse. Die Betrachtung der Kunst betraf da nicht bloß einen Gegenstandsbereich neben anderen, sondern am Kunstwerk oder am Hervorbringen des Kunstwerks sollte sich der nicht entfremdete, nicht pervertierte Umgang des Menschen mit der Natur deutlich machen lassen. Wenn die Dinge neuzeitlich zu Gegenstand, Ware und Bestand, zu etwas Technischem geworden und damit aus der Welt und so auch aus dem welthaften Raum herausgefallen sind, scheint es eines Anderen zu bedürfen, wenn man die wahre oder versöhnte Auseinandersetzung des Menschen mit der Natur aufzeigen will. Als dieses Andere erscheint die Kunst.

In einem neutralen, absoluten Raum, der als »jenes gleichförmige, an keiner der möglichen Stellen ausgezeichnete, nach jeder Richtung hin gleichwertige, aber sinnlich nicht wahrnehmbare Auseinander« (*Die Kunst und der Raum*, 6) begriffen wird, als das ihn die moderne Wissenschaft und die Technik voraussetzen, ist kein Platz für Dinge, die »ihren« Raum einrichten und in ihn ausstrahlen, die einen Raum um sich herum eröffnen. Das Räumliche und das Zeitliche reduzieren sich zu lediglich »objektiven« Größen, die zwar je bestimmte Raumstellen einnehmen und bestimmte Stellenwechsel vollziehen (vgl. *Ister*, 50), ohne daß diese jedoch – in ihrer prinzipiellen Gleich-Förmigkeit – ein ihnen Eigenes, sie von anderem qualitativ Unterscheidendes zu sein vermöchten.

Die Kunstwerke dagegen fordern und stiften als Kunstwerke einen eigenen Weltbezug, einen Zeitspielraum. Ihre Individualität und Unvergleichbarkeit, die gerade kein Isoliertsein und keine Abgeschlossenheit sind, scheinen zu ihrem Charakter als Kunstwerke dazuzugehören. Ihre Besonderheit, so fremd und isoliert sie oftmals auch z. B. in großen Museen und Ausstellungen erscheinen mag, eröffnet gleichwohl einen eigenen – vielleicht vorwiegend geschichtlichen – Raum um oder in sich, innerhalb dessen sich Beziehungen zu Anderem, zu erfahrenden Menschen und miterfahrenen Dingen entfalten können. Gegenüber den gewöhnlichen und vernutzten alltäglichen Sachen und Tatsachen, die dem vergegenständlichenden Umgang ausgesetzt sind, erscheinen die Kunstwerke in diesem Sinne als etwas Herausgehobenes, gewissermaßen Fremdes, Erstaunliches, Auratisches. So etwas wie ein eigentlicher Weltbezug scheint sich in sie als in seine letzte Bastion zurückgezogen zu haben und kann sich darum in besonderer Weise an die künstlerischen Dinge verwiesen sehen.

In dieser Auffassung der Kunst und ihrer angedeuteten Sonderstellung liegt aber auch eine gewisse Gefahr. Wenn die Kunstwerke in dem angedeuteten Sinne gleichsam als Platzhalter der Dinge überhaupt betrachtet werden, nimmt man ihnen dann nicht gleichsam die Luft zum Atmen, das Umfeld, in dem sie sich »natürlich« zu zeigen und zu bewegen vermöchten? Könnten sie tatsächlich die Fähigkeit einer Welteröffnung bewahren, wenn sie ihren Ort in einer Welt der Ortlosigkeit hätten, wenn also ihr lebendiger Bezug zu einer Welt gewissermaßen per definitionem abgeschnitten wäre, weil diese Welt selbst weltlos geworden wäre? Dieses Bedenken wird zum Teil dadurch bestätigt und verstärkt, daß das Verständnis der Kunst sich heute, d. h. schon seit mehreren Jahrzehnten, weit von der angedeuteten Konzeption entfernt hat, zumal die Kunstwerke ja selbst zu einem guten Teil längst den aufgezeichneten Charakter der Individualität und Einzigkeit verloren haben und oftmals reproduzierbar und multiplizierbar geworden sind.

Und von allen anderen Bedenken abgesehen ist im übrigen schon die Voraussetzung, daß es überhaupt einer solchen Rückzugsbastion bedürfe, d. h. daß es die *Dinge als solche* heute nicht mehr gebe, fragwürdig. Ich gehe ja vielmehr davon aus, daß uns bei Heidegger tatsächlich ein Denken von Welt und Dingen begegnet, dementsprechend sie uns auch heute schon und noch angehen und erfahrbar sind.

* * *

Ich möchte hier noch eine weitere Frage oder Nachdenklichkeit anfügen. Heidegger schreibt in *Die Kunst und der Raum* am Ende:»Schon ein vorsichtiger Einblick in das Eigentümliche dieser Kunst [der Plastik] läßt vermuten, daß die Wahrheit als die Unverborgenheit des Seins nicht notwendig auf Verkörperung angewiesen ist.« Vermutlich will er hier in erster Linie auf die anderen Weisen der Kunst, insbesondere auf die Dichtung hinweisen, – obgleich man fragen könnte, ob nicht auch das Sprechen der dichterischen Worte oder etwa auch die Töne in der Musik als eine weiter gefaßte Weise von *Verkörperung* angesehen werden könnten, – wenn wir nämlich die Verkörperung mehr als sinnliches Zur-Erscheinung-kommen denn als Gebundensein an ein Körpervolumen ansehen.

Doch Heidegger fügt nun das folgende Goethe-Zitat an, mit dem er seinen Vortrag beschließt:»Es ist nicht immer nötig, daß das Wahre sich verkörpere; schon genug, wenn es geistig umherschwebt und Übereinstimmung bewirkt, wenn es wie Glockenton ernst-freundlich durch die Lüfte wogt.« Warum verweist er hier durch seinen Rekurs auf Goethe auf die Unkörperlichkeit des *Geistigen*? Gibt es so etwas wie»geistige Orte«, die als solche keine Verkörperungen wären? Sind sie das, was Heidegger mit dem»Unsichtbaren« anspricht? Wir werden allerdings sehen, daß das Unsichtbare bei ihm wesentlich zur Sichtbarkeit, also doch wieder zur»Körperlichkeit« in einem weiteren Sinne tendiert. Und wie wären solche»geistigen Orte« näher zu denken? Ist ein Gedicht so etwas wie ein geistiger Raum? Wäre das ein *sprachlicher* Raum? Kann auch da von einem»Einräumen« die Rede sein? Was könnte es heißen, daß Gedichte Orte sind? Erlauben auch sie ein Wohnen? Doch diesen Fragen kann ich hier nicht nachgehen. Nur auf das »Unsichtbare« will ich mich jetzt etwas näher einlassen, weil es uns zugleich zu dem *Bezug von Raum und Sprache* hinüberführt.

Ich habe dargelegt, daß Heideggers Verständnis der die Welt versammelnden Dinge de facto dazu führt, daß ihr Unterschied gegenüber den Kunstwerken weitgehend hinfällig wird. Jedoch wird nun in einer anderen Hinsicht dem im Kunstwerk geschehenden Eröffnen doch das größere Gewicht gegenüber den sonstigen wesentlich verstandenen Dingen gegeben: Heidegger führt in den *Bemerkungen* noch eine weitere Bestimmung der Kunstwerke ein, und diese scheint nun in der Tat nur diese zu betreffen. Er sagt:»Der Künstler bringt das wesenhaft Unsichtbare ins Gebild und läßt, wenn er dem Wesen der Kunst entspricht, jeweils etwas erblicken, was bis dahin noch nie gesehen wurde.

–« (14) Die Wahrheit, die Un-verborgenheit des Seins, von der wir gehört hatten, daß sie ins Kunstwerk gebracht werde, ist an ihr selbst, »wesenhaft«, zunächst noch verborgen, noch *nicht unverborgen* und *sichtbar,* sie erhält erst dadurch eine Sichtbarkeit, daß sie in ein Gebilde oder Bild gebracht, *ein-gebildet* wird. In *Hölderlins Erde und Himmel* heißt es entsprechend, die Kunst sei »das zeigende Erscheinenlassen des Unsichtbaren«. (162) Der Raum der Verkörperung ist zugleich Raum der Verbildlichung als der Sichtbarmachung des Unsichtbaren.[68]

Daß das Gebildete und Verkörperte zunächst »wesenhaft« unsichtbar ist, besagt auch, daß die hier verliehene Sichtbarkeit eine *erstmalige,* insofern einzigartige ist: das im Kunstwerk sichtbar Gewordene wurde »bis dahin noch nie gesehen«. In ähnlichem Sinne sagt Heidegger in dem kleinen Text *Überlieferte Sprache und technische Sprache* hinsichtlich des Dichtwerks, daß die Sprache »den Menschen dafür in Anspruch nimmt, aus der aufbehaltenen Sprache her die Welt neu zu sagen und damit Noch-nicht-geschautes zum Scheinen zu bringen.« (27)

In keiner dieser Äußerungen wird explizit auf den Raum Bezug genommen. Sie gehören aber gleichwohl in den Zusammenhang des Bezugs von Kunst und Raum, weil das Erblicken-lassen und Sichtbarmachen und Zum-Scheinen-bringen des Unsichtbaren unmittelbar etwas mit dem »Verkörpern« zu tun haben, das als Verkörpern von eine Gegend eröffnenden Orten, verkürzt gesagt: als ein Räumlichwerden verstanden wurde. Zudem besteht zwischen der Sichtbarkeit und der Räumlichkeit ein innerer Zusammenhang, der seinerseits mit der Verkörperung etwas zu tun hat.[69]

Der Zusammenhang zwischen Raum und Sichtbarwerden wird deutlich in dem Beispiel, das Heidegger in den *Bemerkungen* unmittelbar vor der Bestimmung, daß der Künstler »das wesenhaft Unsichtbare ins Gebild bringt«, gibt:»Wenn der Künstler einen Kopf modelliert, so scheint er nur die sichtbaren Oberflächen nachzubilden; in Wahrheit bildet er das eigentlich Unsichtbare, nämlich die Weise, wie dieser Kopf

---

[68] »Ein-Bildung« in diesem in »... *dichterisch wohnt der Mensch* ...« explizierten Sinne und »Ver-körperung« können hier fast als gleichbedeutend genommen werden.

[69] Und, um zunächst bei diesen vagen, andeutenden Bestimmungen zu bleiben: auch die *Sprache* scheint in diesen Fragenkomplex zu gehören. Wenn die Sprache noch nicht Geschautes zum Scheinen bringt, dann gibt sie ihm mit der neuen Sichtbarkeit auch einen Ort, an dem es sichtbar wird, zumindest eine Gegend, in die es gehört, in der es seine Weite und seine Weile hat.

in die Welt blickt, wie er im Offenen des Raumes sich aufhält, darin von Menschen und Dingen angegangen wird.« (14) Das Beispiel dafür, was es heißt, das Unsichtbare ins Gebild zu bringen, ist also ein eingeräumtes, verortetes Ding, ein modellierter Kopf. Genauer ist es *die Weise, wie* dieser »im Offenen des Raumes sich aufhält, darin von Menschen und Dingen angegangen wird«. Indem der Kopf geformt wird, wird *die Weise* gebildet, *wie er ist,* nämlich sein Aufenthalt in der Welt. Mit dem Bilden der Weise, wie er »im Offenen des Raumes sich aufhält«, geschieht eben das, was wir vorher über die »Verkörperung von Orten« gehört haben, daß sie nämlich »eine Gegend öffnend und sie verwahrend, ein Freies um sich versammelt halten, das ein Verweilen gewährt den jeweiligen Dingen und ein Wohnen dem Menschen inmitten der Dinge.« *(Die Kunst und der Raum,* 11)

Heidegger spricht, wie gesagt, seine *Bemerkungen zu Kunst – Plastik – Raum* anläßlich der Eröffnung einer Heiliger-Ausstellung. Als Beispiel für ein Kunstwerk wählt er dementsprechend die Plastik eines Kopfes, ich denke mir, daß er auf eine bestimmte Plastik hinweist, vielleicht sogar auf die Plastik, die Heiliger von Heideggers Kopf selbst angefertigt hat. Diese Situation zu beachten ist wichtig, wenn man den Satz richtig verstehen will. Ich zitiere noch einmal: »Wenn der Künstler einen Kopf modelliert, so scheint er nur die sichtbaren Oberflächen nachzubilden; in Wahrheit bildet er das eigentlich Unsichtbare, nämlich die Weise, wie dieser Kopf in die Welt blickt, wie er im Offenen des Raumes sich aufhält, darin von Menschen und Dingen angegangen wird.« »*Die Weise, wie* …« – das ist hier das Entscheidende, was Heidegger mit diesem spezifischen Beispiel allgemein über das *Kunstwerk* sagen will. Ein Kunstwerk zeigt, indem es die Wahrheit oder Unverborgenheit oder Offenheit in ein Werk bringt, *die Weise, wie* etwas, sei es ein Mensch oder irgendwelche Dinge, sich in der Welt aufhält.

Zugleich aber sagt Heidegger dann auch etwas über diesen Kopf selbst, über dieses modellierte »Leibphänomen« (ebd.), und zwar im Zusammenhang einer Besinnung darauf, »wie der Mensch im Raum ist«: der einräumende, den Raum als das Freigebende zulassende Mensch »lebt, indem er leibt und so in das Offene des Raumes eingelassen ist und durch dieses Sicheinlassen im vorhinein schon im Verhältnis zu den Mitmenschen und den Dingen sich aufhält« (13). »Der Mensch hat keinen Körper und ist kein Körper, sondern er lebt seinen Leib.« (ebd.) Dieses »seinen Leib leben« ist zusammenzudenken mit der früher gehörten Bestimmung aus *Bauen Wohnen Denken*, nach der es zum Wesen des Denkens gehört,»daß dieses Denken *in sich* die Ferne zu diesem Ort *durchsteht*.« (157)

Heidegger zeigt also, daß der Mensch in der Weise im Raum ist, daß er sich als leibhaftiges, lebendiges Wesen im Raum der Welt aufhält, was zugleich negativ heißt, daß der Kopf »kein mit Augen und Ohren behafteter Körper, sondern vom blickenden und hörenden In-der-Welt-sein geprägtes Leibphänomen« ist. Als leibhaftes, körperliches Wesen kann der Mensch die Offenheit selbst an einen Ort im Raum bringen, indem er sie in ein Ding, ein Kunstwerk hinein verkörperlicht, inkorporiert, weiter gesagt, indem er überhaupt Dinge baut.

Zugleich aber nimmt Heidegger nun diesen Kopf als Beispiel für ein *Kunstwerk* und sein Verkörperlichen, so daß zwei Momente fast ununterschieden zusammenkommen, einerseits das des leibhaften Kopfes, der in diesem Kunstwerk gebildet ist, und andererseits das Welt-bilden des Kunstwerkes selbst. Der modellierte Kopf, das Kunstwerk *ist* nicht so sehr Aufenthalt in der Welt – wie der Mensch und mit ihm der blickende Kopf Aufenthalt in der Welt ist –, als er vielmehr die *Weise* dieses Aufenthalts, dieses In-die-Welt-blickens *bildet*, und dies nicht, weil er ein Kopf, sondern weil er ein Kunstwerk ist.

Das, was das (verbale) Wesen des Menschen ausmacht, ist nichts anderes als *die Weise, wie* er sich in die Welt hinein verhält. Und das wiederum ist nichts anderes als das, was Heidegger die *Unverborgenheit seines Seins* nennt. Das Kunstwerk bringt die Unverborgenheit, das »Sein als sich-zusagendes, lichtendes Einräumen des Zeit-Spiel-Raumes für das je so oder so Erscheinende« ins Bild und damit in die Sichtbarkeit (*Satz vom Grund*, 130). (In gewissem Sinne können wir auch hier von einer Ausdrücklichmachung, einer Entfaltung oder Explikation oder auch von einer Iterierung des Welt-stiftens der gewöhnlichen Dinge sprechen.) Was im noch Verborgenen als dem noch ansichhaltenden Unverborgenen enthalten ist, wird im Scheinen des Kunstwerks herausgestellt, indem es in die Gegend seines Erscheinens, in seinen Zeit-Spiel-Raum gebracht wird. Indem so das Ereignis der Unverborgenheit als solches aufscheint, ist es etwas Überraschendes, Erstaunliches. Ich zitierte früher aus dem *Kunstwerk*-Aufsatz:»Je wesentlicher das Werk sich öffnet, umso leuchtender wird die Einzigkeit dessen, daß es ist und nicht vielmehr nicht ist.« (53 f.) U. a. ist es wohl auch diese Einzigkeit – wir können auch sagen: Besonderheit oder Erstaunlichkeit –, die Heidegger sagen läßt, daß es sich beim Kunstwerk um etwas handele, das *noch nie gesehen,* das ein Noch-nicht-Geschautes sei.

Genauer jedoch nennt er nun diese Weise, wie etwas erscheint, *das eigentlich Unsichtbare,* was ja noch anderes und mehr meint, als daß es vorher noch nicht gesehen worden ist.[70] Daß Heidegger hier so betont vom *Unsichtbaren* – »das wesenhaft Unsichtbare« und »das eigentlich Unsichtbare« – spricht, könnte zunächst verwundern. Die Unterscheidung von Sichtbarem und Unsichtbarem erinnert zu sehr an die von Sinnlichem und Unsinnlichem und damit an die von Physischem und Metaphysischem, als daß sie im Hinblick auf Heidegger geläufig erscheinen würde. Dieses Unsichtbare kann ja mit Sicherheit keine jenseitige Entität, kein »Wesen an sich« sein. Die Rede vom Unsichtbaren besagt nicht, daß hier ein wie auch immer geartetes Wesentliches, eine ideelle, sogenannte »höhere« Wahrheit zum sinnlichen Erscheinen gebracht würde, etwa in der Weise, wie Hegel in seinen *Vorlesungen über die Ästhetik* das »Schöne« als »das sinnliche *Scheinen* der Idee« bestimmt (160).

Wenn es aber nicht die *Idee* des Kopfes ist, der sinnliche Sichtbarkeit verliehen würde, wenn es im Bereich des Heideggerschen Denkens keinen Platz mehr gibt für den Dualismus zwischen Wesen oder Idee und Erscheinung, was ist das Unsichtbare dann? Was heißt es, daß der Künstler »das wesenhaft Unsichtbare ins Gebild« bringt und damit »jeweils etwas erblicken [läßt], was bis dahin noch nie gesehen wurde«? Das Unsichtbare wird in ein bzw. als ein eingeräumtes, verortetes Ding gebildet. Wenn Heidegger sagt, daß damit *das wesenhaft Unsichtbare* zur Sichtbarkeit gebracht wird, daß der Künstler das wesenhaft Unsichtbare *erblicken läßt,* so ist die hier gemeinte Unsichtbarkeit offenbar so gedacht, daß sie der räumlichen Sinnlichkeit nicht prinzipiell widerspricht, sie vielmehr gewissermaßen *unterläuft.* Es ist *das Unsichtbare* selbst, das *erblickt wird.*

Das Unsichtbare wird selbst sichtbar, es ist selbst das Sichtbar- und Erblicktwerden. Es ist sichtbar als die *Weise, wie* etwas in der Welt ist. Das Unsichtbare ist gar nichts anderes als diese »Weise, wie …«, und eben das ist *das Sein.* Der Künstler bildet »in Wahrheit … das eigentlich Unsichtbare, nämlich die Weise, wie dieser Kopf in die Welt blickt«, also die Weise, wie er *ist,* sein Sein. Insofern können wir auch

---

[70] Das Unsichtbare ist als solches nicht gesehen, weil nicht zu sehen; das bloß nicht Gesehene muß nicht unsichtbar, es kann z. B. nur verdeckt oder woanders sein.

sagen, daß der Künstler das Sein ins Bild bringt. Zwischen Sichtbarkeit und Unsichtbarkeit besteht insofern keine andere Differenz als die zwischen Seiendem und Sein. Das aber ist in dem Sinne die Differenz einer Selbigkeit, daß das eine gar nichts anderes ist, als das Geschehnis, das Ankommen des anderen. Heidegger sagt einmal: »Sein des Seienden heißt: Sein, welches das Seiende ist. Das ›ist‹ spricht hier transitiv, übergehend.« (*Die onto-theo-logische Verfassung der Metaphysik*, 62)

* * *

Das Unsichtbare bleibt zumindest untergründig mit im Spiel, wenn ich jetzt zum *Raum der Sprache* weitergehe. Nach allem bisher zum Raum bei Heidegger Ausgeführten dürfte klar sein, daß Ort, Gegend und Raum für ihn keineswegs nur den Bereich des Raumes im unmittelbaren, sozusagen konkreten Sinn betreffen. Wenn er etwa, um eine beliebige Äußerung aufzugreifen, in der »Räumliches« zur Sprache kommt, von der »Ortschaft des Menschenwesens« sagt: »Die verweilende Rückkehr dahin, wo wir schon sind, ist unendlich schwerer als die eiligen Fahrten dorthin, wo wir noch nicht sind und nie sein werden, es sei denn als technische, den Maschinen angepaßte Ungetüme« (*Das Wesen der Sprache*, 190), so spricht er mit dieser »Ortschaft« und diesem »dahin, wo«, mit der Rückkehr und den Fahrten keinen Bereich konkreter Räumlichkeit an. Vielmehr ist das Räumliche so weit zu nehmen, daß seine Grundzüge auch da zu sehen sind, wo es sich nicht um Raum im engeren Sinne handelt, ohne daß dies einen Übergang ins bloß Metaphorische besagen würde.[71]

Dieser weitere Raum kann – zumindest auch – der *Raum der Sprache* genannt werden, wobei Sprache dann nicht nur als menschliches Sprechvermögen genommen wird. »Man kennt das Sprechen als die gegliederte Verlautbarung des Gedankens mittels der Sprechwerkzeuge. Allein, Sprechen ist zugleich Hören. ... Es ist das Hören auf die Sprache, die wir sprechen. ... Wir sprechen nicht nur *die* Sprache, wir sprechen *aus* ihr. Dies vermögen wir einzig dadurch, daß wir je schon auf die Sprache gehört haben. Was hören wir da? Wir hören das Sprechen der Sprache.« (*Der Weg zur Sprache*, 254)

In dieser Passage führt Heidegger in einigen wenigen Schritten zu

---

[71] Die Unterscheidung von »Eigentlichem« und »Metaphorischem« hat hier schlicht keinen Sinn.

dem hin, was er sonst auch mit dem bekannten Satz »Die Sprache spricht und nicht der Mensch« sagen will. Wenn wir sprechen, bewegen wir uns schon innerhalb von etwas, das uns voraufliegt, *wir könnten* auch sagen: dessen wir uns bedienen, das wir gebrauchen und brauchen. Wir sprechen die Sprache, indem wir uns ihr überlassen, immer schon von ihr herkommen; sie ist somit etwas, das gewissermaßen vor uns, in diesem Sinne *auch* unabhängig von uns da ist. Wir hören auf sie und sprechen sie dann gleichsam nach.

Diese Sprache ist für Heidegger nicht allein das Ensemble des bisher von Menschen Gesprochenen, das jedem von uns als Muttersprache überliefert wird, in das wir hineinsozialisiert werden. Auch für ihn ist sie natürlich *auch* das, z. B. wenn er davon spricht, daß der Dichter »aus der aufbehaltenen Sprache her die Welt neu zu sagen« habe. Aber sie ist zugleich mehr. »Die Sprache spricht, indem sie als die Zeige, in alle Gegenden des Anwesens reichend, aus ihnen jeweils Anwesendes erscheinen und verscheinen läßt.« (255) Indem uns Anwesendes angeht, auf uns zukommt, spricht es uns an. Daß uns überhaupt etwas als etwas begegnen kann, besagt, daß wir uns schon *in* der Sprache bewegen, innerhalb ihrer kann uns etwas bedeuten und bedeutsam werden.

In diesem Sinne ist die Sprache, wie Heidegger sie versteht, selbst ein Raum. Das zeigt sich u. a. auch darin, daß sich dem Räumlichen zugehörige Ausdrücke und Bilder in fast unauflöslicher Weise in den Bereich *seiner* Sprache verwoben finden. Der *Weg* und der *Sprung*, das *Wohnen* und das *Aufenthalt-gewähren* – Worte, die in diesem Denken eine entscheidende Bedeutung nicht nur für dieses selbst, sondern auch für das Sprechen haben – sind ohne einen Rückbezug auf den Raum nicht zu denken. Umgekehrt zeigen Worte wie Ort und Gegend wie Nähe oder Gegen-einander-über, aber auch z. B. Wohnen und Haus und Landschaft in Heideggers Ausführungen einen engen Bezug zur Sprache. Jeweils handelt es sich nicht um eine bloße *Übertragung* von Raum-Verhältnissen auf die Sprach-Verhältnisse, die »im Grunde« etwas Unräumliches wären, oder umgekehrt. Am Ende kann man wohl sagen, daß für Heidegger der Bereich der Sprache selbst, als räumender Raum im weiteren Sinne des Erscheinenlassens von Anwesendem, den Bereich des konkreten oder sinnlichen Raumes umgreift. Dieser konkrete Raum ist insofern gewissermaßen eine Seite oder auch eine Erscheinungsweise von jenem.

Heideggers Sprechen über den Raum hat in gewissem Sinn selbst einen Raum-eröffnenden und vom Raum geprägten Charakter. Ganz allgemein kann man wohl sagen, daß die Sprache, in der Heidegger selbst spricht (nicht nur, wenn er vom Raum handelt), manchmal darum als schwierig erscheint, weil sie sich in einem ungewohnten Ausmaß in räumlichen und konkret-sinnlichen Bildern und Verhältnissen bewegt, die dem sinnlichen Gerüst des Sprach-Baus selbst zuzugehören scheinen. Ich denke, das betrifft nicht nur die jeweiligen Worte und Wendungen und sprachlichen Bilder, sondern in dem Sinne auch die Weise von Heideggers Sprechen ganz allgemein, daß sich wie in einer Landschaft – und die Landschaft ist ja ein konkreter Raum – bzw. in der Erfahrung einer Landschaft ihre unterschiedlichen Aspekte je nach der Perspektive oder Situation unterschiedlich zeigen. Eine andere Fragestellung, eine andere Intention, ein anderer Anspruch verändern das Sprechen, weil sie jeweils einen anderen Weg einschlagen, einen anderen Blick auf das jeweilige Ganze freigeben.

Ein Beispiel, mit dem wir es implizit zu tun hatten, ist Heideggers Umgang mit dem Begriff des »Körpers« in den beiden kleinen Kunst-Texten. In dem einen, *Bemerkungen zu Kunst – Plastik – Raum*, versteht er die Körper als die »physikalischen Körper«, die unbezogen und unbeziehend im gleichförmigen dreidimensionalen Raum »gleichsam herumspazieren« (11) und gegen die das Im-Raum-sein des menschlichen Leibes abgehoben wird. In *Die Kunst und der Raum* wird dagegen die »Verkörperung von Orten« – was ja nichts anderes als das Körper-werden von Orten heißt, auch wenn Heidegger diese Auflösung des Wortes Verkörperung vermeidet – als die Weise verstanden, wie die modellierten Kunstwerke die Dinge verweilen und die Menschen wohnen lassen. Das Wort »Körper« ist somit das eine Mal, d. h. aus der einen Perspektive, eher »negativ«, das andere Mal, aus einer anderen Perspektive, »positiv« konnotiert. Die Landschaft oder Region des Denkens, in der Heidegger sich das eine und das andere Mal bewegt, hat je einen etwas anderen Charakter und färbt darum auch die Worte etwas anders.

Eine »Landschaft« in dem eben gemeinten Sinn eines spezifischen Fragebereiches ist für Heidegger gerade auch die *Sprache* selbst, Sprache jetzt also nicht als das Heideggersche Sprechen, sondern als ein ausgezeichnetes Worüber seines Sprechens genommen. Im Zusammenhang mit dem Gedicht *Das Wort* von Stefan George sagt er: »Das Wort, die Sprache, gehört in den Bereich dieser geheimnisvollen Landschaft, wo das dichterische Sagen an den geschickhaften Quell der

Sprache grenzt.« (*Das Wesen der Sprache*, 171) Das ist zwar in Bezug auf Georges Gedicht gesagt, kann aber auch allgemein für Heideggers Verständnis der Sprache gelesen werden.[72]

Wie ich es früher für den inneren Zusammenhang von Raum und Kunst gezeigt habe, so ist jetzt auch im Hinblick auf die Zusammengehörigkeit von Raum und Sprache zu sagen, daß sich ihr Gemeinsames u.a. in dem jeweiligen Anwesungs- oder Geschehenscharakter zeigt. Das raumhafte Geschehen, das nichts anderes als eine Weise des Seinsgeschehens ist, genauer, das selbst das Sein als räumend-einräumendes ist, dieses Angehen, das Heidegger auch als Nähern oder Nähe aufweist, ist selbst ein Sprachgeschehen. Wenn die Auszeichnung des Menschen das Denken als Bezug des Seins zum Menschen ist, dann bewegt sich dieses Denken des Menschen immer schon in einer Gegend, in der und aus der ihn das Begegnende *anspricht und angeht*. Insofern ist der weit verstandene Raum, der Zeit-Spiel-Raum, im Grunde nichts anderes als die Sprache. Darum ist der Denkende auch wesenhaft »unterwegs zur Sprache«, weil er sich »an den Ort ihres Wesens bringen« und in ihrem Sprechen seinen Aufenthalt nehmen muß. Indem er unterwegs zur Sprache ist, möchte er »eigens dorthin gelangen«, wo er sich zugleich schon aufhält (*Die Sprache*, 12). Sich auf den Weg zur Sprache machen, heißt, »auf das Sprechen der Sprache eingehen, um bei der Sprache, d.h. in *ihrem* Sprechen, nicht in unserem, den Aufenthalt zu nehmen.« (12)

Nicht nur ist der Raum Sprache, Anspruch und Zuspruch, sondern auch und gerade ist das Sprechen, die Sprache, ein Raum. »Dichten ist, als Wohnenlassen, ein Bauen«, sagte Heidegger in »... *dichterisch wohnet der Mensch* ...« (189). Das Dichten ist aber ein Wohnenlassen und ein Bauen, *weil* sein Raum die Sprache ist, – die Sprache, die »Aufenthalt gewährt« und die dementsprechend an anderer Stelle als das »Haus des Seins« und als die »Behausung des Menschenwesens« bezeichnet wird (*Über den Humanismus*, 45). In *Der Satz der Identität* nennt Heidegger sie »die zarteste, aber auch die anfälligste, alles verhaltende Schwingung im schwebenden Bau des Ereignisses«, wobei dieses selbst als »der in sich schwingende Bereich« erscheint (30). Behausung, schwebender Bau, schwingender Bereich – sind das nicht alles Raum-Worte, die stets »räumliche« Bestimmungen bleiben, auch

---

[72] Auf das Bild der *geheimnisvollen Landschaft* kann ich hier allerdings nicht näher eingehen.

wenn es sich nicht um *sinnliche* Abstände, Zwischenräume, Gegenden und Plätze handelt?

Und was hieße hier auch, streng genommen, »sinnlich«? Der Raum als Raum wird bei Heidegger, wie wir sahen, »ohne die Rücksicht auf den Körper gedacht« (*Bemerkungen,* 12), vielmehr im Hinblick auf sein Eigenstes, »daß er räumt« (13). Dieses *Räumen und Einräumen,* das des Menschen bedarf und damit auch seiner Leiblichkeit, ist nicht notwendig ein Sinnliches und Leibhaftiges im Sinne der konkret gegebenen Vorfindlichkeit eines menschlichen Leibes in Fleisch und Blut. Gleichwohl ist es aber eben *auch* leibhaft und sinnlich, insofern es von den Sinnen getragen, als sinnlicher Sinn erfahren wird.

Zum einen impliziert die Rede vom Raum ein sinnliches Moment, auch da, wo dieser nicht im engeren Sinne konkret verstanden wird. Wenn Heidegger z. B. die »Abgeschiedenheit« als den »Ort« des Traklschen Gedichts aufzeigt (*Die Sprache im Gedicht,* 52), so hat dieser Ort seine eigene sinnliche, ja leibhafte Bestimmtheit, seine Gestimmtheit. Oder, um einen anderen Autor als Heidegger zu nennen: Wenn Hyperion an Bellarmin schreibt: »Ich liebe dies Griechenland überall. Es trägt die Farbe meines Herzens« (*Hyperion,* 47), so nennt er damit eine Atmosphäre, die oftmals auch Hölderlins eigenen Sprachraum durchaus sinnlich durchstimmt – ihn »trägt und umgibt, befeuert und beruhigt«, um eine Heideggersche Formulierung zu gebrauchen, die uns gleich näher beschäftigen wird. Dieses Griechenland ist kein geographischer Raum, aber auch keine bloß geistige Vorstellung von einem solchen oder dem, was in ihm vorfindlich ist. Es trägt die Farbe seines Herzens – es ist als dieses Ganze, als das es ihm begegnet, erfüllt von einer nahen Sinnlichkeit, es geht ihn an, ist seinem Herzen nah.

Zum anderen läßt sich jedoch – wie diese beiden Beispiele zeigen – dieses Sinnliche nicht mehr als von einem Un-sinnlichen strikt getrennt betrachten. Von Heideggers Raum-Verständnis her ist eine Einschränkung auf das konkret Sinnliche nicht mehr einsichtig. Wenn er etwa von dem »einräumend-zulassend-Entlassenden« (*Das Wesen der Sprache,* 214) oder an anderer Stelle von dem berückenden Charakter des Raumes (vgl. *Beiträge,* 385 f.) spricht, so ist damit eine welthafte Weite des Raumes gemeint, die von sich her die Unterscheidung und Trennung in Sinnliches und Geistiges, auch in Konkretes und Abstraktes hinter sich gelassen hat.

Auf verwandte Weise sperren sich, wenn man sich genauer auf sie einläßt, sowohl der Raum und das Räumliche wie die Sprache und das Sprachliche gegen die gängige, immer noch metaphysische Gewohnheit der Trennung von Sinnlichem und Nichtsinnlichem, Geistigem, und so auch gegen die Trennung von Sichtbarem und Unsichtbarem, – womit der Gedankenweg wieder zur Unsichtbarkeit zurück- und weitergeführt hat. Schon indem Heidegger diese strikten Unterscheidungen fragwürdig werden läßt, nähert er den Raum und die Sprache einander an. Gerade im Hinblick auf die Zusammenführung von Sinnlichem und Unsinnlichem gehört die Sprache in ihrem Wesen mit dem Wesen des Raumes zusammen, sie beide sind – landschaftlich gesprochen – unterschiedliche Perspektiven auf das Selbe, das Welt-Verhältnis.

So heißt es in *Hebel – Der Hausfreund* über die Sprache und das menschliche Wohnen:»Das Wort der Sprache tönt und läutet im Wortlaut, lichtet sich und leuchtet im Schriftbild. Laut und Schrift sind zwar Sinnliches, aber Sinnliches, darin je und je ein Sinn verlautet und erscheint. Das Wort durchmißt als der sinnliche Sinn die Weite des Spielraums zwischen Erde und Himmel. Die Sprache hält den Bereich offen, in dem der Mensch auf der Erde unter dem Himmel das Haus der Welt bewohnt.« (38) Mit Selbstverständlichkeit führt die Erläuterung des Tönenden und Lautenden der Sprache und Worte zur»Weite des Spielraums«, also zum Raum als dem Bereich, in dem und als der die Sprache *ist*, und zwar ist als das Zwischen von Himmel und Erde, damit zugleich als das Zwischen von Unsinnlichem und Sinnlichem, – das Haus der Welt, das die Menschen bewohnen. Der angeblich sinnliche Bereich des Raumes und das angeblich geistige Reich der Sprache bedürfen, um aufeinander bezogen zu werden, nicht der zwischen ihnen vermittelnden Symbole, Metaphern oder Allegorien. Sie brauchen keine Bilder im gewöhnlichen Verständnis.

Heidegger hat an zwei Stellen eine Bemerkung von Johann Peter Hebel angeführt, deren Erläuterung sein eigenes Verständnis des Verhältnisses von Sinnlichem und Nichtsinnlichem deutlich werden läßt und die das eine Mal in die gerade zitierten Sätze über das»Wort der Sprache«mündet. Hebel schrieb:»Wir sind Pflanzen, die – wir mögen's uns gerne gestehen oder nicht – mit den Wurzeln aus der Erde steigen müssen, um im Äther blühen und Früchte tragen zu können.« (zitiert nach: *Hebel – Der Hausfreund*, 37, vgl. auch *Gelassenheit*, 16 und 28) Und Heidegger erläutert das in *Hebel – Der Hausfreund* so:»Die Erde – dieses Wort nennt in Hebels Satz alles das, was uns als

Sichtbares, Hörbares, Fühlbares trägt und umgibt, befeuert und beruhigt: das Sinnliche. / Der Äther (der Himmel) – dieses Wort nennt in Hebels Satz alles das, was wir vernehmen, aber nicht mit den Sinnesorganen: das Nicht-Sinnliche, den Sinn, den Geist.« (37 f.)

Indem Heidegger hier von der Erde als einer Befeuernden und Beruhigenden spricht, vollzieht er unausdrücklich eine gewisse Umkehrung der Intention des Hebelschen Satzes bzw. der Einstellung, die ihm zugrunde liegt. Hebel spricht die schicksalhafte Notwendigkeit an, daß der Mensch aus der Erde, aus der er seine natürlichen Kräfte zieht, aufsteigen *muß*, wenn er Früchte tragen, also seiner eigentlichen Bestimmung gerecht werden will. Entsprechend sagt Heidegger auch an der anderen Stelle, wo er Hebels Satz zitiert: »Wo ein wahrhaft freudiges und heilsames Menschenwerk gedeihen soll, muß der Mensch aus der Tiefe des heimatlichen Bodens in den Äther hinaufsteigen können. Äther bedeutet hier: die freie Luft des hohen Himmels, den offenen Bereich des Himmels.« Worauf es in dieser Aussage ankommt, das ist das Aufsteigen, das Sich-erheben über das Irdische, auch wenn dieses dadurch keineswegs abgewertet wird, sondern die Tiefe des heimatlichen Bodens bleibt.

Doch in der ausführlicheren Aufnahme des Hebelschen Satzes, vermutlich etwa zwei Jahre später, verläßt Heidegger das traditionelle Verständnis des Verhältnisses von Sinnlichem und Geistigem, von irdischer Herkunft und himmlischem Ziel des Menschen und verschränkt beide vielmehr zu einer in sich bewegten Einheit. Die beiden Seiten des menschlichen Seins, von denen die Rede ist, erläutert er jetzt auf eine Weise, die den impliziten Gegensatz zwischen ihnen aufhebt, indem er das beiden im traditionellen Verständnis jeweils Entgegengesetzte fast unauffällig mit in die Erläuterung des je Anderen einbezieht. Er widerspricht so implizit der Entgegensetzung von etwas, von dem her und aus dem aufgestiegen werden muß, und dem, zu dem der Aufstieg führt, der »eigentlichen« Dimension des Blühens und Fruchtens. Er stellt beides, das Wurzeln in der Erde und das Blühen und Fruchttragen im Äther, nebeneinander in eine Zusammengehörigkeit. Die mittelnde Mitte, die beide in einen gemeinsamen Bereich vermittelt, findet er, in einem über Hebel hinausgehenden Schritt, in der *Sprache*.

In unserer Tradition wird die menschliche Sinnlichkeit vornehmlich mit dem Affiziertwerden im Empfinden und Wahrnehmen zusammengedacht. Die Silbe -bar in »sichtbar«, »fühlbar« deutet an, daß da etwas ist, das sich dem Sehen, Fühlen usw. darbietet und anbietet und von ihm getragen und ausgetragen wird. Indem Heidegger von der Erde als dem Sichtbaren, Hörbaren, Fühlbaren spricht und dieses das Sinnliche nennt, scheint er zunächst das traditionelle Moment des Affiziertwerdens aufzunehmen. Aber zugleich kommt anderes mit ins Spiel. Die Erde ist nicht nur sichtbar, sondern sie »trägt und umgibt, befeuert und beruhigt«, und zwar gerade als sinnliche. Diese Bestimmungen haben wenig oder nichts mit einem bloßen »Sinnenmaterial« für eine *geistige Verarbeitung* zu tun. Selbst wo sie scheinbar Ruhiges, Statisches ausdrücken – »umgibt«, »beruhigt« –, verleihen sie dem Sinnlichen eine eigene selbständige Funktion, etwas Aktives.

Daß uns das Sinnlich-Irdische trägt und umgibt, besagt, daß die Erde sowohl unser Boden ist wie der Bereich, in dem wir uns aufhalten. Wir sind auf ihr, und wir gehören ihr zu, das Sinnlich-Irdische ist das, womit wir es als selber Sinnlich-Irdische zu tun haben. Zugleich soll uns die Erde befeuern und beruhigen. Vielleicht ist das *Befeuern* in besonderer Weise auf das Blühen, das *Beruhigen* auf das Austragen der Frucht gemünzt; das Blühen nimmt seine glühenden Farben aus der Erde, das Fruchttragen bedarf der ruhigen Geduld und Gelassenheit, die es ebenfalls von der Erde empfängt; das zweite Moment des Aufsteigens würde damit unausdrücklich bereits in das erste des Verwurzeltseins in der Erde hineingenommen. Vor allem aber: indem das Sichtbare, Hörbare und Fühlbare befeuert und auch indem es beruhigt, *spricht* es zu dem sinnlich Vernehmenden, kommt es ihm entgegen. Es stimmt ihn auf sich ein, versetzt ihn in eine Stimmung. Das Sinnliche *befeuert*, indem es in eine Stimmung versetzt, in der man *brennt* für etwas, mit *feurigen* Worten und *flammenden* Reden für es eintritt, sich in *brennender* Sehnsucht danach *verzehrt* usw.

Wir werden aber nur von etwas befeuert, wenn wir *uns* ergreifen und befeuern *lassen*, wenn wir dem uns so Angehenden entgegenkommen, wenn wir, wie man sagt, mitmachen. Und auch um uns beruhigen zu lassen, bedarf es eines aktiven Nachgebens, wir werden nicht beruhigt, wenn wir der beruhigenden Stimme nicht zuhören und auf sie aufmerken. Statt einer bloßen Rezeptivität und Passivität des sinnlichen Aufnehmens bedarf es jeweils eines Sich-einlassens auf das, was da be-stimmt. Impliziert also nicht das sinnliche Hören und Sehen selbst, wenn es sich auf ein Tragendes und Umgebendes, Befeuerndes und Beruhigendes einläßt, so etwas wie das, was man traditionell eine geistige Auseinandersetzung nennen würde?

161

Entsprechend erläutert Heidegger dann auch umgekehrt das *Un-sinnliche* in Zusammenhang mit bzw. im Ausgang von dem, was wir gewöhnlich gerade als sein Gegenteil ansehen: »alles das, was wir vernehmen, aber nicht mit den Sinnesorganen: das Nicht-Sinnliche, den Sinn, den Geist« (*Hebel,* 38) – »… um im Äther blühen und Früchte tragen zu können«, steht bei Hebel. Wir könnten vielleicht auch sagen: um im Offenen aktiv sein zu können. Demgegenüber scheint Heidegger mit dem *Vernehmen* zunächst in die Richtung der Rezeptivität zu weisen. Wir vernehmen, also nehmen wir etwas auf, rezipieren, lassen uns bestimmen. Wir vernehmen das Nichtsinnliche. Wir vernehmen es jedoch anders als das Sinnliche, wir nehmen es nicht mit *den Sinnen,* sondern mit *dem Sinn* auf, mit dem Geist, weil es selbst der Sinn, der Geist ist.

Das, wohin wir mit diesem Vernehmen reichen, nennt Heidegger an der anderen Stelle auch »die freie Luft des hohen Himmels, den offenen Bereich des Geistes.« (*Gelassenheit,* 17) Das Nichtsinnliche ist ein jeweilig Sinnhaftes, dieser oder jener Sinn, ein Geistiges oder auch Geistvolles, das seinen Ort in einem weiteren Raum, in *freier Offenheit* hat. Es ist insofern mehr, als es ist, es gehört als Geistiges einem Offenen zu, in dem es sich zugleich von anderem her entfaltet und auf anderes bezieht. Heidegger faßt das Geistige als ein Umgebendes, bereichhaft, als den Geist-Raum, dem als solchem die Bestimmungen frei, hoch und offen zukommen. (Ich erinnere an das Heideggersche Goethe-Zitat: »Es ist nicht immer nötig, daß das Wahre sich verkörpere; schon genug, wenn es geistig umherschwebt und Übereinstimmung bewirkt, wenn es wie Glockenton ernst-freundlich durch die Lüfte wogt.« – *Die Kunst und der Raum,* 13) So wie ein Moment des Vernehmens beim Sinnlichen wie beim Nichtsinnlichen ins Spiel kommt, so auch bei beiden, wenn auch auf je ganz unterschiedliche Weise, ein Moment des Raumhaften, des Umfangenden.

Doch geht Heidegger nun, wie schon angedeutet, mit seiner Erläuterung des einheitlichen Verhältnisses von Sinnlichem und Unsinnlichem einen entscheidenden Schritt weiter. Er nennt eigens das Verbindende beider, dasjenige, was *zwischen* Sinnlichem und Unsinnlichem, zwischen Erde und Himmel ist. Das aber ist für ihn die *Sprache.* Einen Teil habe ich schon zitiert, ich führe jetzt zum Schluß den ganzen Zusammenhang an: »*Weg und Steg aber zwischen der Tiefe des vollkommen Sinnlichen und der Höhe des kühnsten Geistes ist die Sprache.* / Inwiefern? Das Wort der Sprache tönt und läutet im Wortlaut, lichtet sich und leuchtet im Schriftbild. Laut und Schrift sind zwar Sinnliches, aber Sinnliches, darin je und je ein Sinn verlautet und erscheint. Das Wort durchmißt als der sinnliche Sinn die Weite des Spielraums zwischen Erde und Himmel. Die Sprache hält den Bereich offen, in dem der Mensch auf der Erde unter dem Himmel das Haus der Welt bewohnt.« (*Hebel – Der Hausfreund*, 38)

Ausdrücklich versteht Heidegger die Sprache als den vermittelnden Raum zwischen Sinnlichem und Unsinnlichem. Dabei weist er wiederholt gerade auf den *sinnlichen* Charakter der Sprache hin. Als gesprochene wird sie gehört – sie »tönt und lautet« –, als geschriebene wird sie gesehen – »lichtet sich und leuchtet«. Schon in dieser Beschreibung wird deutlich, daß es, wie Heidegger in *Das Wesen der Sprache III* anmerkt, zu bedenken gilt, »ob es genügt, den Laut nur dem physiologisch vorgestellten Leib zu- und in den metaphysisch gemeinten Bezirk des Sinnlichen einzuordnen. Zwar lassen sich die Verlautbarung und die Laute physiologisch als Schallerzeugung erklären. Indes bleibt offen, ob dabei je das Eigene des Lautens und Tönens im Sprechen erfahren und im Blick behalten wird. … Daß die Sprache läutet und klingt und schwingt, schwebt und bebt, ist ihr im selben Maße eigentümlich, wie daß ihr Gesprochenes einen Sinn hat.« (204 f.)

Das Hörbare und Sichtbare der Sprache, Laut und Bild, lassen sich von dem, was in ihnen zu Wort kommt, nicht trennen. Sie sind in ihrer Sinnlichkeit selbst sinnhaft, der Sinn ist *ihr* Sinn. Und umgekehrt, als unsinnliche, geistige, Bedeutung tragende schwebt die Sprache nicht irgendwo im Immateriellen, sondern sie ist gebunden an den Ausdruck, den sie jeweils gewinnt, damit an die Intonation, die sie begleitenden Gesten und Mienen, das Zögern und Stocken oder Hervorsprudeln der Worte usw.

Auf das Bild der mit ihren Wurzeln aus der Erde steigenden Pflanzen, d. h. auf das Leben der Menschen rückbezogen, heißt das, daß das zwiefach-einige Aufsteigen selbst, das Herkommen aus der Erde und das Hineinstehen in den freien, offenen Luftraum, als sinnhaft-sinnliches ein in diesem weiten Sinne sprachliches ist. Im *Humanismus-Brief* hieß es, die Sprache sei das Haus des Seins. Hier ist im Grund dasselbe gesagt, nur in sinnlicherer Konkretion: die Sprache hält den Bereich offen, in dem der Mensch das Haus der Welt bewohnt. Das Haus bewahrt und birgt das menschliche Wohnen. Zugleich hält es den Bereich des Wohnens offen, indem es, wie wir früher aus dem selben Hebel-Vortrag über das *Haus der Welt* gehört haben, der menschlichen Wanderung von der Geburt bis zum Tod seinen Raum gibt.

Ich schließe diese Überlegungen zum Verhältnis von Sinnlichkeit und Unsinnlichkeit mit einigen weiteren Sätzen aus dem vierten Vortrag von *Unterwegs zur Sprache*, vom »Wesen der Sprache« als der »Sprache des Wesens«: »Das Lauten erklingt aus dem Läuten, dem rufenden Versammeln, das, offen dem Offenen, Welt erscheinen läßt in den Dingen. ... Das Lautende, Erdige der Sprache wird in das Stimmen einbehalten, das die Gegenden des Weltgefüges, sie einander zuspielend, auf einander einstimmt.« (208) Diese Bestimmungen erwachsen hier aus einem Gespräch mit Hölderlin. Der Gang des Vortrags führt Heidegger über die »Nachbarschaft von Dichten und Denken« zur »Nähe«, von ihr zum Nachbarlichen der vier Weltgegenden und zum Zeit-Spiel-Raum als dem gemeinsamen Selben von Zeit-Raum und Raum-Zeit, das Heidegger dann auch das »Spiel der Stille«, das »Ereignis der Stille«, das »Geläut der Stille« nennt: »Wir nennen das lautlos rufende Versammeln, als welches die Sage das Welt-Verhältnis be-wëgt, das Geläut der Stille. Es ist: die Sprache des Wesens.« (215)

* * *

Vom *Geläut der Stille* ist es wiederum nur ein kleiner Schritt zum *Unsichtbaren*, das uns zunächst im Zusammenhang mit dem Entbergungsgeschehen des Kunstwerkes begegnet ist. Der Gegensatz von Sichtbarkeit und Unsichtbarkeit war zwar auch in dem zuletzt betrachteten Verhältnis von Sinnlichem und Unsinnlichem mitenthalten. Doch kann uns die Frage nach dem *Unsichtbaren* jetzt zugleich noch den Weg zu einem weiteren Moment des Raumes, und insbesondere des Raumes der Sprache, weisen. Der räumende Raum, um den es Heidegger zu tun ist, ist nämlich als Raum der Unsichtbarkeit ein nichtshafter Raum oder ein *Raum des Nichts* bzw. der eigentümlichen Nichtshaftigkeit.[73]

Wir sind gewohnt, Nichtshaftigkeit und Nichts eher mit der Zeit und der Vergänglichkeit als mit dem Raum zu assoziieren. Wenn aber Heidegger z. B. sagt, daß das Kunstwerk »das wesenhaft Unsichtbare ins Gebild bringt« und etwas erblicken läßt, »was bis dahin noch nie

---

[73] Ich halte diese Problematik für eine der wichtigen Intuitionen des späten Heidegger, auch wenn sie von ihm nicht als solche herausgearbeitet wurde.

gesehen wurde«, so geht es um einen Bezug zwischen Unsichtbarkeit und Sichtbarkeit im Sinne von Im-Verborgenen-sein und Im-Offenen-sein oder Unverborgenheit, und damit letztlich auch von Nichtsein und Sein, der nicht nur einen zeitlichen, sondern, wie wir gesehen haben, wesenhaft auch einen räumlichen Charakter hat. Der immer wieder betonte Geschehenscharakter meint nicht einfach nur, daß sich da etwas von einem Punkt zu einem anderen Punkt bewegt, sondern das Kommen und Ankommen dieses Geschehens ist ein Hervorkommen aus dem nichtshaften Verborgenen, ein Ans-Licht-kommen. Mit »Nichts« ist in unserem Zusammenhang das Wovonher oder Woraus des Zur-Erscheinung-kommens gemeint, z. B. auch des Lautenden und Leuchtenden, des Sich-Verkörpernden und Verbildlichenden. Es ist das Unsichtbare, das Dunkel, das Schweigen und der leere Raum, oder eben auch die Verborgenheit, das, was der Lichtung als dem Bereich des Entborgenen und Sichtbaren entgegengesetzt ist, indem es diesem voraufgeht und es trägt.

In meinen vorherigen Erläuterungen des Bezugs zwischen Raum und Kunst zeigte sich schon die Zusammengehörigkeit von Verkörperung und Ein-Bildung als zwei Weisen des Zur-Sichtbarkeit-kommens. »Der Künstler bringt das wesenhaft Unsichtbare ins Gebild«. Lassen wir jetzt die Kunst selbst beiseite und fragen wir uns erneut, was es heißt, daß das Unsichtbare ins Gebild kommt. Das Gebild, das Gebildete ist das Eingeräumte, Gebaute. Ich habe aus *Der Satz vom Grund* zitiert: »Wir sind als die in der Lichtung des Seins Stehenden die Beschickten, die in den Zeit-Spiel-Raum Eingeräumten. Dies sagt: Wir sind die in diesem Spielraum und für ihn Gebrauchten, gebraucht, an der Lichtung des Seins zu bauen und zu bilden, im weiten vielfältigen Sinne: sie zu verwahren.« (146) Das Bauen und Bilden ist die Weise, wie die Menschen ihren Aufenthalt in der Welt erfüllen.

Das Bauen und Bilden ist zugleich ein Bauen am Bau der Sprache. Das Zur-Erscheinung-kommen ist hier ein Kommen aus dem Ungesprochenen und Ungesagten. Das Unsichtbare und das Ungesagte scheinen zusammenzugehören. Damit auch das Ungehörte und Unerhörte; denn: »Sprechen ist zugleich Hören«. (*Der Weg zur Sprache*, 254) Häufig spricht Heidegger im selben Zusammenhang über das Sehen oder Blicken und das Hören. So sagt er z. B., wie ich früher schon zitierte, in *Der Satz vom Grund*: »Das Denken ist ein Erhören, das erblickt.« Die Vorsilbe »er-« in erhören und in erblicken bedeutet ein Moment des Neuen im Sinne des zuvor nicht Gehörtseins und des noch nicht und noch nie Gesehenseins, dem wir in den *Bemerkungen* begegnet sind.

Diese Vorsilbe besagt zugleich, daß die Vernehmenden dem Auf-sie-Zukommenden gewissermaßen entgegengehen, es herholen aus dem Raum seiner Ankunft. Wenn man etwas nicht bloß sieht, sondern es *erblickt*, hebt es sich vor seinem Hintergrund ab und wird als es selbst sichtbar, es hält sich dem es Erblickenden aus seinem Unsichtbarsein heraus gleichsam entgegen. Zugleich aber wird es aktiv *herausgesehen* – wird e-vident gemacht –, es wird damit aus seinem Verborgensein hervorgerufen, – e-voziert. Ähnlich hört das *Erhören* ein noch nicht Gehörtes, ein *Unerhörtes*. Auch beim Erhören geht es um eine neue, un-erhörte Erfahrung, zuweilen das Getroffenwerden durch einen Klang, der nicht nur das Ohr erreicht, sondern auch die Aufmerksamkeit des Herzens. Diese aber gehört zu einem Hinhören, einem Horchen, also auch hier zu einem bestimmten Entgegengehen, das einem Her-vor-gehen antwortet.

Das »Un-« des Unsichtbaren, des Unerhörten und Ungesprochenen, Ungesagten, des Verborgenen im Sinne des Un-Unverborgenen, taucht als eine Art Grundintuition wie ein unterirdischer Strom an verschiedenen Stellen bei Heidegger immer wieder auf. Es ist die andere Seite des Ankommens, Anwesens und Erscheinens. Wir haben gesehen, daß es nach Heidegger für das Denken darauf ankommt, sich auf die Weise, *wie* etwas ist und west, also auf sein verbal verstandenes »Wesen« einzulassen. Das aber heißt, daß er versucht, dieses »Wesen« als eine Bewegung des Ankommens und Zukommens zu denken, nämlich beim Menschen und für den Menschen. Das vernehmende Ankommenlassen ist ein Erblicken und Erhören, auch ein Erspüren und Erfühlen, damit ein Herholen aus einem Raum des Noch-nicht-seienden. Das Denken hat wesenhaft diesen sinnlich-rezeptiven Zug, wenn es sich auf das Begegnende einzulassen und es nicht lediglich zu bewältigen sucht. Ist das Begegnende ein Erblickbares, Sichtbares, so ist das Nichts, aus dem her es, als in die Anwesenheit Hergerufenes, ankommt, das *Dunkel* oder die Finsternis, während das Nichts des Hörbaren und des Sagbaren die *Stille* oder das Schweigen ist, das Nichts des Fühlbaren und Handhabbaren die *Leere*, die in besonderer Weise leerer Raum ist.

Dunkel, Stille und *Leere* sind das Nichts, aus dem das Sichtbare, Hörbare und Faßbare (Körperhafte) hereinsteht in die Dimension des Vernehmbaren. Doch diese Bestimmung ist zugleich noch mißverständlich. Indem das Vernehmbare als Ankommendes begriffen wird, ist seine jeweilige Nichtshaftigkeit, seine Unsichtbarkeit, Unhörbarkeit und Unfaßlichkeit, keine ihm gegenüber jenseitige, fremde Dimension, etwa ein unzugänglicher Bereich des Unsinnlichen, ein gänzliches Anderswo. Das Unsichtbare oder die Unsichtbarkeit gehört selbst zu der *Weise, wie* das Sichtbare sich sehen läßt. Läßt sich das Hörbare aus der Stille oder dem Schweigen heraus vernehmen, so trägt es diese Ruhe gewissermaßen als seinen Herkunftsraum an sich.[74] Der Raum des Nichts ist das Nichts an Räumlichem, das allein auf Grund dieser Leere dem Eingeräumten Platz machen kann; zugleich ist er damit eine Dimension des Bergens und Verbergens, des Zurückhaltens und auch Noch-vorenthaltens, die das Daseiende mit dem Nichtdasein und der Abwesenheit, das Helle mit der Finsternis, das Lautende und Tönende mit der Stille verknüpft. Die Beziehungen des Menschen zu dem, was sich aus Finsternis, Schweigen und Leere heraus er-gibt, vermögen diese Herkunft dann zu bewahren, wenn sie es nicht vereinnahmen, sondern es in seiner Andersheit und Erstaunlichkeit sein lassen.

Dieses Nichts ist also kein bestimmtes an ihm selbst unsichtbar Seiendes, das sich in eine Dimension der Sichtbarkeit begeben, sich als Unsinnliches einem Sinnlichen mitteilen würde. Es ist auch keine irgendwie höhere, wesentlichere Dimension. Vielmehr ist es die Fremdheit des Vertrauten selbst, das Dunkel des Hellen, das Schweigen des Tönenden und Hallenden. Hier werden nicht zwei Entgegengesetzte oder sich dialektisch Widersprechende – das Sichtbare und das Unsichtbare, das Vertraute und das Fremde, Andere, das Reale und die Leere – zusammengebunden; vielmehr weist das Hier- und Jetzt- und Soseiende zurück in den Bereich seiner verborgenen, dunklen Herkunft, in den nichtshaften Raum.

Um es noch einmal anders zu sagen: Die unsichtbare Weise zu sein ist durch keine reale Differenz vom sichtbaren Seienden getrennt, sie ist vielmehr das Unsichtbare *im* sichtbaren Seienden, – in einer etwas gewagten Formulierung: das Unsichtbare in *seiner* Sichtbarkeit, oder umgekehrt, was dann das Selbe sagt: das Sichtbare in *seiner* Unsichtbarkeit. Diese liegt also nicht »hinter« und auch nicht »vor« dem Sichtbaren. Würde die Unsichtbarkeit und Unentborgenheit dem Sichtbaren *voraufliegen*, so könnte das besagen, daß es bloß versteckt,

---

[74] Vgl. Rilke, aus der ersten Elegie: »Aber das Wehende höre, / die ununterbrochene Nachricht, die aus Stille sich bildet.«

verdeckt, unbeachtet, daß es räumlich oder zeitlich abwesend wäre, so daß es dann, wenn es sichtbar wird, aufhörte, unsichtbar zu sein. Das unsichtbare Wie des Seins-in-der-Welt ist dagegen gerade so zu denken, daß es *im Sichtbaren* ist; *es selbst* wird gehört und erhört und als Gehörtes erblickt, es gewinnt sinnfällige Gestalt, – sei es im bildhaften Denken, sei es im gebildeten Werk. Darum verliert sich die Unsichtbarkeit, um die es hier geht, nicht, auch nicht, wenn sie im Bild erscheint. Das Bild nimmt gewissermaßen die Sichtbarkeit des Unsichtbaren selbst auf sich, es verkörpert ein an ihm selbst Unsichtbares in Sichtbarkeit, läßt in sich die Seinsweise dieses oder jenes Dinges, einer Situation, einer Konstellation, eines Menschen konkret einsichtig werden.

Insofern könnte das Unsichtbare gewissermaßen als die abgekehrte Seite des Sichtbaren bezeichnet werden. Dessen Offenheit wird durchsichtig auf etwas hin, das wir als seine eigene Tiefe oder Weite bezeichnen können, – oder auch als es selbst, *indem und insofern* es durchlässig wird für das sich zeigende Geschehen des Ankommens als solchen. Dieses ist an ihm selbst nicht sichtbar, doch es gibt sich in die Sichtbarkeit des Ankommenden und Angekommenen. Wird dieses als *aus Nichts* Ankommendes und Herkommendes erfahren und sichtbar, so ist es immer schon mehr, als es ist, in der Vertrautheit seines Anblicks bezeugt sich das Geheimnis und die Fremdheit des Ankommens selbst. Es ist und bleibt ein *Erstaunliches.*

Das jetzt Gesagte hat sich teilweise an einer Stelle aus »… *dichterisch wohnet der Mensch …*« orientiert, die ich jetzt zitieren möchte. Weil es dort um eine weiterführende Auslegung einer Passage aus einem Hölderlin-Gedicht geht, muß ich zuvor diese anführen, damit Heideggers Worte verständlicher werden:»Darf, wenn lauter Mühe das Leben, ein Mensch / Aufschauen und sagen: so / Will ich auch seyn? Ja. So lange die Freundlichkeit noch / Am Herzen, die Reine, dauert, misset / Nicht unglüklich der Mensch sich / Mit der Gottheit. Ist unbekannt Gott? / Ist er offenbar wie der Himmel? Dieses / Glaub' ich eher. Des Menschen Maaß ist's. / Voll Verdienst, doch dichterisch, wohnet / Der Mensch auf dieser Erde.« (194) Heidegger versteht das hier gedichtete Sich-messen mit der offenbaren Gottheit, die »Maß-Nahme«, als das Wesen des Dichtens. Der Dichter nimmt das Maß, »indem er die Anblicke des Himmels so sagt, daß er sich seinen Erscheinungen als dem Fremden fügt, worein der unbekannte Gott sich ›schiket‹.« (Für den »unbekannte« könnten wir wohl auch sagen: der »unsichtbare«.)

Die Sätze, auf die ich mich beziehe, lauten nun:»Das Wesen des Bildes ist: etwas sehen zu lassen. Dagegen sind die Abbilder und Nachbilder bereits Abarten des eigentlichen Bildes, das als Anblick das Unsichtbare sehen läßt und es so in ein ihm Fremdes einbildet. Weil das Dichten jenes geheimnisvolle Maß nimmt, nämlich am Angesicht des Himmels, deshalb spricht es in ›Bildern‹. Darum sind die dichterischen Bilder Ein-Bildungen in einem ausgezeichneten Sinne: nicht bloße Phantasien und Illusionen, sondern Ein-Bildungen als erblickbare Einschlüsse des Fremden in den Anblick des Vertrauten. Das dichtende Sagen der Bilder versammelt Helle und Hall der Himmelserscheinungen in Eines mit dem Dunkel und dem Schweigen des Fremden.« (200 f.)

Dunkel und Schweigen des Fremden – wir könnten das hier auch die unauslotbare *Tiefe des Raumes* oder die *Nichtshaftigkeit des Raumes* nennen. Wenn Heidegger hier *das* Fremde (»Schweigen des Fremden«) sagt, ist dies im Sinne von »die Fremdheit« oder »das Fremdsein« zu verstehen. Es ist gerade nicht ein Bestimmtes, kein Seiendes, das da in die Sichtbarkeit versammelt würde, um sich so als Unsinnliches dem Sinnlichen mitzuteilen. Vielmehr ist das, was mit den hellen und hallenden Himmelserscheinungen erscheint, die *Dimension*, die wir als die Fremdheit des Vertrauten, das Dunkel des Hellen, das Schweigen des Hallenden – oder auch als das Unsichtbare des Sichtbaren – benennen können. Das vertraute Helle und Hallende wird im Dunkel und Schweigen zum Fremden.

Die dichterischen Bilder sind »erblickbare Einschlüsse des Fremden in den Anblick des Vertrauten.« Das besagt nicht, daß die Wirklichkeit durchsetzt ist von hier und da aufblitzenden Vorkommnissen von Fremdem. Sondern *im* Anblick des Vertrauten zeigt sich das Fremde, der Anblick selbst befremdet, das Vertraute zeigt seine eigene Fremdheit, wird zum Fremden. In den gesagten, gedichteten Bildern versammeln sich Sein und Nichtsein, aber nicht einfach neben- und miteinander, sondern ineinander; das Eine wird durchsichtig auf das Andere hin, das Bild läßt »als Anblick das Unsichtbare sehen«, und das Andere, »das Dunkle seiner alles bergenden Weite«, »schickt sich als das Fremde … in das Vertraute«. (201)

Der *Raum* ist zum einen die leere Weite, das Nichts an Räumlichem, das allein auf Grund dieser Leere dem Eingeräumten Platz machen, Raum geben, einen Ort stiften kann. In *Die Kunst und der Raum* heißt es in diesem Sinne:»Die Leere ist nicht nichts. Sie ist auch kein

169

Mangel. In der plastischen Verkörperung spielt die Leere in der Weise des suchend-entwerfenden Stiftens von Orten.« (12) Zugleich ist der Raum zum anderen eine nichtshafte Dimension des Bergens und Verbergens, des Zurückhaltens und auch Vorenthaltens, die das Anwesende mit der Abwesenheit, das Sichtbare und Helle mit dem Dunkel, das Lautende und Hallende mit der Stille verknüpft.

Die erste dieser beiden – allerdings im Grunde gar nicht genau zu trennenden – Seiten der Nichtshaftigkeit des Raumes besagt, daß Ankunft und Hereinstehen nur in einem dafür offenen, freien, leeren Bereich möglich sind, so, wie Lichter nur aus der Finsternis aufscheinen, Beziehungen sich nur durch einen freien Bereich hindurch erstrecken und Orte nur über einen – und sei es auch noch so geringen – Zwischenraum hinweg miteinander in Verbindung stehen können. Die Nichtshaftigkeit oder Leere des Raumes ist keineswegs nur das »Unbesetzte der Ordnungsformen und Rahmen für das berechenbare Vorhandene von Raum und Zeit«, also die »Abwesenheit von Vorhandenem innerhalb dieser«. (*Beiträge*, 380) Dagegen kommt es darauf an, dieses Nichts als die ursprüngliche Dimension des Woher und Worinnen des Aufscheinens des Sicht- und Denkbaren zu denken. Auch zum Verständnis dieser Momente des Nichts und der Nichtshaftigkeit gilt es den Ankunfts- oder Bewegtheitscharakter des Raumes im Blick zu haben.

»Die Gegend versammelt, gleich als ob sich nichts ereigne, jegliches zu jeglichem«, hieß es im *Gelassenheits-Gespräch.* »Gleich als ob sich nichts ereigne«, – ich denke, daß in dieser scheinbar unauffälligen, im wörtlichen Sinne »nichtssagenden« Wendung in der Tat der abgründige Charakter des räumenden Raumes (und der zeitigenden Zeit) zur Sprache kommt. »Gleich als ob« – das meint hier die zwiespältige Wendung oder Schwelle der Entscheidung zwischen Sein und Nichtsein, *Ereignis* und – im Sinne des späteren Heidegger verstanden – *Enteignis.* Indem die Gegend alles zueinander und zugleich jedes in sein Eigenes versammelt, geschieht nichts und alles mit den Dingen und Menschen in der Welt. Anders gesagt: es geschieht die Welt oder – es ist nichts mit ihnen.

Dazu können einige Bemerkungen angeführt werden, die Heidegger in einem kleinen Text *Aufzeichnungen aus der Werkstatt* (152 f.) vom »sinnenden Denken« sagt: »Sein Sagen ist, wo es ihm selten genug glückt, so, als sei nichts gesagt. Das sinnende Denken durchscheint die wesentlichen Erfahrungsbereiche wie Morgenlicht, das die Nacht verwahrt, damit es den Tag ergebe – und alles so, als sei es nichts. –« Wieder dieses »als ob«, das in die Schwebe von Sein und Nichtsein führt. Und wieder das Dunkel, das im Morgenlicht verwahrt und gewahrt werden muß, damit dieses den Tag in seiner Sichtbarkeit ergeben kann.

In *einem* Sinne ist der Raum also nichtshaft, weil er die nichtshafte dunkle Dimension ist, in der und aus der Sichtbares sich ergeben und gegeben werden kann. Zugleich liegt im Geschehen des nichtshaften Raumes aber auch die Nichtshaftigkeit eines Verbergens und eines Zurückhaltens des Gewährten. Vermutlich hängt dieses zurückhaltende Verbergen und Bergen mit einem Sichverbergen des Raumes (und so des Seins) in dem Eingeräumten zusammen. Der Raum – »das einräumend-zulassend-Entlassende des Raumes« (*Das Wesen der Sprache*, 214) – gibt sich nicht als solcher; gerade indem er die Orte sein läßt und damit den Dingen ihren Aufenthalt gibt, stellt er diese gleichsam vor sich hin, verbirgt er sich hinter oder besser: in ihnen, *bleibt* er unsichtbar. An verschiedenen Stellen kennzeichnet Heidegger das Geschehen des Seins, das An-wesen des Wesens und damit auch das Räumen des Raumes als Nähe bzw. als Nähern. »Nähe nähert das Ferne und zwar als das Ferne.« Das aber besagt zugleich: »Solchermaßen nähernd, verbirgt die Nähe sich selber und bleibt nach ihrer Weise am nächsten.« (*Das Ding*, 176) Die Nähe bleibt gerade da am nächsten, wo sie am wenigsten sichtbar ist, weil sie ganz vor dem In-die-Nähe-Gerückten zurücktritt, gleichsam in diesem verschwindet, sich ihm gegenüber zurückhält, sich in ihm verbirgt.

Aber nicht nur sich. Das in die Nähe gebrachte Anwesende ist stets Eines unter Anderem, das selbst anwesend *oder* abwesend sein kann, das anwesend *und* abwesend ist, insofern es sich stets sowohl in die Offenheit hinaus- wie in sie zurückhält. »Im waltenden Gegen-einander-über ist jegliches, eines für das andere, offen, offen in seinem Sichverbergen«. (*Das Wesen der Sprache*, 211) Die Bezughaftigkeit des genäherten Erscheinens verweist ausdrücklich auf oder birgt unausdrücklich in sich Anderes, nicht mehr oder noch nicht oder nicht hier Erscheinendes. Das Feld des Anwesenden ist aufgrund seiner Herkunft aus Nichts ein Feld der Möglichkeit, in dem Anwesendes wie Abwesendes seinen Ort hat – oder nicht hat. Die Gegend ist »die freigebende Lichtung, in der das Gelichtete zugleich mit dem Sichverbergenden in das Freie gelangt«, sagt Heidegger (197). Anwesenheit und Abwesenheit gehen den Menschen an, beide geschehen im Offenen des

Raumes; ob etwas sich zeigt oder ob es sich verbirgt – beides gehört, wenn anders es den Menschen wirklich betrifft, in den Raum des einräumenden Geschehens, der der Raum zwischen Erde und Himmel, zugleich aber zwischen sichtbarem Bild und unsichtbarer, dunkelschweigender Dimension des Darreichens und Gewährens ist.

Das Wohnen im Zwischen-Raum von Erde und Himmel ist ein *sterbliches* Wohnen, gerade weil es am Sinnlichen und Unsinnlichen, am Sichtbaren und Unsichtbaren, am Offenbaren und Verborgenen/ sich Verbergenden, an Seinshaftigkeit und Nichtshaftigkeit teilhat. Die in sich einige Zweiheit von sichtbarer Anwesenheit und Abwesenheit des Unsichtbaren durchzieht die Dimension der Sterblichkeit. Nur weil der Mensch sterblich ist, weil er also in jener Zweiheit und aus ihr atmet und lebt, vermag er am Unsichtbaren Maß zu nehmen und so auch das Unsichtbare in die Sichtbarkeit des Kunstwerkes zu bringen – sei es die Sichtbarkeit des räumlichen Gebildes oder des Gesprochenen.

Ich schließe mit einem dunklen Zitat: »Diese Dunkelheit ist vielleicht bei allem Denken jederzeit im Spiel. Der Mensch kann sie nicht beseitigen. Er muß vielmehr lernen, das Dunkle als das Unumgängliche anzuerkennen und von ihm jene Vorurteile fernzuhalten, die das hohe Walten des Dunklen zerstören. So hält sich das Dunkle geschieden von der Finsternis als der bloßen und völligen Abwesenheit von Licht. Das Dunkle aber ist das Geheimnis des Lichten. Das Dunkle behält das Lichte bei sich. Dieses gehört zu jenem. … Sterbliches Denken muß in das Dunkel der Brunnentiefe sich hinablassen, um bei Tag den Stern zu sehen. Schwerer bleibt es, die Lauterkeit des Dunklen zu wahren als eine Helle beizuschaffen, die nur als solche scheinen will. Was nur scheinen will, leuchtet nicht.« (*Grundsätze des Denkens*, 93)

Nachwort

In seiner 1955 in Meßkirch gehaltenen Rede *Gelassenheit* spricht Heidegger von einer»Haltung des gleichzeitigen Ja und Nein zur technischen Welt«, die er»Gelassenheit zu den Dingen« nennt. Wie ist die gemeinte Zwiefältigkeit des Verhaltens gemeint? Was heißt es, Ja *und* Nein zu sagen, also, wie Heidegger an anderer Stelle sagt (*Hebel*, 31),»in gleicher Weise und Stärke dem technisch ausgebauten Weltgebäude *und* der Welt als dem Haus für ein ursprünglicheres Wohnen zugeneigt« zu sein? Die zweite Formulierung zeigt, daß das Nein zur technischen Welt dem Ja zu einer anderen Welt entspricht, der Welt des Wohnens mit seinen eingeräumten und einräumenden Orten und Gegenden. Ja *und* Nein zu der einen Welt zu sagen, heißt zunächst und vor allem, überhaupt eine Zwiefalt der Welten zu sehen und anzuerkennen.

Die Gefahr des rechnenden, technisch bestimmten Denkens sieht Heidegger darin, daß es eines Tages»*als das einzige* in Geltung und Übung« bleiben (*Gelassenheit*, 27) und»die Berechenbarkeit der Natur für den einzigen Schlüssel zum Geheimnis der Welt« ausgeben könnte (*Hebel*, 30). Diese Gefahr ist keine beiläufige, sondern sie gehört zum eigenen Wesen der technischen Welt, das Rechnen- und Berechnenwollen kennt als solches keine Schranke. Würde die Technik ihre Tendenz zur absoluten Herrschaft aufgeben, indem sie eine Zwiefalt der Welten oder Wirklichkeiten anerkennen würde, so müßte sie sich in ihrem Grundcharakter verändern.

Adorno führt in der *Negativen Dialektik* (182) aus, daß das Subjekt,»auch nur eingeschränkt«,»bereits entmächtigt« sei.[75] Versteht sich der Mensch nicht mehr als Bezugsmitte des Seienden, sondern als Teilnehmer in Kommunikationen, so ändert sich seine»Qualität«,

---

[75]»Subjektivität wechselt ihre Qualität in einem Zusammenhang, den sie nicht aus sich heraus zu entwickeln vermag.« Vgl. auch *Zu Subjekt und Objekt*, 746.

bleibt sein Denken zwar ein begriffliches, aber seine Begriffe verlieren ihren Identifikations- und Definitionscharakter, sie fügen sich mit anderen zu einem Denken in Konstellationen, für das die Sache zugleich das Fremde, das Ferne und Verschiedene bleibt. Entsprechend gelangt bei Heidegger der sich von der technischen Welt abkehrende Blick zu einem wohnenden, gelassenen Denken, das die Dinge in ihrem Welt versammelnden Wesen zuläßt.

Doch ist diese Abkehr keine Negation oder Leugnung, weder Rückzug noch Transzendenz. Ihr liegt vielmehr die Anerkennung der Tatsache zugrunde, daß es die *eine* Wahrheit, den »einzigen Schlüssel zum Geheimnis der Welt« nicht gibt. Wir leben geschichtlich in zwei Welten, oder wie ich lieber sage, in zwei Wirklichkeiten, – auch wenn beide in mannigfacher Weise ineinander verschränkt sind. Zwar spricht Heidegger selbst vom *ursprünglicheren* Wohnen im Haus der Welt; er scheint sich dann doch vor dem zu scheuen, was er zugleich selbst sagt, daß nämlich beide »Arten von Denken« *jeweils auf ihre Weise berechtigt und nötig sind* bzw. daß es darauf ankäme, *in gleicher Weise und Stärke* beiden Welten zugeneigt zu sein. Es scheint, daß er noch so etwas wie eine »Versöhnung« – um es mit einem Heidegger-fremden Wort zu sagen – zwischen beiden sucht, durch die »die Berechenbarkeit und Technik der Natur in das offene Geheimnis einer neu erfahrenen Natürlichkeit der Natur« zurückgeborgen würde (*Hebel*, 31). Hebel ist für ihn wohl ein Beispiel für eine solche »Versöhnung«.

Sei dem, wie ihm wolle. Ich denke, daß Heidegger erstaunlich weit in Richtung auf die Anerkennung von zwei nebeneinander bestehenden Wirklichkeiten und entsprechend auch zwei Arten von Denken gegangen ist, auch wenn er dies weitgehend noch unter dem Vorzeichen der Seinsgeschichte getan hat. Die Frage, was jene Zwiefalt bedeutet, also *wie* wir in zwei Wirklichkeiten leben, kommt, wenn sie sich tatsächlich auf ein Faktum bezieht, in gewissem Sinne immer schon zu spät. Gleichwohl müssen wir genauer hinschauen: In zwei Wirklichkeiten zu leben, ist das etwa so, wie das Leben in zwei Räumen, wo man von einem in den anderen hinüberwechselt? Oder wie der Wechsel zwischen Beruf, zumeist in der Öffentlichkeit, und dem Privatleben zuhause? Und ist die Einkehr in das »ursprünglichere Wohnen« dann nicht so etwas wie die Unterbrechung des Alltagslebens durch Ferien und Urlaub? Wir sollten den Mut haben zuzugeben, daß es das alles auch sein kann.

Und doch scheinen diese Auskünfte noch zu einfach zu sein. Denn es bleibt z. B. fraglich, ob die jeweils an erster Stelle genannte Wirklichkeit den Blick auf und das Hinüberwechseln in die andere Wirklichkeit überhaupt noch möglich sein läßt. Der totalisierende Anspruch der globalisierten technischen Welt mit all ihren realen und medialen Verführungen und scheinbar eindeutigen wissenschaftlichen Ergebnissen läßt oftmals kaum mehr Raum für ein gelassenes und »herzhaftes« In-der-Welt-sein, – ähnlich, wie die Beschreibung von neuronalen und biochemischen Prozessen keinen Raum mehr zu lassen scheint für ein seelisch-leibhaftiges Ichverständnis.

»Heute« und »unsere Zeit« ist zudem nichts Eindeutiges. Um zwei Extreme anzusprechen: Nehmen wir auf der einen Seite jenen Mann vom Lande, von dem schon Hebel zu Beginn seines »Schatzkästleins« geschrieben hat, der »zwischen seinen bekannten Bergen und Bäumen daheim sitzt bei den Seinigen, oder bei einem Schöpplein im Adler« (zitiert bei Heidegger, *Hebel*, 26), so liegt für ihn der Schwerpunkt sicherlich auf der ihn umgebenden ge- und bewohnten Naturwirklichkeit, wo trotz der beginnenden Klimaveränderungen und der großflächigen Verunreinigungen die Sonne noch immer unhinterfragt auf- und untergeht und der Mond unhinterfragt seine Phasen wechselt. Und denken wir auf der anderen Seite an einen Geschäftsmann aus Dubai, Seoul oder Manhattan, der in Hochhäusern aus Stahl und Glas zuhause ist und für den Finanzentwicklungen, Meinungstrends und Warenströme eine »wirklichere« Realität haben oder sind als die Vierfalt von Himmel und Erde, Sterblichen und Unsterblichen.

Ist es möglich, in gleicher Weise und Stärke beiden Wirklichkeiten zugeneigt zu sein, beide anzuerkennen und ernst zu nehmen? Ich denke, ja. Ich denke, »unsere Zeit« hat uns in der Tat die erstaunliche Möglichkeit und wohl auch Notwendigkeit geschaffen, uns in verschiedenen Zeiten, verschiedenen Räumen, verschiedenen Weltsichten in gewisser Weise nebeneinander aufzuhalten, sogar die einen für die anderen fruchtbar werden zu lassen und umgekehrt. Nur wenn wir sie als verschiedene Möglichkeiten und damit Chancen sehen und übernehmen, vermögen wir, wir selbst zu bleiben, mit Heidegger gesagt: da zu sein, wo wir schon sind.

Zitierte Literatur

Theodor W. Adorno, Anmerkungen zum philosophischen Denken, in: Stichworte, Kritische Modelle 2, GS 10,2, Frankfurt 1977
- Minima Moralia, Reflexionen aus dem beschädigten Leben, Frankfurt 1971
- Negative Dialektik, GS 6, Frankfurt 1970
- Zu Subjekt und Objekt, in: Stichworte, Kritische Modelle 2, GS 10,2, Frankfurt 1977
- Zur Schlußszene des Faust, in: Noten zur Literatur II, GS 11, Frankfurt 1974
- und Max Horkheimer, Dialektik der Aufklärung. Philosophische Fragmente, GS 3 (D.d.A.), Frankfurt 1981
Gernot Böhme, Die Natur im Zeitalter ihrer technischen Reproduzierbarkeit, in: Information Philosophie, Heft 4/90
Johann Gottlieb Fichte, Die Bestimmung des Menschen, Stuttgart 1966
Deutsches Wörterbuch v. Jacob u. Wilhelm Grimm (Grimm), Leipzig 1854 ff.
Ute Guzzoni, Landschaftliche Allgemeinheit, in: Gegensätze, Gegenspiele, Freiburg/München 2009
- Über Natur. Aufzeichnungen unterwegs: Zu einem anderen Naturverhältnis, Freiburg/München 1995
- Wasser. Das Meer und die Brunnen, die Flüsse und der Regen, Berlin 2005
- Wohnen und Wandern, Berlin 1999
- Wohnen und Wandern, in: Gegensätze, Gegenspiele, Freiburg/München 2009
Georg Wilhelm Friedrich Hegel, Vorlesungen über die Ästhetik, Bd. 1, Sämtliche Werke hrg. von Hermann Glockner, Band 12, Stuttgart 1953
- Wissenschaft der Logik, Zweiter Teil, Leipzig 1951
Martin Heidegger, Abendgespräch in einem Kriegsgefangenenlager, in: Feldweg-Gespräche, GA 77, Frankfurt 1995
- Aufenthalte, Frankfurt 1989
- Aus der Erfahrung des Denkens, GA 13, Frankfurt 1983
  - Aufzeichnungen aus der Werkstatt
  - Aus der Erfahrung des Denkens
  - Der Feldweg
  - Grußwort von Martin Heidegger
  - Winke
- Beiträge zur Philosophie (Vom Ereignis), GA 65, Frankfurt 1989
- Bemerkungen zu Kunst – Plastik – Raum (Bemerkungen), St. Gallen 1964
- Besinnung, GA 66, Frankfurt 1997

- Bremer und Freiburger Vorträge, GA 79, Frankfurt 1994
  - Die Gefahr
  - Die Kehre
  - Grundsätze des Denkens
- Brief an Kojima, GA 11, Frankfurt 2006
- Der Feldweg, in: Aus der Erfahrung des Denkens, GA 13, Frankfurt 1983
- Der Satz vom Grund, Tübingen 1957
- Der Ursprung des Kunstwerkes, in: Holzwege, Frankfurt 1957
- Die Frage nach dem Ding, GA 41, Frankfurt 1984
- Die Geschichte des Seins, GA 69, Frankfurt 1998
- Die Grundbegriffe der Metaphysik. Welt – Endlichkeit – Einsamkeit, GA 29/30, Frankfurt 1983
- Die Kunst und der Raum, St. Gallen 1969
- Die Selbstbehauptung der deutschen Universität, GA 16, Frankfurt 2000
- Ein Grußwort für das Symposium in Beirut November 1974 (Grußwort), in: Reden und andere Zeugnisse eines Lebensweges, GA 16, Frankfurt 2000
- Einleitung in die Philosophie, GA 27, Frankfurt 1996
- Gelassenheit, Pfullingen 1959
  - Gelassenheit
  - Zur Erörterung der Gelassenheit. Aus einem Feldweggespräch über das Denken (Zur Erörterung)
- Hebel – der Hausfreund (Hebel), Pfullingen 1957
- Heraklit, GA 55, Frankfurt 1997
- Hölderlins Himmel und Erde, in: Erläuterungen zu Hölderlins Dichtung, GA 4, Frankfurt 1981
- Hölderlins Hymne ›Der Ister‹ (Ister), GA 53, Frankfurt 1984
- Holzwege, Frankfurt 1957
  - Der Ursprung des Kunstwerkes
  - Die Zeit des Weltbildes (Weltbild)
  - Wozu Dichter?
- Identität und Differenz, Pfullingen 1957
  - Der Satz der Identität
  - Die onto-theo-logische Verfassung der Metaphysik
- Metaphysik und Nihilismus, GA 67, Frankfurt 1999
- Neuzeitliche Naturwissenschaft und moderne Technik, Grußwort an die Teilnehmer des zehnten Colloquiums vom 14.–16. Mai 1976 in Chicago (Neuzeitliche Naturwissenschaft), in: Reden und andere Zeugnisse eines Lebensweges, GA 16, Frankfurt 2000
- Nietzsche I, Pfullingen 1961
- Sein und Zeit, Tübingen 1949
- Über den Humanismus, Frankfurt 1947
- Überlieferte Sprache und technische Sprache, St. Gallen 1989
- Unterwegs zur Sprache, Pfullingen 1959
  - Das Wesen der Sprache
  - Der Weg zur Sprache
  - Die Sprache

– Die Sprache im Gedicht. Eine Erörterung von Georg Trakls Gedicht
– Vier Seminare (Le Thor), in: Seminare, GA 15, Frankfurt 1986
– Vorträge und Aufsätze, Pfullingen 1954
– Bauen Wohnen Denken (BWD)
– Das Ding
–»... dichterisch wohnet der Mensch ...« (... dichterisch)
– Die Frage nach der Technik (Technik)
– Überwindung der Metaphysik
– Wissenschaft und Besinnung
– Was heißt Denken?, Tübingen 1954
– Was ist das – die Philosophie?, Pfullingen 1956
– Zollikoner Seminare, Frankfurt 1994
– Zur Bestimmung der Philosophie, GA 56/57, Frankfurt 1987
– Zur Erörterung der Gelassenheit, in: Gelassenheit, Pfullingen 1959
– Zur Sache des Denkens, Tübingen 1969
  – Das Ende der Philosophie und die Aufgabe des Denkens
  – Protokoll zu einem Seminar über den Vortrag »Zeit und Sein« (Protokoll)
  – Zeit und Sein
Friedrich Hölderlin, Hyperion, Sämtliche Werke, Bd. 3, Stuttgart 1957
Herbert Marcuse, Der eindimensionale Mensch. Studien zur Ideologie der fort-
geschrittenen Industriegesellschaft, Neuwied 1970
Minoru Nambara, Die Idee des absoluten Nichts in der deutschen Mystik und
seine Entsprechungen im Buddhismus, Arch. f. Begriffsgesch. Bd. 6, 1960
Friedrich Nietzsche, Also sprach Zarathustra. Ein Buch für Alle und Keinen, Kri-
tische Gesamtausgabe, 6. Abteilung, Band 1, Berlin 1968
William J. Richardson, Heidegger – Through Phenomenology to Thought, Den
Haag 1963
Peter Sloterdijk, Eurotaoismus. Zur Kritik der politischen Kinetik, Frankfurt 1989